DYNAMIC Testing

학습잠재력 측정을 위한
역동적 평가

Robert J. Sternberg · Elena L. Grigorenko 공저
염시창 역

학지사

Dynamic Testing
The Nature and Measurement of Learning Potential
by Robert J. Sternberg and Elena L. Grigorenko

Korean Translation Copyright ⓒ 2006 by Hakjisa Publisher
The Korean translation rights Published by arranged with
Cambridge University Press

역자 서문

   대다수의 사람들은 '평가'라는 용어를 접할 때 곧 시험을 연상하게 된다. 초등학교를 시작으로 중·고등학교와 대학교를 거치면서 무수히 많은 평가를 받아 왔고, 평가가 주로 시험을 통해 이루어졌기 때문에 위와 같은 생각은 당연한 것으로 여겨진다. 시험을 보고 나면 점수가 나오고, 이 점수를 활용하여 석차를 매기는 평가활동은 사람들이 별다른 거부감 없이 받아들이는 관례가 되어 있다. 물론 상대적 비교를 목적으로 한 규준참조평가와는 달리 성취기준에 비추어 등급을 부여하는 준거참조평가가 있기 때문에, 위의 관례를 유일한 평가방법으로 보기는 어렵다. 그러나 규준을 참조하든 준거를 참조하든 간에 대다수의 평가는 수험자가 갖고 있는 학습 성취를 측정·평가한다는 점에서 '정태적(static)'이다.

   최근에 수행평가가 도입되면서 교육장면에서 이를 널리 활용하고 있는 추세다. 수행평가가 우리의 현실에 적합한가 그리고 평가자가 본래 의도를 충실히 반영하여 수행평가를 시행하고 있는가 등의 문제는 여전히 고민거리임에 틀림없다. 수행평가는 선택형 검사의 한계를 넘어서서 학습자의 산출물과 구성과정을 동시에 평가하고, 실제 상황에 해당되는 과제를 중시하며, 준거참조평가를 적용한다는 점에서 고무적이다. 특히, 수행평가는 수업과 평가의 통합을 지향하기 때문에, 평가활동을 통해 수업의 효과성을 극대화할 수 있고, 더 나아가 개인의 능력을 일회적으로 평가하기보다는 향상도를 평가할 수 있다는 이점을 갖고 있다. 그러나 수행평가는 평가가 수업에 어떤 방식으로 통합될 수 있는가의 문제를 해결하는 데 주력하지 못했고, 결과적으로 '정태적' 평가방식을 그대로 따르는 우를 범하고 있다.

교육자로서 평가의 관행에 대해 고민해 본 사람이라면, 교육의 결과로서 점수나 등급을 매기는 소극적 활동이 평가의 유일한 기능이 아니라는 점에 동의할 것이다. 평가는 교육자와 학습자에게 실질적인 도움을 줄 수 있어야 한다. 구체적으로 말하자면, 교육자는 평가를 통해 학습자에게 피드백을 제공하거나 수업 개선에 필요한 정보를 얻는 데 그치지 않고, 학습자 개개인의 학습잠재력을 찾아내어 이를 계발하는 적극적 역할을 수행해야 한다. 후자의 아이디어를 구현할 때, 평가는 '역동적(dynamic)'이고 '교육적(educative)'인 본래의 모습을 되찾을 수 있을 것이다.

Sternberg와 Grigorenko는 이 책에서 능력(abilities)이 발달된 특성이라고 본 전통적인 정태적 평가의 입장을 거부하고, 능력을 '발달중인 전문성(developing expertise)'의 형식으로 새롭게 규정하고 있다. 이어서 역동적 평가의 개념과 역사를 소개한다. 그리고 역동적 평가의 대표적인 접근법으로 Feuerstein 및 Budoff의 접근법 등 여러 방법을 개관하면서, 네 가지 준거에 비추어 이를 평가하고 있다. 더 나아가 기존 역동적 평가 연구의 문제점을 지적하고, 저자들이 참여한 사례연구를 제시한다. 또한 저자들은 역동적 평가가 아직껏 충분히 검토하지 못한 거대한 잠재력을 갖고 있다고 주장하고 있다. 그동안 국내에서도 역동적 평가와 관련하여 다수의 논문이 출간된 바 있다. 그러나 이 책처럼 역동적 평가의 새로운 이론적 틀을 제시하고, 다양한 접근법을 개관하며, 사례연구를 제시한 경우는 찾아보기 어렵다.

이 책을 읽어 가면서, 평가의 새로운 국면을 체계적이고 일관성 있게 전개한 저자들의 전문성에 놀라움을 금할 수 없었다. 또 이 책이 교육학이나 심리학뿐만 아니라 다양한 학문영역에 큰 시사점을 줄 것이며, 더 나아가 현장 교사나 예비 교사들이 기존의 평가방식에 안주하기보다 평가를 새롭게 보고 수업에 통합하는 안목을 갖는 데 도움이 될 것이라 믿게 되었다. 그러나 대가들의 저서가 그리 쉽게 이해 · 번역될 수 없다는 점도 절감했다. 폭넓은 학문 분야의 이론과 전문용어를 교육학, 그것도 교육측정 · 평가에 주된 관심을 갖고 있는 역자의 편협한 식견으로 완전하게 해석하기에는 어려움이 있었다. 그럼에도 불구하고 끝까지 이 책을 번역한 이유는 평가의 새로운 지평을 널리 공유했으면 하는 바람이 우려보다 컸기 때문이다.

　이 자리를 빌려 번역본 초고의 내용과 참고문헌까지 꼼꼼하게 읽고 교정해 준 전남대학교 교육발전연구원의 김영록 선생에게 감사드린다. 김영록 선생은 연구원의 업무로 바쁜 와중에도 원저와 번역 내용을 비교해 가면서 번역의 어색함은 물론이고 원저의 오류를 지적해 준 수고를 아끼지 않았다. 그러나 이 역서의 번역에 대한 모든 책임은 역자의 몫이다. 독자들께서 번역상의 오류를 지적해 주신다면, 기꺼이 이를 수용할 것이다. 끝으로 이 책의 출판을 맡아 주신 학지사 김진환 사장님 이하 모든 관계자 분들께 감사드리며, 번역에 힘을 실어 준 가족과 교수, 대학원생에게도 감사의 마음을 전하고 싶다.

2006년
역자 염시창

저자서문

DYNAMIC Testing

매년 아동이나 성인을 대상으로 수많은 검사가 실시된다. 아마 전 세계적으로 보자면 검사의 수는 엄청나게 많을 것이다. 대다수의 검사는 검사자가 한 문항씩 혹은 전체 문항을 제시하고, 수험자가 이들 문항에 연속적으로 응답하되, 어떤 유형의 피드백이나 개입을 허용하지 않는다는 점에서 정태적 검사(static tests)에 해당된다. 물론 검사 시행 후 일정 시간이 경과한 다음에, 수험자는 하나의 점수나 여러 점수가 기재된 통지표로 유일한 피드백을 받는다. 이후에 수험자들은 앞으로 시행될 하나 이상의 검사를 위해 또다시 공부를 계속할 것이다.

전통적인 정태적 평가의 대안을 제시하고 그 기초를 다진 연구자로, 구소련의 Lev Vygotsky와 이스라엘의 Reuven Feuerstein을 들 수 있는데, 이들이 제안한 대안을 통상 역동적 평가(dynamic testing)라고 부른다. 이 평가방법에서 각 수험자는 정태적 평가의 경우와 마찬가지로 하나 이상의 문항을 풀게 된다. 그러나 초기에 제시된 이들 문항의 수행으로 점수가 결정되기보다는 개입의 결과를 고려하여 점수가 매겨진다. 개입과정에서 검사자는 수험자에게 각 문항이나 전반적인 검사에서 좋은 점수를 받을 수 있는 방법을 가르쳐 준다. 여기에서 최종점수는 사전검사(학습 전)와 사후검사(학습 후) 간 차이를 나타내는 학습점수이거나 사후검사만을 고려한 점수일 수 있다.

역동적 평가의 이론적 근거를 제공한 Vygotsky와 Feuerstein은 약간씩 다른 용어를 사용하고 있지만, 그럼에도 매우 유사하다. Vygotsky는 역동적 평가가 근접발달대(zone of proximal development: ZPD, 이하 ZPD로 표기), 즉 개인의 독자적인 수행과 도움을 받은 수행 간 범위를 측정하는 수단이 된다고 보았다. 역동적 검사를 활용하여 도움을 통한 개인의 학습능력을 측정함으로써 특정 개인의 ZPD를 알 수 있다는 것이다. 따라서 각 개인이 도움을 받아 더 많은 것을 배우고 초기점수를 향상시킬수록 ZPD가 더 커질 수 있다. 한편, Feuerstein은 역동적 평가가 중재에 의한 개인의 학습능력을 측정하는 방법이라고 규정했다. Feuerstein은 학습이 전형적인 교실수업처럼 직접교수에 의해 일어나지만, 중재를 통해서도 이루어진다고 주장하였다. 여기에서 정태적 교실검사는 직접적인 학습을 측정하는 데 반해, 훈련된 검사자가 시행하는 역동적 검사는 Feuerstein의 용어로 중재학습경험(mediated learning experience: MLE)에 따른 학습능력을 측정한다. Feuerstein의 연구에서는 특히 정신지체나 타 문화권 출신 아동을 대상으로 시행된 역동적 평가결과가 인상적이었다. 전통적인 측정도구상에서 발달지체로 보였던 아동들 중 상당수가 역동적 평가를 시행한 상황에서는 훨씬 좋은 수행을 보였다.

Vygotsky와 Feuerstein의 이론이 제시된 이후 역동적 평가의 진가를 검증하기 위해 많은 연구가 수행되었는데, 이 책에서는 이들 연구와 관련된 이론 및 방법론을 살펴본다. 이 책은 원래 Grigorenko와 Sternberg(1998)의 논문에 기초하고 있지만, 범위나 분석방법 및 현재성 면에서 이 논문을 뛰어넘는 내용을 다룬다.

이 책의 주요 논제는 역동적 평가가 여태껏 만족스럽게 이행되지 못한 경우가 태반이지만, 놀랄 만한 아이디어라는 점이다. 철저한 경험주의자가 지금까지 출간된 역동적 평가에 관한 대다수의 연구문헌을 판정한다고 해도, 아마 이 평가방법이 기대 이상으로 유망하다는 결론을 내릴 것이다. 그러나 지금까지 수행된 연구 중 가장 고무적인 연구를 보고 역동적 평가를 판정한다면, 엄청난 가망성이 이미 실현되기 시작한 평가방법이라는 색다른 결론에 도달할 수 있을 것이다. 따라서 우리는 역동적 평가를 강력하게 신봉하면서 이 구인의 사용을 지지하고 싶다.

이 책을 쓰게 된 동기는 다섯 가지다. 첫째, 역동적 평가가 아동과 성인을 대상으로 한 평가에 지대한 기여를 하고 있는데, 이 점은 다른 연구자들의 연구는 물론이고 우리의 연구에서도 지지된 바 있다. 역동적 평가가 정태적 검사상의 모든 정보뿐만 아니라 그 이상의 정보를 제공할 수 있다고 믿는다.

둘째, 대다수의 심리학자와 교육학자들은 역동적 평가의 개념과 현재까지 개발된 각종 역동적 검사에 대해 잘 알지 못하고 있다. 이 책이 이들에게 역동적 평가의 개념을 알려 주는 하나의 텍스트가 될 수 있을 것이다.

셋째, 많은 교육학자들은 수업과 평가를 별개로 보기보다는 통합할 필요가 있다는 점에 인식을 같이해 왔다. 그러나 그동안 교육학자들은 위의 통합이 어떻게 성사될 수 있는가를 명확히 보여 주지는 못했다. 역동적 평가는 이 같은 통합을 위한 자연스러운 수단이기 때문에, 통합이란 당연히 역동적 평가의 필연적인 결과인 셈이다.

넷째, 어떤 사회든지 평가가 사람을 규제하고 있다. 어떤 사회에서 성공과 실패는, 전적으로 그러하지는 않겠지만, 주로 검사결과에 의해 결정된다. 따라서 검사를 잘 수행하지 못한 사람은 학교 내 집단편성, 대학 입학, 대학원 입학, 재정지원 등의 기회를 놓치게 된다. 여기에서 중요한 사안은 각 검사의 활용 문제라기보다는 사용된 검사의 유형과 관련되어 있다. 또 검사 점수로부터 적절하게 추론해야 할 범위를 넘어서서 결론을 도출하는 우를 범하기도 한다. 우리는 역동적 평가가 검사정보를 더 타당하고 유용하게 하는 잠재력을 갖고 있다고 믿는다.

마지막으로, 세계 도처에서 검사개발을 시도하고 있지만, 검사개발의 방향은 결코 최적 수준에 미치지 못하고 있다. 검사개발 기관에서는 검사 시행 방법의 변화(예: 지필검사를 컴퓨터화 검사로 변환함)와 같은 외견상의 변모에 막대한 자금을 투자할 때가 많다. 이제 위의 기관들이 새로운 세대의 검사개발에 투자하는 쪽으로 눈을 돌려야 한다고 믿는다. 새로운 세대의 검사란 현재까지의 검사와 방식에서 미세한 차이가 있다기보다는 근본적인 방식부터 다르다. 역동적 검사는 위의 연구·개발 노력에 하나의 중요한 방향을 제시해 줄 것이다.

이 책이 폭넓은 잠재적 독자층을 가질 것으로 본다. 또 이 책은 다양한 전공분야의 독자들에게 도움을 줄 것이다.

첫째, 이 책의 우선적인 독자들은 이미 역동적 평가에 관심을 갖고 있는 심리학자들이다. 전 세계적으로 이 문제에 관심을 가진 다수의 조직이 있는데, 이 책은 이들 조직 구성원들이 역동적 평가의 최근 동향을 이해하는 데 유용할 것이다.

둘째, 이 책은 측정·평가문제에 관심을 갖고 있는 심리학자나 교육학자들에게도 흥미를 불러일으킬 수 있다고 믿는다. 또 이 방법이 넓은 의미의 교육에 적용 가능하기 때문에, 모든 교육심리학자나 학교심리학자들도 충분한 관심을 기울여야 한다고 본다.

셋째, 인지적 능력의 이해와 평가에 관심을 갖고 있는 발달·인지·임상·상담심리학자들도 읽어 볼 만한 책이다. 이 책이 위의 분야를 전공하고 있는 모든 사람들의 관심사인 평가방법의 개선뿐만 아니라 인지적 기능에 관한 이해의 문제를 다루고 있기 때문이다.

넷째, 이 책은 특수교육학 분야의 전공자들의 관심을 끌기에 충분하다. 그동안 이 분야에서 역동적 평가가 다수 활용되어 왔고, 또 전통적인 정태적 평가를 통해 쉽게 볼 수 없는 아동들의 기능을 제대로 파악할 수 있기 때문이다.

마지막으로, 이 책은 역동적 평가라는 주제에 관심이 있는 학생들의 교재로 활용될 수 있을 것이다. 특히, 이 책은 역동적 평가를 체계적이고 쉽게 이해하고자 하는 학생들에게 유용하리라 생각한다.

이 책의 저자들은 역동적 평가와 관련하여 폭넓은 배경을 갖고 있다. 먼저 Robert J. Sternberg는 Yale 대학교 심리학과의 심리학 및 교육학 교수로, 능력·역량·전문성 심리학센터(PACE Center)의 소장을 맡고 있다. 그는 Stanford 대학교에서 심리학 박사학위를 취득했고, 그동안 심리학 분야에서 약 800여 편의 논문과 책(책 내의 장 포함)을 저술하였다. 주 전공분야는 지능, 창의성, 지혜 그리고 이와 관련된 고차원적 인지능력이다. Sternberg는 *Psychological Bulletin*의 편집위원장이었고, 현재는 *Contemporary Psychology*의 편집위원장을 맡고 있다. 그는 미국 학술원, 미국 과학진흥협회, 미국 심리학회와 심리학협의회의 회원이며, 미국 심리학회 4개 분과의 전·현직 회장이다. 그는 수많은 수상경력을 갖고 있는데, 그중 미국 심리학회로부터 2번, 미국 심리학협의회로부터 1번, 미국 교육학회로부터 4번을 수상한 바 있다. Sternberg는 여러 주요 검사기관의 자문가 및 외부 연구자로 일하고 있고, 4개 대학으로부터 명예 박사학위를 받았다. 특히, 그는 발달중인 전문성의 형식으로 능력을 설명하는 이론을 포함하여 독자적인 능력이론을 구축한 학자로 저명하다.

　Elena L. Grigorenko는 Yale 대학교 심리학과 및 아동연구센터의 연구과학자이며 Moscow 주립대학교의 심리학 부교수로, 현재 Yale 대학교 PACE 센터의 부소장을 겸임하고 있다. Grigorenko는 Moscow 주립대학교에서 심리학으로, Yale 대학교에서 심리학 및 유전학으로 박사학위를 취득하였다. 그녀는 그동안 심리학 및 유전학 분야에서 100여 편의 책과 논문을 저술하였다. 특히, 그녀는 Moscow 주립대학교에서 Vygotsky 후계자들(Bluma Zeigarnik, Sergei Smirnov, Ludmila Obukhova, Valerii Petukhov)의 동료이자 학생으로서 공부하였고, *Psychological Bulletin*에 게재된 '역동적 평가(Dynamic Testing)' 논문(Grigorenko & Sternberg, 1998)의 주 저자이기도 하다. Grigorenko는 다변량 통계에 밝고, 이 때문에 역동적 평가도구를 통해 산출된 데이터 분석에 각별한 관심을 갖고 있다. 더욱이 그녀는 탄자니아, 케냐, 잠비아, 감비아, 인도, 러시아 등 여러 문화권에서 이루어진 다수의 연구에 참여함으로써, 다양한 문화적 맥락에서 역동적 평가의 역량을 확인한 바 있다.

이 책은 미국 교육부의 교육연구개선국에서 시행하고 있는 Javits Act 프로그램(수여번호: R206R000001)과 미국 과학재단(수여번호: REC-9979843)의 지원을 받아 집필되었다. 이들 프로젝트에서는 피수여자가 전문적 판단을 자유롭게 표명할 수 있도록 장려하였다. 그러므로 이 책의 내용은 미국 과학재단, 미국 교육부 및 교육연구개선국의 입장이나 정책을 대변하지 않고, 따라서 위 기관의 어떤 공식적인 승인도 추정해서는 안 될 것이다.

차 례

제1부에서는 한 장을 할애하여 역동적 평가의 분석에 필요한 이론적 틀을 제시한다. 여기에서는 능력을 발달중인 전문성의 형식으로 규정한다. 이 이론적 틀에 따르면, 능력이란 고정된 것이 아니고 가소성과 융통성을 갖기 때문에 능력 측정 시 이들 속성을 고려할 필요가 있다.

제1부

이론적 틀

제1장 • 능력: 발달중인 전문성의 형식

DYNAMIC Testing

능력 : 발달중인 전문성의 형식

전통적인 관점에서 능력이란 유전과 환경의 상호작용을 통해 발달하는 각 개인의 비교적 안정적인 속성을 의미한다. 이 때문에, Carroll(1993)이 분석한 바와 같이, 그동안 연구자들은 지력의 구조(structure of intellectual abilities)를 밝히기 위해 지능검사에 대한 요인분석 및 관련 기법을 활용할 수 있었다.

Sternberg(1998a, 1999b)의 주장을 진전시킨 이 장의 논지는 전통적인 능력의 정의와 능력검사가 측정하는 속성이 부정확할 수 있다는 점이다. 대안적인 관점에서 보면, 능력이란 발달중인 전문성(developing expertise)이고, 능력검사는 발달중인 전문성에 대한 제한적인 어떤 측면을 측정한다. 발달중인 전문성은 하나 혹은 여러 가지 삶의 수행영역에서 높은 숙달수준에 도달하는 데 필요한 일단의 기능을 획득·공고화하는 계속적인 과정을 지칭한다. 능력검사상에서 좋은 수행을 위해서는 어떤 유형의 전문성이 필요하고, 이 전문성이란 학교나 작업장에서 요구하는 전문성과 어느 정도 중첩되므로, 검사결과와 학교 혹은 작업장의 수행 사이에는 상관이 있기 마련이다. 그러나 위의 상관은 능력과 여타 수행 간의 본래적인 관계를 나타낸다기보다는, 서로 다른 유형의 상황에서 수행을 잘하는 데 요구되는 전문성 유형이 중첩되어 있다는 점을 의미한다.

어떤 능력검사든지 우선권이 있는 것은 아니다. 그럼에도 불구하고, 지능 관련 점수를 예측하기 위해 손쉽게 학업성취도를 활용하면 된다고 보는 경우가 많다. 예를 들면, SAT-II(성취도 측정)로 SAT-I[과거에는 학업적성검사(Scholastic Aptitude Test)였지만, 현재는 학업평가검사(Scholastic Assessment Test)임을 예측하거나, 혹은 그 역으로 단순한 예측을 시도한다. 위의 두 가지 검사는 각각 측정하는 성취도의 유형은 다르지만, 둘 다 성취도를 측정한다는 점에서 동일하다.

위의 관점에 따르면, 능력검사의 시행상 여러 준거에 비추어 시간적 우선순위가 있다고 해도(즉, 능력검사를 먼저 시행한 다음, 평점이나 성취도검사 점수와 같은 수행준거 지표를 수집함), 이들 능력검사에 심리학적 우선순위가 있는 것은 아니다. 모든 평가는 심리학적으로 동일한 유형에 속한다. 능력검사와 다른 유형의 평가를 구분하는 것은 능력검사가 무엇을 측정하는가보다는 어떻게 활용되는가(보통 예측을 위해 활용됨)의 문제다. 따라서 여러 가지 유형의 평가는 질적으로 구분될 수 없고, 모든 검사가 다양한 발달중인 전문성을 측정한다고 보아야 한다.

지능 및 관련 능력에 관한 전통적인 검사는 각 개인이 지난 수년간 성취해 온 성취도를 측정한다(Anastasi & Urbina, 1997 참조). 어휘력, 독해력, 언어유추, 산수문제해결 등의 검사는 모두 성취도검사에 속한다. 심지어 추상적 추리검사도 서구식 학교에서 배우는 기능인 기하학 기호에 관한 성취도를 측정한다(Laboratory of Comparative Human Cognition, 1982). 이쯤이면, 학업수행 정도를 활용하여 능력검사 점수를 예측하는 것은 당연한 일일지도 모른다. 그러나 전통적인 모형이 안고 있는 문제점은 능력검사와 여타의 성취도 간 상관을 넘어서서 인과관계를 제안하는 데 있다. 즉, 검사가 이후의 성공에 대해 단순히 시간적으로 앞선 구인이기보다는 어느 정도의 인과성을 갖는 구인을 반영하고 있다고 본 것이다. 한편, 발달중인 전문성을 주장하는 관점은 유전적 요인이 전문성 발달수준에 영향을 미친다는 점을 부정하지는 않는다. 지능을 포함한 수많은 인간의 속성에는 유전과 환경요인 간의 공변 및 상호작용이 반영되어 있다. 그러나 유전인자가 각 개인의 지능에 미치는 영향력은 직접 측정할 수 없고, 심지어 추정할 수도 없다. 따라서 측정된 속성이 란 표현된 일부 속성에 해당된다. 바꾸어 말하면, 측정된 속성은 다양한 영역 의 반성적 실천가가 되는 데 필요한 전문성, 즉 발달중인 전문성의 발현이다 (Schon, 1983). Royer, Carlo, Durfresne와 Mestre(1996)는 위의 측정방법을 활 용하여 발달중인 전문성의 다양한 수준을 반영한 읽기기능의 평가방법을 개 발한 바 있다. 이 평가에서 성과의 측정은 기능의 단순한 양적 평가라기보다 는 발달중인 전문성이 발현된 질적 차이를 반영한다(예: 전문 텍스트 자료의 이 해능력, 자료를 통한 추론능력, 혹은 전문 텍스트 내의 '대강'을 도출하는 능력).

위의 관점에 따르면, 능력의 측정값은 이후의 성공과 상관이 있어야 한다. 왜냐하면 위의 두 가지 유형, 즉 능력과 다양한 성공에는 발달중인 전문성이 관여되어 있기 때문이다. 예를 들어, 두 가지 측정에는 사고의 메타요소 (metacomponents)에 해당되는 요소들인 문제의 인식, 문제의 정의, 문제해결 전략의 구성, 정보의 표상, 자원의 할당, 문제해결의 감독과 평가가 일반적으 로 포함되어 있다(Sternberg, 1985). 위의 기능은 유전인자－환경의 공변과 상 호작용의 결과로 발달한다. 만일 이것을 지능(intelligence)이라고 보기를 원한 다면, 지능을 발달중인 전문성의 형식으로 인식하지 않으면 안 될 것이다.

여기에 제시한 관점에서 이 책의 주 목표는 지능 및 관련 능력에 관한 연 구(Sternberg, 1990, 1994b, 2000)와 전문성에 관한 연구(Chi, Glaser, & Farr, 1988; Ericsson, 1996; Ericsson & Smith, 1991; Hoffman, 1992)를 통합하는 데 있다. 물론 이들 연구가 각각 전형적인 특유의 관점을 갖지만, 여기에서는 궁극적으로 동일한 심리학적 기제가 포함되어 있다고 간주할 것이다.

·· 1 ··
발달중인 전문성 모형의 특성

발달중인 전문성 모형의 특성은 [그림 1-1]과 같다. 이 모형의 중심부에는 발달중인 전문성이라는 개념이 있다. 즉, 각 개인이 특정 영역의 일을 수행할 때 지속적으로 전문성이 발달된다고 본다. 물론 개인별로 발달속도와 발달 곡선은 다를 수 있다. 여기에서 전문성 성취에 중요한 걸림돌은 고정된 사전 능력수준보다는 직접교수, 적극적 참여, 역할모델링 및 보상을 포함한 유목 적적 개입이다.

1) 모형의 제 요소

발달중인 전문성 모형에는 6가지 주요 요소(이들 요소가 전문성 발달의 망라 적인 요소는 아님), 즉 메타인지적 기능, 학습기능, 사고기능, 지식, 동기 및 맥 락이 포함된다. 이들 여섯 가지 요소는 편의상 구분된 것이다. 실제로, 그림 에 제시된 바와 같이, 모든 요소는 서로 직·간접적으로 영향을 미치는 상호 관련성을 갖고 있다. 예를 들어, 학습을 통해 지식이 형성되지만, 지식은 후 속 학습을 촉진하는 요소가 된다.

(1) 메타인지적 기능(metacognitive skills)

메타인지적 기능(혹은 메타요소, Sternberg, 1985 참조)이란 자신의 인지에 대 한 이해와 통제를 의미한다. 일례로, 이 기능은 보고서 작성이나 산수 문제 해결 시 어떤 단계를 거치고, 제 단계를 얼마나 효과적으로 실행할 수 있는지 에 대해 학습자가 알고 있는 바를 포함한다. 중요한 7가지 메타인지적 기능 은 문제인식, 문제정의, 문제표상, 전략구성, 자원할당, 문제해결의 감독, 문 제해결의 평가다(Sternberg, 1985, 1986). 위의 모든 기능은 부분적으로 수정가능하다(Sternberg, 1986, 1988; Sternberg & Grigorenko, 2000; Sternberg & Spear-Swerling, 1996).

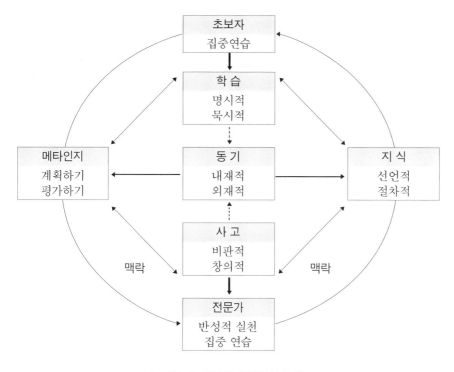

[그림1-1] 발달중인 전문성 모형

(2) 학습기능(learning skills)

학습기능(지식획득 요소)은 모든 사람들이 사용하는 유일한 기능은 아니지만, 위의 모형에서 중요한 요소다(Sternberg, 1985, 1986). 학습기능은 크게 명시적 기능과 묵시적 기능으로 구분되는데, 명시적(explicit) 학습은 학습하고자 노력할 때 일어나는 반면, 묵시적(implicit) 학습은 체계적인 노력 없이도 부수적으로 정보를 습득하게 되는 경우를 말한다. 학습기능에는 선택적 부호화, 선택적 조합, 선택적 비교가 포함되어 있다(Sternberg, 1985). 여기에서 선택적 부호화란 관련 정보와 무관한 정보를 구분하는 것이고, 선택적 조합은 관련 정보를 종합하는 것이며, 선택적 비교는 새로운 정보를 기억 속에 저장되어 있는 정보와 관련시키는 기능이다.

(3) 사고기능(thinking skills)

사고기능은 사고를 실생활 세계의 행위로 바꾸는 첫 번째 단계에 해당된다. 학습자가 숙달해야 할 사고기능(혹은 수행요소)에는 세 가지 주요 유형, 즉 비판적 기능, 창의적 기능 및 실제적 기능이 있다(Sternberg, 1985, 1986, 1994a). 이들 사고기능의 유형은 개별적이라기보다는 세트로 기능한다는 점에 주목할 필요가 있다. 여기에서 비판적(분석적) 사고기능은 분석, 비평, 판단, 평가, 비교와 대비 그리고 사정활동을 포함하며, 창의적 사고기능은 창조, 발견, 발명, 상상, 가정 및 가설설정의 활동을 포함한다. 또한 실제적 사고기능은 적용, 활용, 연습 등의 활동을 포함한다(Sternberg, 1997a).

(4) 지식(knowledge)

학업상황과 관련이 있는 지식의 두 가지 주요 유형으로 선언적(declarative) 지식과 절차적(procedural) 지식이 있다. 선언적 지식은 사실, 개념, 원리, 법칙 등에 관한 것으로, 'ㅇㅇ임을 안다.' 와 관련된다. 절차적 지식은 절차와 전략에 관한 것으로, 'ㅇㅇ하는 방법을 안다.' 로 표현된다. 여기에서 절차적 묵시지(procedural tacit knowledge), 즉 현 체제가 기능하는 방식을 아는 것이 특히 중요하다(Sternberg 등, 2000; Sternberg 등, 1995; Sternberg & Horvath, 1999).

(5) 동기(motivation)

동기의 유형은 여러 가지로 구분되는데, 첫 번째 유형으로 성취동기를 들 수 있다(McClelland, 1985; McClelland 등, 1976). 성취동기가 높은 사람들은 너무 쉽거나 어렵지 않은 적정 수준의 과제를 향한 도전과 모험을 추구하고, 더 나은 자신의 모습과 성취를 위해 지속적으로 노력한다. 두 번째 유형의 동기는 유능감 동기(자기효능감)인데, 이 동기는 자신의 문제해결력에 대한 개인의 신념을 말한다(Bandura, 1977, 1996). 전문가는 자신의 전문영역에서 어려운 과제를 해결하기 위해 자기효능감을 계발할 필요가 있다. 이와 같은 자기효능감은 내재적 · 외재적 보상을 통해 형성될 수 있다(Amabile, 1996; Sternberg & Lubart, 1996). 물론 여타의 동기유형도 중요하다. 사실, 동기는 학업성공의 필수요소라고 해도 과언이 아니다. 동기가 없다면, 학생들은 결코 학습을 위한 노력을 기울이지 않을 것이다.

(6) 맥락(context)

앞에서 살펴본 모형 내의 모든 요소는 학습자의 특성에 해당된다. 이 장의 서두에서 문제점으로 지적한 바와 같이, 전통적인 검사는 각 개인이 어느 정도 탈맥락화된 환경에서 학습한다고 가정하고 있다. 더 나아가, 검사 점수를 주로 개인 내적인 속성에 비추어 해석한다. 그러나 어떤 검사든지 그 이상의 속성을 측정하고 있고, 또 수험자들이 고정되어 있거나 동일한 맥락에서 학습한다는 가정은 현실적이지 못하다. 검사수행에 영향을 미칠 수 있는 맥락요인으로는 모국어, 검사수행 속도의 강조, 수험자가 갖는 검사성공의 중요성, 검사자료의 유형에 대한 친숙성 등이 있다.

위의 요소들은 대부분 영역특수적이다. 즉, 어떤 영역의 전문성 발달이 반드시 다른 영역의 전문성 발달로 이어지지 않는다는 것이다. 물론 다른 연구자들이 지능과 관련하여 주장한 바와 같이(예: Gardner, 1983, 1999), 영역 간의 관계 여하에 따라 모종의 전이가 일어날 수도 있다.

성공지능이론(Sternberg, 1985, 1997a, 1998b, 1999c)에서 지능이란 세 가지 측면, 즉 분석적 · 창의적 · 실제적 측면을 갖고 있다. 연구결과에 따르면, 하나의 창의적 영역(Sternberg & Lubart, 1995, 1996) 혹은 하나의 실제적 영역(Sternberg 등, 1995)에서 전문성의 발달은 다른 영역의 해당 전문성 발달과 어느 정도의 상관성을 갖는다. 또한 분석적 영역의 영역일반성이 더 높다고 보고한 심리측정학적 연구도 있다(Jensen, 1998). 더욱이 세 가지 유형의 전문성을 모두 갖추지 않았거나 그중 두 가지 전문성이 없이도, 어떤 한 영역에서 분석적이거나 창의적 혹은 실제적 전문성을 보일 수 있다.

2) 요소들 간 상호작용

초보자는 철저한 연습을 통해 전문성을 지향한다. 그러나 연습이란 앞의 여섯 가지 주요 요소의 상호작용을 필요로 하고, 요소를 움직이는 데 가장 중추적인 역할을 하는 것은 역시 동기다. 동기가 없다면, 제반 요소는 활성화되지 못한다. 결국 어떤 유형의 기능에 대한 반성적 실천가가 될 때 일정 수준의 전문성에 도달할 수 있다. 그러나 전문성은 여러 수준에서 이루어진다. 예를 들어, 대학원 1년차나 법과대학원생과 전문직 종사자의 전문성 수준 사이에는 상당한 거리가 있다. 따라서 사람들은 더 높은 수준의 전문성으로 나아갈 때 여러 번의 순환과정을 거친다.

동기는 메타인지를 가동시키고, 메타인지는 학습 및 사고기능을 활성화하며, 그 결과가 메타인지에 다시 피드백되면서 전문성 수준이 향상될 수 있다(Sternberg, 1985). 또한 사고 및 학습 기능의 확장을 통해 획득된 선언적 지식과 절차적 지식이 향후 더 효과적으로 활용될 수 있는 사고 및 학습 기능을 촉진한다.

위의 모든 처리과정은 처리가 일어나는 맥락의 영향을 받고, 또한 영향을 미친다. 예들 들어, 영어 학습경험은 있지만 유창성에 한계가 있는 학습자의 경우, 영어의 언어기능 수준이 높은 학습자보다 열등한 학습기능을 보일 것이다. 또한 시각적인 학습을 선호하는 학습자에게 구두로 자료를 제시할 때 수행수준은 떨어질 것이다. 그렇다면 전문성 발달 모형은 지능이라는 구인과 어떻게 연관되어 있는가?

·· *2* ··
일반요인과 능력의 구조

어떤 지능이론가들은 인간지능에 모종의 안정적이고 지배적인 구조가 존재한다는 증거로, 지능에 대한 일반요인(general factor)의 안정성을 강조하고 있다. 그러나 일반요인은 단지 개인의 직접 측정할 수 없는 어떤 잠재적 능력과 학교교육을 통해 발달된 전문성 간의 상호작용을 반영한 것에 지나지 않아서 학교교육의 형식이 다를 경우, 일반요인은 더 강해지거나 약해질 수 있다. 사실 서구식 학교교육의 제반 형식은 지적 능력검사가 측정하는 다양한 기능을 결부시켜 가르침으로써 부분적으로 일반요인을 조장하기도 한다.

위의 관점은 결정적·유동적(crystallized and fluid) 지능이론(Cattell, 1971; Horn, 1994)과 다르지만, 서로 연관되어 있다. 여기에서 유동적 능력이란 정보를 획득하고 추론하는 능력인 반면, 결정적 능력은 이러한 과정을 통해 획득한 정보를 말한다. 따라서 학교교육은 각 개인이 학교관련 과제에서 일부 사용하는 유동적 능력에 기초하여 결정적 능력을 계발하는 데 주력한다. 그러나 이 책에서 제안한 이론에서는 유동적 능력과 결정적 능력이 학교교육이나 전문성 발달을 목적으로 사회에서 제공하는 다른 방법을 통해서도 거의 동등하게 발달 가능하다고 본다. 이 주장은 20세기 들어 전 세계적으로 나타난 큰 폭의 지능지수 향상, 즉 편재되어 있는 플린효과(Flynn effect, Flynn, 1987; Neisser, 1998)를 통해 그 타당성을 보여 주고 있다. 플린효과가 환경에서 기인한 것임에는 틀림이 없다. 왜냐하면 단기간에 전 세계적으로 거대한 유전적 변화가 일어나는 일은 실제로 불가능하기 때문이다. 여기에서 결정적 능력보다는 유동적 능력의 향상이 실질적으로 더 크다는 점은 흥미로운 사실이다. 이는 유동적 능력이 결정적 능력만큼, 혹은 그보다 더 환경의 영향을 받기 쉽다는 점을 시사한다.

예를 들어, 장사하는 법을 가르치기 위해 어린 아동을 선발했다고 가정해 보자. 사실 인류 역사에서 대다수의 아동들은 위의 방법을 통해 교육을 받았다. 아무튼 어린 나이에 소년들은 장사하는 법을 가르쳐 줄 스승의 도제가 되었다.

위의 예를 현 시점에 끌어들여, 어린 나이부터 언어전문성을 계발하기 위해 영어(혹은 다른 모국어)를 공부하는 학생들이 있는가 하면, 수학전문성을 계발하기 위해 수학을 공부하는 학생들이 있다고 가정해 보자. 또 항공기 조종이나 전문 숍 운영 등을 위해 공간전문성 계발에 전념하는 학생들도 있을 것이다. 이들 학생은 대학수준에서 개시되는 전공과 판이하게 다른 생애 첫 번째 학교교육을 시작한 셈이다.

이제 위의 학생들을 대상으로 어떤 유형의 지능검사를 실시한다고 하자. 이때 한 가지 형식의 전문성 훈련을 받은 학생들은 다른 훈련을 받지 않았기 때문에, 일반요인은 없다고 보아야 한다. 심지어 지능검사의 하위요인 점수 간에 부적 상관을 상정해야 할지도 모른다. 왜냐하면 학교교육의 형식과 관련하여 한 유형의 전문성 발달이 다른 유형의 전문성 발달을 방해할 수 있기 때문이다.

위의 주장이 억지가 되지 않도록 하기 위해, 현재 도처에서 벌어지고 있는 진짜 이야기를 서둘러 개진해 보자. 미국 등 대부분의 선진국에서는 학교교육을 통해 매우 표준적인 교과과정을 제공하고 있다. 그러나 표준적인 교과과정과 그에 따른 가치는 전 세계적으로 동일하지 않다. 또 모든 학교교육이 서구의 교육방식대로 운영되어야 한다고 믿는 서구 자민족중심주의의 덫에 빠져서도 안 된다(예: Serpell, 1993).

케냐의 키수무 인근의 아동을 대상으로 한 협동연구에서(Sternberg 등, 2001; Sternberg & Grigorenko, 1997 참조) 연구자들은 실제적 지능(practical intelligence)검사를 고안한 바 있다. 이 검사는 케냐의 시골환경에 적응하는 데 필수적인 비공식적 지식, 즉 병마를 치유하기 위해 사용할 수 있는 천연약초의 식별 및 활용에 관한 지식을 측정하였다. 이곳의 아이들은 자신을 치유하거나 다른 아이들의 치료를 도와주기 위해, 평균적으로 일주일에 한 번은 위의 비공식적 지식을 활용하고 있다. 따라서 위의 지식은 일상적인 삶의 한 부분인 셈이다. 여기에서 비공식적 지식이란 학교에서 가르치지 않고, 또 평가되지도 않는 유형의 지식으로, 묵시적 지식(tacit knowledge)과 본질적으로 동일한 것이다.

위의 연구 아이디어는 약초가 어떤 것이고, 어디에 사용하며, 어떻게 복용해야 하는지를 알고 있는 아이들이 비공식적 지식이 없는 아이들보다 환경에 더 잘 적응할 것이라는 점이다. 실제로 이들 약초가 어느 정도로 효험이 있었는지는 알 길이 없다. 그러나 특정 문화권의 실제적 지능을 측정하는 측면에서 중요한 사항은 케냐 사람들이 약초의 효험을 믿고 있다는 점이다. 물론 서방세계에서 사용되는 약도 그 효과성이 어느 정도인지 항상 분명한 것은 아니다.

천연약초에 대해 비슷한 연령대의 학생들이 갖고 있는 묵시적 지식에는 실제로 개인차가 있었다. 그러나 실제적 지능점수와 영어 어휘력검사(the Mill Hill) 점수, Dholuo어(케냐의 지역 토속어)로 번역된 Mill Hill 검사 점수 및 Raven의 원색판 점진행렬검사 점수 간에 상관관계가 있다는 점이 더 중요하다. 실제적 지능검사 점수와 영어 어휘력검사 점수 사이에는 유의한 부적 상관이 있었고, 다른 검사 점수들과의 상관은 방향성이 일치했지만 유의하지 못했다. 따라서 토착적인 묵시적 지식검사에서 높은 점수를 받은 아동일수록 학교에서 사용되는 어휘력검사에서는 낮은 점수를 받은 것으로 해석된다. 그렇다면 왜 이 같은 결과가 나타나는가?

문화기술적 관찰과정에서 드러난 한 가지 이유로 그 지역의 부모들이 토착적 교육 혹은 서구식 교육 중 어느 한쪽을 더 강조한다는 점을 들 수 있다. 어떤 부모들(그리고 아동들)은 학교에 별반 가치를 부여하지 않는다. 학교 내의 성공이 그곳에서 전 생애를 보내게 될 아동의 미래와 관련성이 없다고 본 것이다. 즉, 그들은 학교에서 가르치는 전문성이 필요하다는 점을 믿지 않는다. 반면에 어떤 부모들과 아동들은 서구식 학교교육이 그 자체로서 가치가 있다고 보거나, 혹은 잠정적으로 그 울타리를 벗어날 수 있는 수단으로 보는 것 같다. 결과적으로 부모들은 아동들에게 주어질 결과를 놓고 서로 다른 교육을 강조하는 경향을 보인다. 즉, 가족이 가치있게 여기는 발달중인 전문성의 유형이 다르기 때문에, 검사상의 점수에서도 차이가 난다는 것이다. 이 관점에 따르면, 위에서 언급한 검사 간 상호상관을 통해 지능의 구조 자체에 관한 본래적인 측면보다는 발달중인 전문성 형식인 능력이 환경의 요구와 상호작용하면서 구축되는 방식을 알 수 있다.

Nuñes(1994)는 브라질에서 수행했던 일련의 연구결과를 보고한 바 있다(Ceci & Roazzi, 1994 참조). 이 연구에서는 길거리 아이들이 성공리에 앵벌이를 수행하는 능력에 국한시킨 적응적 지능을 측정하였다. 만일 이 아이들이 앵벌이에 성공하지 못한다면, 훔치지 않는 한 굶거나 죽을 수도 있는 위험에 처하게 된다. 이 연구에서 Nuñes와 동료 연구자들은 성공적인 앵벌이와 관련해서 수학을 잘하는 아이들이 추상적 형태의 지필검사로 제시된 동일한 유형의 수학문제는 잘 풀지 못한다는 점을 발견했다.

위의 연구결과는 전통적인 능력의 관점에서 볼 때 당혹스럽지만, 발달중인 전문성의 관점에서는 그렇지 않다. 길거리 아동들은 학문적 기능이 아닌 실제적인 수학기능의 발달을 촉진시키는 환경에서 성장한다. 전통적인 학문적 전문성도 전이되지 못한 경우가 자주 있으므로(예: Gick & Holyoak, 1980), 전이가 나타나지 않은 연구결과는 결코 놀랄 만한 것이 아니다. 길거리 아동들은 생존과 지속적인 성공에 필요한 실제적 산수전문성을 계발했지만, 전통적인 능력검사를 치를 때 이들의 기능을 발휘하지는 못한다.

정반대의 상황을 가정해 보자. 전통적인 능력검사나 학교에서 수행을 잘한 어떤 아동들이 거리로 내몰렸을 때, 그들 중 상당수는 오래 생존하지 못할 것이다. 실제 이러저러한 이유로 길거리에 나앉은 미국 내 도시 빈민가의 많은 아동과 성인들은 성공의 꿈을 저버린 채 간신히 살아간다.

Jean Lave(1989)는 슈퍼마켓에서 쇼핑하는 버클리 주부들을 대상으로 한 연구에서 위와 유사한 결과를 보고한 바 있다. 연구결과, 쇼핑의 물건 비교에 필요한 수학능력과 전통적인 지필검사로 잰 수학기능 점수 간에는 상관이 없는 것으로 나타났다. 또한 Ceci와 Liker(1986)의 연구에서도 경마의 전문 핸디캡 계원이 통상 평균 수준의 지능지수만을 갖고 있는 것으로 나타났고, 핸디캡 계산 시 복잡한 수학적 모형을 사용하는 능력과 전통적인 검사상의 점수 간에도 상관이 없었다. 위의 사례는 삶 속에서 중요시되는 발달중인 전문성이 전통적인 능력검사가 측정하는 전문성에 적절하게 반영되어 있지 못하다는 점을 보여 준다.

어떤 사람들은 위의 연구에서 제기한 문제가 전통적인 능력이론에 관한 것이라기보다는 이론에 충실하지 못한 검사와 관련이 있다고 주장할지 모른다. 즉, 검사 자체가 길거리 수학을 측정하기보다는 추상적인 수학적 사고를 측정하고 있다는 것이다. 그러나 그간의 심리측정이론은 단연코 위와 같은 추상적인 일반요인을 논하고 있고, 이 추상적인 이론적 구인으로부터 추상화된 검사가 개발되었다. 사실 Sternberg 등의 연구(예: Sternberg 등, 2000; Sternberg 등, 1995)에서는 실제적 지능이 일반적으로 위의 추상화된 검사 점수와 상관이 없다고 보고하고 있다.

전통적인 능력모형의 문제는 전혀 다른 문화나 업종에 적합하지 못하다는 점이다. Michel Ferrari와 Pamela Clinkenbeard의 협동연구(Sternberg 등, 1996; Sternberg 등, 1999)에서는 고등학생들을 대상으로 선다형 및 논술형 문항을 활용하여 분석적·창의적·실제적 능력을 측정하였는데, 이 중 선다형 문항은 세 가지 내용영역, 즉 언어·수리·도형영역으로 구성되었다. 또한 학생들의 점수를 요인 분석한 다음, 대학 심리학개론 강좌의 성취도와 상관을 산출하였다.

이 연구에서는 성공지능모형(Sternberg, 1985, 1997a)을 적용하여 분석적 능력뿐만 아니라 창의적·실제적 능력검사를 시행하였는데, 그 결과 다중능력 검사에서 나타난 하나의 강력한 일반요인이 크게 둔화되었다. 물론 회전 없이 한 번의 요인분석을 시도할 경우에는 일반요인이 추출되기 마련이다. 그러나 이 일반요인의 설명력은 미약해졌고, 직각회전 시 그마저 소멸되었다. 또한 위의 연구에서는 분석적·창의적·실제적 능력 모두가 심리학개론 강좌의 성취도를 예측할 수 있는 것으로 나타났다(물론 강좌 자체가 평가에 적합하도록 분석적·창의적·실제적 방식으로 지도되었다.). 더욱이 분석능력이 높은 학생들은 대부분 백인 중상류 계급의 교육을 잘 받은 집단에 속했지만, 창의적·실제적 능력이 높은 것으로 확인된 학생들의 경우 배경속성이 훨씬 더 다양했다. 가장 중요한 사실은 삼원능력패턴(triarchic pattern of abilities)에 부합된 수업을 받은 학생들은 그렇지 못한 수업을 받은 학생들보다 높은 성취도를 보였다는 점이다.

전통적인 검사는 좁은 의미의 발달중인 전문성만을 측정하기 때문에, 일부 집단에 유리하게 작용한다. 만일 발달중인 전문성의 범위를 확대하여 측정한다면, 다른 결과가 나타날 수 있다(Sternberg, & Castejón 등, 2001). 더욱이 전문성의 범위를 확대한 검사에는 일이나 가족의 세계에서 중시하는 기능이 포함되어 있다.

사실 분석적·창의적·실제적 능력이란 발달중인 전문성의 형식을 단순화한 것으로, 이들 능력은 다양한 삶의 과제에서 유용하다. 그러나 전통적인 검사는 매우 협소한 전문성 영역상에서 수행을 잘 하지 못한 학생들을 불공정하게 처리할 수 있다. 반면에 발달중인 전문성의 범위를 확장할 경우, 지금까지 유능하지 못하다고 지목된 많은 아동들이 실제로는 중요한 유형의 전문성을 계발해 왔다는 점을 발견할 수 있을 것이다. 전통적인 검사가 측정하는 능력이 학교와 삶 속의 수행에서 중요하겠지만, 중시되어야 할 유일한 능력은 아니다.

일반요인과 다른 관점에서 능력을 규정하는 수업방식은 나름대로의 이점을 갖고 있다. 최근에 Sternberg, Torff와 Grigorenko(1998a, 1998b)는 사회경제 적 지위가 낮은 3학년 학생과 중류 계급의 8학년 학생들을 대상으로 연구를 수행한 바 있다. 이 연구에 따르면, 성공지능(분석적·창의적·실제적 지능 및 기억)과 관련하여 사회(지역사회 교과의 한 단원) 혹은 과학(심리학 교과의 한 단 원)을 배운 학생들의 성취도가 분석적(비판적) 사고나 기억 위주로 배운 학생 들보다 더 높았다. 즉, '삼원적인' 방식의 수업에 참여한 학생들이 분석적· 창의적·실제적 성취도를 알아보는 수행평가뿐만 아니라, 심지어 기억을 측 정하는 검사(해당 강좌에서 사용하고 있는 선다형 검사)상에서도 다른 수업집단 의 학생들보다 높은 성취도를 보였다. 위의 결과는 분석적 능력이 학교나 삶 속에서 중요치 않다는 점을 말하는 것이 아니다. 단연코 분석적 능력은 중요 하다. 위의 결과는 오히려 다른 유형의 능력, 즉 창의적 능력과 실제적 능력도 중요하며, 따라서 세 가지 유형의 능력에 대한 활용방법을 배울 필요가 있다 는 점을 시사한다.

높은 수준의 발달된 전문성을 고려하되, 다른 유형의 전문성도 발달될 수 있도록 학생들을 가르친다면 더 나은 학습성과가 산출될 수 있다. 학습성과를 어떤 방식으로 측정하든지 간에 위의 결과가 나타날 것이다. 실제로 기억력 이외의 다양한 전문성 활용 기회가 주어진 수업을 받은 아동들이 기억력 위주 의 수업을 받은 아동들보다 평균적으로 기억을 더 잘하는 것으로 나타났다.

Sternberg 등(1995, 2000)은 아동과 성인을 대상으로 비공식적인 절차적 지 식을 측정한 연구를 수행하였다. 연구대상자는 사업경영자, 대학교수, 초등 학생, 판매원, 대학생, 일반인 등 다양하였다. 이들 연구에서는 줄곧 실제적 지능의 주요 측면인 비공식적인 절차적 지식이 다양한 집단과 직업 및 연령 상에서 전통적 검사가 측정하는 학업적 지능과 상관이 없다는 점을 발견하 였다. 더욱이 실제적 지능검사의 직무수행에 관한 예측력이 기존의 지능검 사 수준이거나 그 이상이었다. 여기에서 두 가지 유형의 능력검사 간에 상관 이 없다는 것은 학업적 지능과 실제적 지능을 예측변수로 함께 활용할 때 직무수행을 가장 잘 예측할 수 있다는 점을 시사한다. 최근에 Sternberg와 Grigorenko(1998)는 취업면접 대처방법처럼, 직장에서 필요로 하는 상식을 측정하는 검사를 개발한 바 있는데, 이 검사는 다양한 학업능력에 대한 자기평정이라기보다는 상식에 관한 자기평정을 예측하는 측정도구다.

연구결과, 위의 검사가 측정한 비공식적인 절차적 전문성이 학업적 전문성과는 상관이 없는 반면, 여러 직무영역과는 상관이 있는 것으로 나타났다. 예를 들면, 비공식적인 절차적 지식의 하위점수(자기관리, 타인관리, 과업관리) 간에는 상호상관이 있었고, 학업적 심리검사상의 점수는 사무관리자용 검사 점수와 낮은 상관을 보였다(Sternberg 등, 2000; Sternberg 등, 1995). 위의 결과는 직장에서 중시하는 발달중인 전문성 유형 간에는 서로 상관이 있지만, 학교장면에서 중시하는 유형의 발달중인 전문성과는 상관이 없다는 점을 보여 준다.

위의 검사를 활용할 경우, 심지어 지도력의 효과성도 예측할 수 있다. 군지휘관을 대상으로 한 여러 연구는 지휘관을 위한 비공식적 지식검사가 전통적인 지능검사와는 달리 지도력의 효과성을 예측한다는 결과를 보고하고 있다. 또한 Sternberg 등(2000)에 따르면, 경영자용 검사와 군 지휘관용 검사 간에 유의한 상관이 있지만, 후자의 검사만이 상관에 의해 평정된 지도력의 효과성을 유의하게 예측한 것으로 나타났다.

전통적인 검사와 실제적 지능검사는 모두 학교나 직장에서 중시하는 발달중인 전문성을 측정한다. 사실 위의 두 가지 검사유형은 형성된 혹은 발달된 지식과 기능을 측정한다는 점에서 질적으로 구분되지 않는다. 그럼에도 불구하고, 양자 간에 상관이 없는 이유는 두 검사가 측정하는 발달중인 전문성의 유형이 판이하게 다르기 때문이다. 추상적이고 학문적인 유형의 전문성이 높은 사람들은 실제적인 학습과 일상적인 전문성 유형을 중시하지 않을 때가 많고, 후자의 전문성이 높은 사람들은 전자의 전문성을 중시하지 않는 경향이 있다. 앞에서 살펴본 케냐의 연구가 단적인 예다. 사실 대도시 빈민가와 같이 불리한 환경에서 성장한 어린이들은 생존의 문제를 해결하기 위해 학문적 전문성보다 실제적 전문성을 발달시킬 필요가 있다. 이런 경우, 케냐의 연구에서 나타난 바와 같이, 실제적 전문성이 학문적 유형의 전문성보다 생존력을 더 잘 예측할 수 있다. 이와 똑같은 현상이 사업장에서도 나타난다. 즉, 직무수행 방법에 관한 묵시적 지식이 학교에서 중시되는 학문적 전문성만큼, 혹은 그보다 더 직무성공에 필요할 가능성이 높다.

　실제적 전문성 유형은 학교장면에서도 중요하다. Yale 대학교에서 Wendy Williams와 Robert Sternberg(Sternberg, Wagner, & Okagaki, 1993에서 재인용)는 대학생용 묵시적 지식검사가 학업능력검사와 대등하게 평균평점을 잘 예측한다는 점을 발견하였다. 그러나 대학생활의 묵시적 지식을 측정한 검사의 대학환경 적응도에 대한 예측력은 학업능력검사보다 더 높았다.

..*3*..
발달중인 전문성과 시험

　발달중인 전문성은 전통적인 지능검사가 측정하는 구인에 적용된다. 또한 발달중인 전문성은 시험을 보는 행위 자체에도 적용 가능하다.

　학교 내에서 시행되는 시험과 관련하여, 아동들이 학습한 전문성이 실제로 전통적인 능력검사상의 수행을 저해하는 경우도 있다. 일례로, Sternberg와 Rifkin(1979)은 교사들이 아침에 영어를, 그리고 오후에는 헤브라이어를 가르치는 학교에서 아동들의 유추능력 발달을 연구한 바 있다. 이 연구에서 다수의 2학년 학생들이 시험문제에 오답을 한 것으로 나타났다. 외견상 이 아동들은 바보스러워 보였다. 왜 이러한 일이 벌어지는가? 아동들은 매일 오후마다 헤브라이어(역자 주: 이 언어는 오른쪽에서 왼쪽으로 읽음)를 공부했고, 검사도 오후에 시행되었다. 따라서 아동들은 유추문제를 오른쪽에서 왼쪽으로 읽었고, 그 결과 모두 틀리게 된 것이다. 즉, 정상적인 환경에서 잘 발휘되었던 전문성이 시험장면에서 완전한 실패를 안겨 준 셈이다.

앞의 연구대상자들은 학교생활을 한 지 1~2년이 지나면서 분별력을 갖춘 중상류층 아동들이었다. 그러나 덜 지지적인 환경에서 자라면서, 시험보다는 가족이나 지역사회, 심지어는 학교생활에 필요한 유형의 전문성을 계발한 다른 아동들의 경우에 어떤 일이 벌어질지 상상해 보라. 이들은 시험에서 측정하는 전문성이 부족하다기보다 오히려 바보스럽게 보일 것이다.

Patricia Greenfield(1997)는 다양한 문화권에서 여러 연구를 수행한 바 있는데, 이들 연구를 통해 미국이나 다른 서방권 국가에서 보편화되어 있는 수험전문성(test-taking expertise)이 결코 보편적이지 않다는 점을 발견하였다. 일례로, 마야 문화권의 아동들은 시험문제를 풀면서 부모나 타인과의 협력을 허용하지 않을 때 당혹스러워 했다. 아마 이 같은 현상은 고도의 집단주의 문화를 가진 다른 곳에서도 마찬가지일 것이다. 물론 미국에서 위와 같은 협력은 부정행위로 간주된다. 그러나 집단주의 문화에서는 협력적 전문성을 계발하지 못하거나, 더 나아가 그것을 활용하지 않는 사람이 오히려 중요한 적응기술을 갖추지 못한 것으로 비칠 것이다(Laboratory of Comparative Human Cognition, 1982 참조).

··4··
결 론

이 장에서는 능력검사가 발달중인 전문성을 측정해야 한다고 주장하였다. 어떤 유형의 문화나 하위문화에서 형성된 발달중인 전문성을 측정하는 데 적합한 검사의 제작은 가능한 일이다. 그러나 전통적인 능력검사를 제작한 사람들은 서구식 학교에서 가치있게 여기는 기능을 강조해 왔다. 사실 Binet 와 Simon(1905)이 학업수행을 예측하기 위해 최초의 지능검사를 개발했다는 점을 감안한다면, 위와 같은 입장도 수긍할 만하다. 더욱이 이들 기능은 학교나 삶 속에서도 중요하다. 그러나 능력이란 고정된 것이거나, 심지어 사전에 결정된 것이라고 보는 생각은 시대착오적이다. 그간의 여러 연구결과 또한 전통적인 검사가 측정한 일단의 능력이 삶의 성공과 관련된 발달중인 전문성 중 단지 작은 부분만을 측정하고 있다는 점을 보여 준다(Sternberg, 1997a에서는 이 문제를 폭넓게 다루고 있음). 전통적인 검사가 성인 삶의 성공에 대한 다양한 측정값 내의 개인차 변산을 약 10%밖에 예측하지 못하는 이유가 바로 여기에 있다(Herrnstein & Murray, 1994).

모든 문화권이 전통적인 검사가 측정하는 전문성을 동등하게 중시하지는 않는다. 예를 들어, 캘리포니아 주 내의 남미계, 아시아계, 미국계 하위문화를 비교한 연구(Okagaki & Sternberg, 1993)에 따르면, 남미계의 부모들은 지능보다 사회적 전문성을 중시하는 데 비해, 아시아나 미국계 부모들은 인지적 전문성을 중시하는 경향이 있었다. 또한 교사들은 당연히 인지적 전문성을 더 중시했고, 이 때문에 미국계와 아시아계 아동들이 학교에서 더 잘할 것으로 기대한 바대로 실제 높은 성취도를 보였다. 물론 학교나 삶 속에서 인지적 전문성이 중요하지만, 사회적 전문성도 마찬가지로 중요하다. 따라서 학교와 가정에서는 모든 아동들에게 두 가지 유형의 전문성을 가르칠 필요가 있다. 심지어 직장에서는 후자의 전문성이 더 중요할지도 모른다. 능력의 개념을 확장하여 능력의 측정이 곧 발달중인 전문성의 측정이라는 점에 인식을 같이할 때까지는 발군의 잠재력을 가진 수많은 사회의 기여자들을 한치 앞을 알 수 없는 미래에 내맡기는 위험을 감수해야 한다. 또한 미래 삶의 성공을 담보할 만한 전문성보다는 어떤 학교교육 내의 성공에 필요한 전문성을 가진 학생들을 잠정적으로 높게 평가할 수밖에 없을 것이다.

발달중인 전문성을 측정하는 최상의 방법은 정태적 검사가 아닌 역동적 검사라고 믿는다. 그 이유는 역동적 검사가 발달잠재력을 측정하는 데 주 목적을 둔 검사이기 때문이다. 제2부에서는 역동적 검사의 특성을 살펴볼 것이다.

제2부에서는 먼저 역동적 평가의 개념을 소개하고, 이와 관련된 약사(略史)를 살펴본다. 제2부의 내용은 독자들이 역동적 평가의 최근 동향을 다룬 제3부를 이해하는 데 기초가 될 것이다.

제2부

역동적 평가의 특성

DYNAMIC Testing

역동적 평가의 기초

대다수의 사람들은 살아가면서 한 번쯤 전통적인 인지기능검사를 받는다. 이들 검사 중에는 지능검사는 물론이고 능력과 성취도를 분명하게 구분하지 않고 측정하는 검사들이 있다. 예를 들면, 영국의 O-수준과 A-수준 검사나 미국의 SAT, ACT, GRE, LSAT 및 다른 여러 가지 검사들이 활용되고 있다.

··*1*··
잠재적 역량과 발달된 능력

전통적인 인지기능검사는 발달된 능력(developed abilities)의 정량화를 시도한다. 제1장에서 주장한 바와 같이, 능력을 발달중인 전문성의 형식으로 규정한다면(따라서 결코 완전하게 발달되지는 못함), 발달된 능력의 측정이란 불완전할 수밖에 없다. 일례로, 발달된 능력 검사는 단어 의미의 인출능력을 측정할 수 있을 것이다. absolution(면죄)이라는 단어를 정의하도록 한 문항이 이 같은 유형의 전형적인 검사문항에 해당된다. 검사문항 중에는 일련의 숫자를 완성하는 능력을 측정하는 경우도 있다. 이 검사문항은 (1) 숫자에 대한 지식, (2) 숫자들 간 관계의 추론능력, (3) 숫자들을 작업기억 내에 보유하는 능력을 요구한다. 1, 4, 9, 16 다음에 올 숫자를 묻는 문항이 단적인 예다.

이와 같이 전통적인 검사는 잠재적 역량(latent capacity) 중 단지 수행을 통해 드러난 능력만을 측정한다. 여기에서 수행이란 교육정도, 검사요령, 부모의 지원 등과 같은 여러 변수의 영향을 받는다. 예를 들면, 교육수준이 높을수록 단어의 의미를 알거나 일련의 도형을 재인하는 데 유리하다. 또한 다양한 검사요령을 알고 있는 사람들은 정답확률을 높이기 위해 이들 기법을 활용한다. 일례로, absolution(면죄)의 뜻을 모르지만 absolve(죄를 사하여 주다)의 의미를 안다면 그 의미를 추론할 수 있을 것이다.

이들 검사는 완전히 발달된 능력과 아직 완전하게 발달되지 않은 능력을 전혀 구분하지 않은 채 측정한다. 사실 능력이 발달될 수 있는 정도는 잠재적 역량과 이 역량의 발달을 도와주는 수업유형에 따라 달라진다. 이때 능력이라는 용어는 발달된 잠재적 역량을 의미한다. 예를 들면, 부자촌인 교외의 중상류층 가정에서 자란 아동들은 본인의 잠재적 역량을 최상으로 발휘할 수 있는 교육기회를 접할 가능성이 높고, 따라서 발달된 능력을 재는 검사상의 점수도 상대적으로 높다. 이에 반해, 도시 빈민가의 하류층 가정에서 자란 아동들은 자신의 잠재적 역량을 완전하게 발휘할 수 있는 교육기회를 가질 가능성이 적고, 이 때문에 능력검사상에서 상대적으로 낮은 점수를 보이는 경향이 있다.

사람들은 발달된 능력수준 그리고 발달된 능력에 잠재적 역량이 반영된 정도를 알고 싶어 한다. 즉, 현재까지 주어진 기회 속에서 수행할 수 있는바, 그리고 삶 속에서 이상적인 기회가 주어질 경우에 수행할 수 있는 정도가 어떤 검사상의 점수에 어느 정도 반영되어 있는가의 문제에 관심이 있다. 만일 발달된 능력이 잠재적 역량을 어느 정도나 충실하게 반영하고 있는가를 알고자 한다면, 우선 발달된 능력과 잠재적 역량 간의 차이를 이해해야 한다.

하나의 예로, 베네수엘라의 카라카스 지역에서 자란 Alberto와 Javier라는 두 아이가 있다고 하자. 논의의 편의상, 이들의 잠재적 역량은 거의 동일하지만, 사회계급이 다르다고 가정해 보자. 사회계급이 다르기 때문에 두 아이의 차이는 매우 빠르게 나타나기 시작할 것이다.

　Alberto는 상류계급의 자녀로, 출생 이후 줄곧 폭넓고 심도 있는 교육기회를 누려 왔다. 값비싼 유치원을 다니면서 기본 문해력을 익혔고, 교육비가 비싼 고급 사립학교에서 교육을 받았다. 이제 대학 1학년생인 Alberto는 문학에 정통할 뿐만 아니라, 10만 단어 이상의 어휘를 구사하고, 미적분을 활용한 수학 그리고 과학이나 역사 등 여러 교과목에서도 박식하다. 또한 전 세계적으로 활동하는 데 무리가 없을 정도로 영어와 스페인어를 구사하며, 국제금융 분야의 직업을 준비하고 있다.

　Javier는 카라카스 외곽에 있는 빈민가의 판자촌에서 자란 하류계급의 아동이다. 이 판자촌은 대부분 기초공사가 없이 맨 땅에 석재와 철재 그리고 갖가지 품목을 되는 대로 붙여 만든 불법 거주지다. 이 때문에, 심한 폭풍우나 심지어 강도가 약한 지진만 와도 쉽게 무너질 수밖에 없다. 판자촌에는 수돗물도 없고, 전기도 송전선에서 훔쳐 쓰고 있다. 전기라고 해봐야 전등 몇 개와 TV 한 대에 활용될 뿐이다. Javier는 유치원 교육을 받지 못했고, 부모가 반문맹이어서 문해력을 지도할 수 있는 형편도 아니었다. 또한 카라카스 변두리에 있는 초등학교에 입학했지만, 학교에 책은 물론이고 책상조차 거의 없었다. 학교생활은 시시했고, 도무지 다닐 맛이 나질 않았다. 어린 나이부터 어떻게든 돈을 벌 요량으로 길거리로 나섰기 때문에 학교에 있는 시간은 턱없이 적었고, 급기야 5학년 때 학교를 중퇴하게 되었다. 중퇴할 수 있는 연령이 안 되었지만, 어느 누구도 이 문제를 따지고 들지 않았다.

　Alberto와 Javier가 전통적인 검사 중 어떤 능력검사나 성취도검사를 보든지, Alberto의 점수가 Javier의 점수보다 월등하게 높게 나타날 것이다. 또한 두 아이가 거의 동등한 잠재적 역량을 갖고 태어났다는 점도 알 길이 없다. 이 때문에, Alberto와 Javier의 역량이 대략 대등하다는 점을 보여 줄 수 있는 검사에 대한 이론적 관심은 확실히 크다. 또한 실제적 활용도도 높다. 예를 들어, 적절한 교육적 개입이 있다면 Javier도 Alberto만큼이나 사회에서 중시하는 유용한 문해력을 갖춘 시민으로 발달할 수 있을지도 모른다. 그러나 두 소년의 잠재적 역량에 관한 정보, 그리고 이들의 잠재적 역량과 발달된 능력의 차이에 관한 정보를 어떻게 구할 것인가?

·· *2* ··
역동적 평가의 정의 및 정태적 평가와의 비교

위의 정보를 밝히는 한 방법으로 앞서 역동적 평가를 제안하였다. 그렇다면 역동적 평가란 무엇인가? 일단, 역동적 평가는 평가와 교수적 개입을 포괄한다. 정태적 검사(static test)에 해당되는 전통적 검사의 경우, 각 개인에게 일단의 검사문항을 제시하고 나서 거의 또는 전혀 피드백 없이 문항을 풀게 한다. 흔히 피드백을 제공하는 것은 측정오차를 야기하고, 따라서 이 같은 일은 회피해야 할 일로 간주된다. 반면에 역동적 검사(dynamic test)에서 각 개인은 일단의 검사문항을 명시적인 교수활동을 통해 해결한다(Lidz, 1987, 1997; Wiedl, Guthke, & Wingenfeld, 1995). 역동적 평가에 대한 몇 가지 주요 접근법을 제시하면 〈표 2-1〉과 같다.

1) 역동적 평가의 두 가지 유형

역동적 검사의 유형은 크게 두 가지로 구분된다. 첫 번째 유형은 사전검사와 사후검사 사이에 수업을 끼워 넣는 방식이고, 두 번째 유형은 수험자가 각 검사문항을 풀 때마다 반응을 제시하는 방식이다. 물론 이들 두 가지 유형의 구분이 유일한 것은 아니지만, 가장 널리 활용되고 있다. 여기에서는 두 유형을 기술하면서 각각 샌드위치 유형(sandwich format)과 케이크 유형(cake format)이라는 용어를 사용할 것이다.

샌드위치 유형의 경우, 수험자는 먼저 정태적 검사 형식의 사전검사를 받

〈표 2-1〉 역동적 평가의 접근법

접근법	평가방법	표적집단	유형	검사상황 (과제특성)	성과 (목표)	초점 (지향성)	예측력
인지구조의 수정가능성 이론 (Feuerstein 등)	학습잠재력 평가도구	수정 가능한 모든 개인	검사-중재- 검사	인위적(학교 프로그램과 별개)	인지 구조의 변화	아동 주도적	매우 높지 않음
학습잠재력 평가 (Budoff 등)	검사중심적 코칭	학업실패를 경험한 아동 (저지능아, 저성취아)	사전검사-표준 화훈련/코칭- 사후검사	인위적(학교 프로그램과 별개); 추상적 추리문제 (비언어적)	향상된 검사수행	과제 주도적	꽤 높음
점진적 프롬 프트 접근법: 학습과 전이에 의한 평가 (Campione & Brown)	힌트 제공	학업능력이 낮은 학습자	사전검사 (수행정보 수집) -초기 중재학습 -정태적 유지· 전이 평가 -중재상태의 유지·전이	전통적인 검사를 활용한 영역 특수적 평가	근접 발달대 측정	과제 주도적	연구가 부족함
Lerntest 접근법 (학습잠재력 평가)	독일 학습 잠재력검사 (Guthke 등)	정신지체아, 뇌장애를 가진 성인	(1) 사전검사- 훈련-사후검사 (장기간용), (2) 검사시행 중 훈련(단기간용)	영역특수적 평가를 통한 심리측정학적 평가방법	학습 향상도 기록	과제 지향적	IQ 평균 이하 아동의 경우 꽤 높음
	소수집단을 위한 네덜란드 학습잠재력 검사(Heesels & Hamers)	소수 인종집 단의 아동	검사시행 중 훈련	영역특수적 평가를 통한 심리측정학적 평가방법	도움에 의한 향상도	과제 지향적	학업성취도의 예측력은 보통 수준이지만, 정 태적 지능검사 보다 높지 않음
취약점 접근법	취약점 교수 접근법 (Carson & Wiedl)	정상아, 정신지체아, 학습장애아	언어화와 피드백의 양을 다양화한 다중 조건	영역특수적 평가	향상된 검사수행	과제 주도적	학업성취도의 예측력은 IQ보 다 낮지만, 적응 적 학습양식의 예측이 가능함
정보처리적 접근법	Swanson의 인지적 처리 검사(S-CPT)	학습장애아	검사-교수- 검사	인위적 (작업기억 과제)	처리 잠재력 지표	과제 주도적	학습장애아, 특 히 학습지진아 의 경우 꽤 높음

는다. 사전검사를 치른 다음, 사전검사에서 측정한 기능에 대한 수업이 이루어지는데, 이 수업은 개별적이거나 집단적으로 진행된다. 수업이 개별적인 상황에서 이루어질 경우, 특정 수험자의 강·약점을 반영한 개별화를 시도할 수 있다. 만일 개별화를 시도한다면, 피드백의 양과 유형은 수험자별로 다르게 된다. 한편, 집단적인 상황에서는 통상 모든 수험자들에게 동일한 수업을 제공한다. 수업 후에 수험자들은 사후검사를 받는데, 이 검사는 전형적으로 사전검사의 동형검사이지만 간혹 사전검사를 그대로 활용하는 경우도 있다. 여기에서는 편의상 위의 유형을 샌드위치 유형이라고 부른다. 개별적인 검사상황에서 샌드위치의 내용물(수업유형)과 두께(수업량)는 개인에 맞추어 다를 수 있지만, 집단 검사상황의 경우 샌드위치의 내용물과 두께가 전형적으로 동일하다.

항상 개별적으로 시행되는 두 번째 케이크 유형에서, 수험자들은 문항별로 수업을 받는다. 일단 수험자에게 한 문항을 풀도록 한 다음, 이 문항을 옳게 풀면 다음 문항을 제시한다. 그러나 수험자가 해당 문항을 잘못 풀면 수준이 다른 일련의 힌트를 제공하는데, 여기에서 힌트는 확실한 문제해결을 하도록 순차적으로 설계되어 있다. 그 다음에 검사자는 수험자가 특정 문제를 정확하게 풀기 위해 어떤 유형의 힌트를 얼마나 많이 필요로 했는가를 파악한다. 수업은 수험자가 성공할 때까지 계속되며, 성공 시에 다음의 문항이 제시된다. 힌트가 케이크의 아이싱 층처럼 계속 제시되기 때문에, 여기에서는 편의상 위의 유형을 케이크 유형이라고 부른다. 케이크 유형에서 층의 수는 거의 항상 달라진다(피드백의 양은 수험자가 해당 유형을 사용하면서 얼마나 빨리 정답에 도달할 수 있는가에 따라 다름). 그러나 층의 내용(피드백 유형)은 동일하거나 다를 수 있지만, 동일할 때가 거의 대부분이다. 즉, 힌트의 수는 수험자에 따라 다르지만 그 내용은 다르지 않다.

2) 정태적 평가와 역동적 평가의 차이점

정태적 평가와 역동적 평가 패러다임 간에는 세 가지 주요한 차이점이 있다. 여기에서 차이점이란 이분법적이라기보다는 강조점의 차이로 보아야 한다. 따라서 역동적 검사에도 정태적 요소가 들어 있는 것과 마찬가지로, 정태적 검사도 역동적 요소를 가질 수 있다.

첫 번째 차이점은 평가의 역할, 즉 정태적 상태 대 역동적 과정에 관한 것이다. 정태적 평가는 기존 기능을 활용한 결과로서 산출물을 강조하는 데 반해, 역동적 평가는 학습 및 변화라는 심리적 과정의 정량화를 강조한다. 말하자면, 정태적 평가는 발달된 상태를 파악하는 데 비해, 역동적 평가는 발달중인 과정에 무게를 둔다. 앞에서 설명한 두 가지 역동적 평가의 유형에서 검사자는 수업을 통해 문제해결 과정이 어떻게 발달되는가를 평가할 수 있다. 이들 간 차이점은 샌드위치 유형의 경우 사전검사와 사후검사 사이에서 한꺼번에 수업을 하는 데 반해, 케이크 유형에서는 각 검사문항이 제시된 후 필요할 때마다 수준별로 층이 다른 수업을 제공한다는 점이다. 정태적 평가에서는 통상 검사자가 위와 같은 추론을 할 수 없다.

두 번째 차이점은 피드백의 역할과 관련된다. 정태적 평가에서 검사자는 수준별 순서에 따라 문제를 제시하고, 수험자는 각 문제에 답하면 된다. 따라서 검사자는 수행의 질에 관한 피드백을 수험자에게 제공하지 않는다. 반면에 역동적 평가에서는 명시적 혹은 묵시적으로 피드백을 제공한다.

피드백의 유형은 어떤 역동적 평가의 유형을 사용하는가에 따라 다르다. 샌드위치 유형에서 개별평가를 사용한다면 명시적 피드백(explicit feedback)이 제공될 수 있지만, 집단평가 시에는 아마 묵시적 피드백(implicit feedback)이 제공될 것이다. 사전검사와 사후검사 사이에 제공되는 수업을 통해 각 수험자는 어떤 기능을 숙달했고, 또 어떤 기능을 숙달하지 못했는지를 알 수 있게 된다. 그러나 집단평가 장면에서는 검사자가 개별 수험자에게 위의 기능에 관한 명시적인 언급을 할 수 없다. 그러므로 샌드위치 유형의 개별평가 장면에서 검사자가 제공한 피드백은 명시적 피드백일 가능성이 높다.

케이크 유형에서 검사자는 한 수준 높은 도전적 과제를 순차적으로 제시한다. 그러나 각 과제의 제시 후 검사자는 수험자에게 피드백을 주되, 수험자가 해당 문제를 풀거나 포기할 때까지 반복적으로 이 활동을 지속한다. 따라서 평가가 수업과 연계되고, 수험자의 학습능력은 학습 중에 정량화된다.

세 번째로 정태적 평가와 역동적 평가는 검사자—수험자 간 관계의 질 면에서 서로 다르다. 정태적 평가의 경우 검사자는 중립적인 입장에서 가능한 한 수험자에게 관여하지 않는다. 물론 검사자가 좋은 래포(rapport) 형성을 원하겠지만, 그 이상은 전혀 아니다. 좋은 래포 형성을 넘어서서 관여할 경우, 측정의 오차가 개입될 위험이 있기 때문이다. 반면에 역동적 평가에서 검사 상황과 검사자—수험자관계는 전통적인 심리측정학적 접근의 일방향적 상황에서 벗어나 쌍방향적 상호작용 관계로 바뀐다.

개인별 역동적 평가에서는 위의 검사자—수험자 간 상호작용이 각 아동별로 개별화된다. 따라서 전통적인 중립적 태도는 수업과 조력의 분위기로 대체된다. 한편, 샌드위치 유형을 사용한 집단별 역동적 평가의 경우, 개인수준이 아니고 집단수준이기는 하지만, 여전히 조력활동을 포함한다. 수험자가 사후검사를 잘 보도록 하기 위해 검사자가 수업을 제공한다는 것이다. 또한 개인별 검사 유형의 경우와 마찬가지로 검사자는 결코 중립적인 입장을 취하지 않는다.

위에서 살펴본 바와 같이, 역동적 평가란 평가와 개인 간 연계에 기반을 두고, 학습의 산출물은 물론이고 학습의 과정까지를 평가대상으로 삼는다. 평가에 학습을 포함시킨 역동적 평가는 수험자의 발달된 기능이 '영점(혹은 영점에 근접함)'에서 출발할 수 있고, 수업이란 평가되는 기능의 숙달에 필요한 모든 정보를 제공하는 활동이라고 가정한다. 이를테면, 평가의 대상이 이전에 획득된 기능이라기보다는 역동적 평가 장면에서 배운 기능을 숙달·적용·재적용할 수 있는 역량이라는 것이다. 이같이 평가절차를 보는 관점은 역동적 평가에 자주 적용되고 있는 학습잠재력검사(test of learning potential)라는 용어 사용의 토대가 된다.

3) 역동적 평가의 성공가능성

역동적 평가가 성공적이라면, 이는 가히 혁명적인 발상이다. 왜냐하면 이 평가방법이야말로 수행에 영향을 미쳐 잠재적 역량의 추정값을 왜곡할 수 있는 모든 환경적 변수의 효과를 줄여 주기 때문이다. 이제 역동적 평가는 언제든지 인지적으로 발현될 수 있는 각 개인별 성장잠재력의 진점수를 정량화시켜 줄지도 모른다. 과연 역동적 평가가 위와 같이 성공할 가망이 있는가? 그리고 아직껏 보여 주지 못하고 있다면, 이를 위해 어떤 일을 할 필요가 있는가? 이 책에서는 바로 이 같은 물음을 다루고 있다.

학습과정과 산출물의 기저에 있는 학습잠재력을 정량화한다는 아이디어가 초기에는 지나치게 낙관적인 생각으로 여겨졌던 것 같다. 어떤 사람의 실현된 능력보다는 잠재력을, 발달된 그리고 심지어 고정된 능력보다는 발달중이고 수정 가능한 능력을 정량화할 수 있다면, 이는 굉장한 일일 것이다. 이미 획득한 지식을 내보이는 능력보다 새로운 것을 학습할 수 있는 능력을 검사할 수 있다면, 이 또한 분명히 매력적일 것이다. 그러나 이들 목표는 잠재적으로 실현 가능한 성과라기보다는 그림의 떡처럼 보였다.

이 책에서 역동적 평가란 역동적 사정(dynamic assessment)으로 지칭되는 더 큰 과정의 일부분이다. 여기에서 평가와 사정은 동의어가 아니다. 다른 평가유형(예: 관찰과 판단; Salvia & Ysseldyke, 1981)뿐만 아니라 역동적 평가도 사정 시에 활용하는 많은 방법 중 단지 하나에 불과하다. 사정에는 검사뿐만 아니라 면접, 다양한 유형의 프로젝트와 수행 및 여타의 평가형식이 포함되어 있다. 위와 같이 역동적 평가를 볼 경우, 상당히 제한적인 검사자−수험자 상호작용 개념을 상정해야 한다. 즉, 이 책의 시도가 역동적 사정의 모든 내용이 아닌 역동적 평가를 살펴보고 있기 때문에, 당연히 검사자−수험자 상호작용에 관한 해석도 좁은 의미로 제한할 수밖에 없다. 넓은 의미에서 보면, 역동적 사정이란 자연스럽게 개입과 연계되어 있고, 본래 개입과 변화가 주목표다. 그러나 역동적 평가의 목표는 훨씬 더 제한적이어서, 어떤 기회를 제공할 경우 참여자가 변화하는지, 그리고 어떻게 변화하는지에 초점을 맞춘다. 위에서 살펴본 바와 같이, 어떤 역동적 평가방법은 검사자—수험자 상호작용 요소를 단순한 피드백 제공으로 제한하는 데 비해, 상호작용이 단순한 피드백 경계를 넘어선 개입의 형식을 취하는 경우도 있다. 역동적 사정이라는 용어를 학습사정(learning assessment)으로 대체하여 더 확장된 분야의 요소로 자리매김해야 한다는 논의가 개진되고 있지만(Snow, 1990), 이 책에서는 역동적 평가의 범주에 속하는 접근법에 한하여 논의하고 있다는 점에 주목하기 바란다.

앞으로 살펴보겠지만, 그동안 학습잠재력을 정량화하고 역동적 평가라는 구인에 적합한 일단의 심리적 진단도구를 개발하려고 했던 다양한 시도는 일관성 있는 결과를 산출하지 못했다. 그러나 아직은 경험적 타당화가 충분치 않음에도 불구하고, 역동적 평가의 아이디어는 폭넓게 논의되었고, 꽤 널리 활용되어 왔다. 또한 역동적 평가의 타당도를 검증하기 위한 여러 방법이 개발되었다(Carlson & Wiedl, 1992b, 2000).

학문공동체, 특히 심리학과 교육학 분야에서 역동적 평가에 관한 관심은 적은 편이다. 거기에는 나름대로의 이유가 있다.

첫 번째 이유는 역동적 평가의 신뢰도와 타당도에 관한 경험적 데이터가 상대적으로 부족하다는 점이다. 충분한 데이터베이스가 구축되지 않은 상태에서 학자들이나 교육자 스스로 어떤 방법을 적절하게 평가할 수 없을 테고, 따라서 역동적 평가에 충분한 주의를 기울이지 못한 것으로 보인다.

두 번째 이유는 몇몇 평가방법의 경우 방법 자체를 상세하게 제시하지 않아 따라하기가 어렵다는 점이다. 그동안 심사를 거쳐 논문을 게재하는 학술지에 역동적 평가 연구를 개관한 논문이 실린 경우는 소수에 불과하다(예:

Day 등, 1997; Elliott, 1993; Grigorenko & Sternberg, 1998; Jitendra & Kameenui, 1993; Laughon, 1990; Missiuna & Samuels, 1988). 또한 이들 연구 중 대다수는 역동적 평가의 토대가 되는 심리적 모형이나 경험적 자료를 제시하기보다는 교육적·임상적 적용 가능성에 초점을 맞추고 있다.

세 번째 이유는 역동적 평가가 생소하다는 데 있다. 이를테면, 구인들 자체가 친숙하지 못하고, 심리학자나 교육학자들이 수련과정 중에 학습한 평가의 내용과도 잘 맞지 않는다는 것이다. 따라서 이들 전문가들은 평가란 어떤 것이고, 또 어떤 것이어야 한다고 보는 자기네들의 생각에 부합하지 않기 때문에, 역동적 평가를 무시하는 경향을 보이기 쉽다.

이 책은 역동적 평가에 관한 경험적 연구 부족 때문에 야기된 간극을 채우기 위해 집필되었다. 이를 위해, 역동적 평가에 관한 모든 문헌은 아니겠지만, 많은 자료의 내용을 요약하고, 학습잠재력을 측정하고자 시도했던 다양한 평가방법의 공적과 한계를 논의한다. 또한 학습잠재력 평가에 대한 평가방법의 차이점을 제시할 것이다.

이 책에서 이따금씩 역동적 평가를 비판할 때도 있겠지만, 이 비판의 목적이 역동적 평가의 핵심을 배척하는 것은 아니다. 이와 정반대로, 이 책은 역동적 평가라는 개념을 인정하고, 나름대로 역동적 검사의 구성을 시도하고 있다. 또한 현재까지 제안된 여러 구인 조작화의 유용성을 지지하는 증거의 불충분 문제도 관심 있게 다룰 것이다.

..3..
결론: 역동적 평가의 필요성

러시아 심리학자인 Sergei Rubinstein(1946)은 교육자가 학습자의 학습능력을 평가하려면, 학생들에게 어떤 것을 가르친 다음, 이들의 학습을 관찰할 필요가 있다고 하였다. 사람들은 항상 타인의 학습잠재력에 대해 결론을 내린다. 특히, 해당 분야의 전문가들은 초보자에게 전문적 활동에 참여할 기회를 준 다음, 학습과정 중에 그들의 수행을 평가하고, 이를 통해 미래의 수행을 예측한다. 교수가 학생과 함께 연구를 시작할 때, 첫 번째 단계로 연구문제에 대한 학생의 이해정도를 알아보기 위해 모종의 비공식적인 사전검사를 시행해 볼 것이다. 이제 막 연구에 참여한 학생은 연구문제에 대해 별로 아는 바가 없다. 그래서 교수는 연구의 아이디어와 읽을거리 그리고 주요 쟁점을 넌지시 일러 준다. 학습자료를 중심으로 일련의 논의를 계속한 연후에야 교수는 해당 학생의 학습잠재력을 일차적으로 판단하는 데 필요한 충분한 정보를 가질 수 있다. 이와 유사하게, 자동차 정비공장에서 견습공을 훈련시키는 숙련공도 초보자를 기계조작에 점진적으로 참여시키고, 이들의 수행을 관찰·교정함으로써 더 어려운 과제를 다룰 수 있도록 지도한다. 이렇게 한 다음, 전문가는 초보자의 학습능력을 평가한다.

위와 같이 도제기간 중의 학습에 기초하여 초보자의 미래 성취도를 묵시적으로 예측하는 일은 일상적인 삶 속에서 자주 일어난다. 이제 전혀 새로운 어떤 학습능력을 측정하는 검사를 생각해 보자. 예를 들어, 어떤 사람이 이제 막 진로의사결정을 하려 한다고 해 보자. 이 사람은 먼저 서로 다른 두 분야, 이를테면 생물학과 심리학 분야의 검사를 받는다. 이들 검사는 외부의 도움이 없는 상태의 초기 수행을 평가하는 측정도구다. 그런 다음, 각 분야의 전문가와 함께 여러 문제를 풀어 가면서 다시 수행을 측정한다. 여기에서 각 분야의 전문가들은 교사로서의 효과성 면에서 차이가 없다. 마지막으로 전문가들은 재검사를 통해 개인의 수행을 측정할 것이다. 위의 수험자가 두 분야의 사전검사상에서는 거의 대등했지만, 심리학 전문가보다는 생물학 전문가와 함께 문제를 풀면서 훨씬 더 성공적인 학습을 했고, 그 결과 생물학 사후검사상의 수행이 심리학보다 유의하게 높았다.

위의 결과를 놓고 보면, 아마도 생물학 분야가 해당 수험자에게 더 전망이 있다(즉 이 분야에서 잠재력을 실현할 가능성이 높음)고 해석될 수 있을 것 같다. 따라서 검사가 해당 분야의 미래 수행을 어느 정도 예측하는 결과를 제공한 셈이다. 또 부모와 함께 생소한 문화권에 이제 막 이주한 아동을 상정해 보자. 이 아동의 영어능력이 어떻든지 간에 만일 자신의 기존 문화와 동떨어진 검사를 받는다면, 이 아동의 수행수준은 매우 낮을 가능성이 높다. 그러나 검사와 관련된 개입을 받은 다음 재평가한다면, 수행수준은 극적으로 다르게 나타날지 모른다.

역동적 평가의 중요성을 적시한 예로 전통적인 정태적 검사상의 수행수준이 극히 낮은 불리조건의 아동에 관한 연구들이 있다(예, Feuerstein, Rand, & Hoffman, 1979). 여기에서 불리조건의 학습자[disadvantaged(혹은 challenged) students]란 유리조건의 학습자(advantaged students)와는 대조적으로, 학습기회가 제한되어 있는 학생집단을 지칭하는 용어다. 학습기회의 제한은 사전 교육의 결핍, 과거와 현재의 문화적·교육적 실제의 부조화 혹은 학습장애나 정신지체에서 기인할 수 있다. 이 학습자들을 역동적으로 검사해야 한다고 주장하는 이유는 역동적 평가를 적절하게 적용할 경우 교육 불평등을 감소시키는 데 도움이 될 수 있다고 믿기 때문이다. 역동적 평가가 이 같은 학습자들의 학습역량을 평가하는 수단으로서 더 적합하고 공정하며 형평성을 갖는다는 것이다. 성인의 조력과 지도하에 불리조건의 아동이 실행하는 학습을 정량화하는 일은 진정한 인지기능을 평가하는 유일한 방법일 것 같다.

발달된 능력의 측정을 넘어서서, 학습의 원동력인 잠재력을 정량화하기 위한 방법론적 패러다임을 개발해야 한다는 주장이야말로 전문가들은 물론이고 비전문가들에게까지 비상한 호소력을 갖는 아이디어다. 그동안 역동적 검사(평가)라는 용어에 해당되는 여러 가지 유사 개념, 이를테면 상호작용적 검사(평가), 과정검사(평가), 근접발달대의 측정, 조력검사(평가), 학습잠재력 검사 등이 위의 패러다임 내에서 제안되어 왔다. 이 책은 이들 개념을 설명하고 있다.

DYNAMIC Testing

역동적 평가의 약사(略史)

역동적 평가의 개념에 대해 지난 20년 동안 많은 연구가 수행되어 왔지만, 이 방법론의 이론적 기초는 이보다 훨씬 오래전에 제안되었다. 예를 들어, 정태적 검사의 창시자인 Alfred Binet(1909)는 과정평가에 적합한 도구를 제안하거나 제작하지는 않았지만, 과정평가를 옹호했다. Thorndike(1924)도 지능의 일부분으로서 '학습능력(ability to learn)'의 측정이 필요하다는 점을 주장한 바 있다. 또한 Buckingham(1921)은 최상의 지능 측정은 학습속도나 학습의 산출물 혹은 이들 모두를 고려하는 것이라고 보았다. Penrose(1934)는 "정신지체의 연구에서 이상적인 검사란 학습능력을 알아보는 것이다."(p. 49)라고 주장하였고, Dearborn(1921)과 DeWeerdt(1927)도 학습결과보다는 실제 학습 및 연습과정을 측정할 필요가 있다고 보았다. 한편, André Rey(1934)는 교육가능성(educability) 검사를 제안하였고, 이를 위해 400여 개의 검사를 제작한 바 있다. 'rey'라는 말은 스페인어로 '왕'이라는 뜻인데, 이 말에 걸맞게 Rey는 역동적 평가 분야에서 진정한 거물이다. 오늘날 Feuerstein이나 다른 사람들이 사용하고 있는 많은 검사는 Rey의 검사에 뿌리를 두고 있다. 그러나 검사의 형식면에서 Rey가 제안한 검사 대부분은 정태적 특성을 갖고 있었다.

독일 심리학자인 Kern(1930) 또한 학습능력 측정의 개념화를 시도한 바 있다. Kern은 검사 초기의 억제상태 때문에 첫 검사회기의 결과가 왜곡될 때가 많다고 지적하면서, 당대의 심리측정검사를 비판하였다. Kern에 따르면, 미래의 성공을 예측하는 변수는 바로 학습역량이다. Kern은 여러 주에 걸쳐 지능검사를 반복적으로 시행하는 실험을 수행했다. 그 결과, 훈련을 시작할 때부터 다섯 번째 검사회기까지는 수험자의 순위에 유의한 변동이 있었고, 그 다음 회기부터 상당히 안정적으로 순위가 유지된 것으로 나타났다. 그는 일회의 검사만으로 어떤 예단을 하기에는 역부족이고, 사실상 부정확한 결론에 도달할 수 있다고 결론지었다.

현대 심리학에 역동적 평가의 개념을 도입한 공적은 Lev Vygotsky(1934/1962)의 몫이다. 사실 누가 역동적 평가의 현대적 개념을 확립했다고 볼 것인가에 대해서는 논란의 여지가 있다. Brown(예: Brown 등, 1992; Brown & Ferrara, 1985; Campione & Brown, 1987; Palincsar, Brown, & Campione, 1991)이나 Guthke(예: Guthke, 1992)의 연구는 Vygotsky 이론에 그 뿌리를 두고 있다(Lidz, 1987 참조). 반면에 Feuerstein 등(1997)과 같은 연구는 Vygotsky의 초기 연구 및 앞에서 언급한 Rey의 연구와 밀접하게 연관되어 있는 것처럼 보이지만, 독자적인 입장을 취한다(Kozulin & Falik, 1995).

이 책에서는 연구의 뿌리에 상관하지 않고, 다양한 접근법의 역사보다는 개념적 조건에 대한 분석을 시도할 것이다. 따라서 이론적·방법론적 차원에 비추어 연구들을 분류한다. 하지만 역사적인 우선권은 Vygotsky 편에 돌려야 마땅하다고 본다. 왜냐하면 그의 이론이, 불완전하다고 하더라도, 역동적 평가의 이론을 처음으로 체계화했기 때문이다. 그러나 역동적 평가에 관한 이론의 많은 시사점은 Vygotsky보다는 그의 추종자들에 의해 도출되었다(예: Ginzburg, 1981; Vlasova, 1972).

역동적 평가의 이론적 배경이 수립되고, 또한 처음으로 실험연구가 수행된 때는 1930년대와 1940년대다(예: Kern, 1930; Vygotsky, 1934/1962). 그러나 이 방법론에 관심이 증대되기 시작한 것은 1960년대와 1970년대인데, 역동적 평가에 대해 혹평이 가해졌던 때도 바로 이 시기다. 위의 관심은 이스라엘(Feuerstein 등, 1979)과 미국(Brown & French, 1979; Budoff, 1975; Carlson, 1992;

Lidz, 1987, 1991)에서 학습능력과 역동적 평가에 관한 심층적인 연구로 이어졌는데, 특히 Feuerstein의 연구 그리고 얼마간 Budoff의 연구에 힘입은 바 크다.

역동적 평가에 대한 관심이 다시 일기 시작한 이유는 피할 수 없는 사회적 요구의 등장과 정태적 평가의 유용성에 대한 복합적이고, 심지어 비판적인 전문가 의견의 조성 때문이다(Grigorenko & Sternberg, 1998; Tzuriel & Haywood, 1992). 사회적 요구와 관련하여 연구자들은 다음과 같은 검사의 바람직성을 인정하였다. (1) 이민자들이 사회에 통합되도록 하기 위해 문화적 편파성을 최소화한 문화공평검사(culture−fair tests)의 개발, (2) 다양한 문화집단에서 산출된 결과의 비교에 유용한 검사의 개발, (3) 교육경험이 결핍된 사람들의 평가에 적합한 발달적 검사의 개발, (4) 수험자가 소속된 문화나 사회집단에 상관없이 학습된 능력이 아닌 학습잠재력의 측정 등을 지향해야 한다는 것이다. 위에서 말한 측정방법은 여러 목적에서 사용한 대다수 정태적 검사의 예측력이 그리 높지 않다는 점에 비추어 볼 때 특히 매력적이다(예: Sternberg, 1996, 1999c; Sternberg 등, 2000).

역사적으로 역동적 평가(dynamic testing)라는 용어의 사용에는 다양한 의미가 내포되어 있다. 첫째, 역동적 평가는 인지적 기능의 발달과 수업의 기초를 제공할 수 있다(Lidz, 1997). 이 맥락에서 수업이란 개입의 형식을 취하고, 평가는 사전검사와 사후검사를 통해 이루어진다. 그동안 점진적으로 자기주도적 학습기능을 확장시키는 수업을 통해 아동의 능력을 신장시키자는 취지에서 여러 가지 총체적 교수법 프로그램이 설계되어 왔다. 이들 프로그램은 아동−보호자 간 상호작용(예: Tzuriel, 인쇄중) 그리고 학교와 같은 사회기관(예: Davydov, 1986; Kalmykova, 1975; Klein, 1987; M. R. Jensen, Robinson−Zañartu, & M. L. Jensen, 1992; Newman, Griffin, & Cole, 1989; Talyzina, 1995)에서 활용되고 있다.

둘째, 역동적 평가의 개념은 학습잠재력 평가를 위한 방법론을 제공한다. 사실 역동적 평가는 다음과 같은 능력 평가를 포함한 다양한 평가의 맥락에서 탐색되어 왔다. (1) 취업준비생(Coker, 1990; Downs, 1985; Robertson & Mindel, 1980)의 능력 평가, (2) 사회적 학습장면(Zimmermann: Guthke, 1993에서 재인용)에서 아동의 능력 평가, (3) 정신지체나 여타의 발달장애아(예: Ashman, 1985, 1992; Jepsen, 2000; Molina & Perez, 1993; Paour, 1992)의 능력 평가, (4) 뇌손상을 입은 환자(Baltes, Kühl, & Sowarka, 1992)나 다양한 감각장애아 및 언어장애아(Keane, Tannenbaum, & Krapf, 1992; Peña, 1996; Peña & Gillam, 2000)의 능력 평가, (5) 노인(Fernández-Ballesteros 등, 1997; Kliegl & Baltes, 1987; Kliegl, Smith, & Baltes, 1989)의 능력 평가, (6) 대학지원자(Shochet, 1992)의 능력 평가, (7) 대학생과 성인(Barr & Samuels, 1988; Samuels, 2000; Samuels & Scholten, 1993)의 능력 평가, (8) 학습부진아(예: Brownell, Mellard, & Deshler, 1993; Gerber, D. Semmel, & M. Semmel, 1994; Peña, Quinn, & Iglesias, 1992; Samuels, Tzuriel, & Malloy-Miller, 1989)의 능력 평가, (9) 불리조건에 있는 영재아(Bolig & Day, 1993; Borland & Wright, 1994; Hickson & Skuy, 1990; Kirschenbaum, 1998)의 능력 평가, (10) 이민자(Gutierrez-Clellen, Peña, & Quinn, 1995; Kozulin, 1998; Tzuriel & Kaufman, 2000)나 다문화권 학습자(Coxhead & Gupta, 1988; Hamers, Hessels, & Pennings, 1996; Hamers, Hessels, & Van Luit, 1991; Hessels, 1996, 1997, 2000; Luther, Cole, & Gamlin, 1996; Peña, 인쇄 중; Robinson-Zañartu & Sloan Aganza, 2000)의 능력 평가, (11) 외국어 학습자(Frawley & Lantolf, 1985)의 능력 평가, (12) 교도소 재소자(Silverman & Waksman, 1992)의 능력 평가, (13) 유아(Kahn, 2000)를 포함한 취학전 아동(Day 등, 1997; Lidz, 2000; Olswang & Bain, 1996; Spector, 1992)의 능력 평가 등이 그것이다. 물론, 역동적 평가는 이 외의 용도로도 활용되어 왔다.

셋째, 역동적 평가는 정치적·문화적 목표에 도움을 줄 수 있는 사회정치적 개념이다. 단적인 예로, 역동적 평가는 구소련에서 장구한 역사를 갖고 있다. 그 당시의 공산당 관리들은 정태적 평가가 아동들의 미래 잠재력을 고려하지 않은 채 현재의 능력상태에 대한 추정만으로 결손아를 분류한다고 보고, 1936년에 국가의 법령으로 이 검사의 사용을 금지시켰다. 그 결과, 금지령이 선포된 이후 수십 년 동안, 구소련의 블록 내에 있는 국가에서 역동적 평가가 심리학이나 보상교육과 관련하여 유일한 패러다임으로 수용되었다(예: Grigorenko, 1998; Guthke, Beckman, & Dobat, 1997; Klein, 1987). 따라서 인지적 평가의 개념은 역동적 평가의 맥락에서만 존재할 수 있었다. 역동적 평가는 아동의 세계를 열어주는 데 반해, 정태적 평가는 이를 폐쇄한다고 본 것이다.

역동적 평가에서 가장 영향력이 큰 평가방법에는 어떤 것들이 있는가? 그리고 이들 간에는 어떤 관련성이 있는가? 다음에서는 이 같은 문제를 살펴볼 것이다.

·· *1* ··
역동적 평가의 기초 이론

1) 첫 번째 조작화: Vygotsky 그리고 그의 제자와 해석자들

Vygotsky의 저작이 현대 역동적 평가의 배경이 되고 있기 때문에, 아래에서는 먼저 Lev Vygotsky의 연구에 대한 논의를 기술할 것이다(Kozulin, 1990; Lidz, 1995; Lidz & Elliott, 2000; Rutland & Campbell, 1996). Vygotsky(1931, 1983)는 역동적 평가와 관련된 아이디어를 그의 고등정신기능이론에 소개하고 있다.

이 이론의 주요 개념 중 하나는 근접발달대(zone of proximal development: ZPD, 이하 ZPD로 표기)다. Vygotsky의 제자이자 동료 중의 한 사람인 Leont′ev는 Bronfenbrenner와의 토론에서 ZPD라는 개념의 의미를 다음과 같이 요약하였다(Bronfenbrenner, 1997에서 재인용). "ZPD란 아동이 현 상태에 어떻게 도달했는가보다는 아직 도달하지 못한 상태에 어떻게 다가설 수 있는가를 발견하려고 시도한다."(p. 528) 따라서 ZPD는 발달 자체를 반영한 개념이다.

즉, ZPD는 개인의 현 상태라기보다는 실현할 수 있는 모습이고, 발달된 것이 아닌 발달중인 특성이다. 또한 ZPD는 개인 내적 혹은 사회적 맥락 내의 어느 한쪽에 속한 구인이 아니다. ZPD는 개인과 개인이 소속된 사회적 맥락 간의 상호작용 내에서만 존재한다. 그 이유는 ZPD가 개인의 사회적 상호작용의 산물이고, 상호작용을 통해 창조되기 때문이다. ZPD의 발달적이고 상호작용적이며 가능성에 초점을 둔 특성 때문에, 이 개념은 서방세계에서 가장 큰 관심을 받은 Vygotsky의 아이디어 중 하나가 되기에 이르렀다.

Newman과 Holzman(1993)에 따르면, ZPD는 (1) 현대적 관심사인 사회적 인지와 교실 상호작용을 설명하는 데 적합하고, (2) 학습 및 발달의 본질을 탐구하며, (3) 사회 속의 개인을 표방한다는 점 때문에 인기가 있다. 따라서 ZPD는 현대 심리학 및 교육학 이론과 관련된 여러 가지 요구에 부합된다.

ZPD의 개념은 인식론적으로 복잡하고, Vygotsky 또한 이 개념을 완전하게 설명하거나 연구하지 못했다(Ginzburg, 1981). Vygotsky는 다음과 같은 측면에서 ZPD의 시사점을 논하였다. 즉, (1) 성숙된 인지기능 대 성숙중인 인지기능, (2) 학습 대 발달, (3) 아동이 독자적으로 할 수 있는 것과 타인(성인과 동료)과의 협력을 통해 할 수 있는 것 간의 격차 등이 그것이다. 아래에서는 이들 시사점을 간략하게 설명하고자 한다.

성숙된 인지기능 대 성숙중인 인지기능이라는 아이디어를 전개하면서, Vygotsky(1987)는 다음과 같이 설명하고 있다.

> 발달상태를 성숙된 상태로만 정의할 수는 없다. 농부가 잘 익었거나 수확한 사과만을 평가하기로 한다면, 그는 과수원의 상태를 알 수 없다. 이를 위해서는 커 가고 있는 나무도 고려대상에 포함시켜야 한다. 심리학자는 성숙된 기능에 한하여 분석해서는 안 되고, 성숙과정에 있는 기능을 고려해야 한다. 만일 심리학자가 아동의 발달상태를 제대로 평가하고자 한다면, 실제 발달수준뿐만 아니라 근접발달대를 고려해야 할 것이다(pp. 208-209).

앞의 성숙중인 인지적 기능의 평가는 아동이 독자적으로 할 수 있는 것과 타인의 도움을 받아 할 수 있는 것 간의 격차를 추정하기 위해 해당 아동 및 타인(성인이나 유능한 동료)의 협력적 노력을 설정할 때 가능하다. 이러한 맥락에서, Vygotsky는 ZPD를 아동의 '독자적인 문제해결력을 통해 판정되는 실제 발달수준'과 '성인의 지도하에, 혹은 더 유능한 동료와 협력하여 문제를 해결할 때 나타나는 고차원적인 잠재적 발달수준' 간의 거리라고 보았다 (Vygotsky, 1978, p. 86).

Vygotsky(1987)는 또한 학습과 발달 간 관계의 맥락에서 ZPD를 논의하고 있다. 수업이 발달을 진전시킬 때, 그리고 어떤 성숙단계에서 이미 실현된 것보다는 아직 근접발달대상에 있는 일련의 기능을 추진시키거나 각성시킬 때, 수업은 유용한 기능을 수행한다. 따라서 수업은 아동이 아무런 이득을 볼 수 없는 정도의 높은 수준이 아니기 때문에, 상위수준으로 끌어올리기에 충분할 정도로 발전시켜야 한다.

Vygotsky(1978)는 ZPD를 쉽게 찾아볼 수 있는 활동유형으로 놀이(play)를 들고 있다. 놀이를 할 때, 아동은 항상 자기 나이나 평상시의 모습을 넘어서서 행동한다. 즉, '자신보다 더 큰 아이인 것처럼' 놀이에 가담한다는 것이다 (Vygotsky, 1978, p. 102). McLane(1990)은 위의 아이디어를 활용하며 놀이가 현재의 활동에서 이미 유능한 것처럼 행동하도록 북돋아 준다고 설명한 바 있다. 따라서 아동이 글쓰기 방법을 학습할 때, 글쓰기 과정 및 형식을 다루는 그들의 놀이가 복잡한 문화적 활동에 대한 '주인의식(ownership)'을 갖게 할 수 있다고 본다. 결과적으로 아동들은 성숙하고 문화적으로 적합하며, 관례적인 글쓰기에 필요한 기능과 지식을 갖추기 훨씬 전부터 마치 작가라는 느낌을 갖는다는 것이다.

Vygotsky가 ZPD 이론을 정교하게 설명한 것과는 대조적으로, 이 구인의 경험적 타당화는 매우 부족하다는 점에 주목할 필요가 있다. Vygotsky는 ZPD의 경험적 타당화 연구를 체계적으로 수행한 바 없고, 그의 직계 제자나

동료들도 이에 관한 연구를 수행하지 않았다. 따라서 1930년대의 ZPD 개념
은 이론적 기반은 갖추었지만, 실험적 타당화를 숙제로 남겨 두었다.

Vygotsky의 ZPD에 대한 이론적 설명과 다양한 시사점은 러시아(예:
Davydov, 1986; Rubtsov, 1981; Vlasova, 1972), 독일(예: Guthke, 1993), 네덜란드
(van Geert, 1998, 2000), 미국(예: Rogoff & Wertsch, 1984) 등 여러 나라에서 연구
의 실마리를 제공했다. Vygotsky의 ZPD에 대한 현대적 해석은 두 가지 주류
로 분류될 수 있는데, 이 중 첫 번째 주류는 사회적-교수법적 측면이고, 두 번
째 주류는 아동의 정신기능 평가의 개선을 위한 개별화 방법과 관련이 있다.

2) ZPD에 대한 사회적-교수법적 해석

사회적-교수법적(sociological-pedagogical) 측면에서 본 ZPD는 문화적 기
능의 학습에 민감한 역동적 영역이다. 여기에서 문화적 기능이란 특정 문화
의 노련한 구성원에 의해 창조되고, 독특한 역사적 · 문화적 특성을 가지며,
해당 문화권 내에 있는 아동의 학습과 발달을 결정한다(Newman & Holzman,
1993; Rogoff, 1990). 위와 같은 ZPD의 측면을 강조한 연구는 학습자 표적집
단, 수업방법 그리고 산출된 결과에 비추어 볼 때 매우 다양하며, 양적 연구
보다는 질적 연구의 형식을 취할 때가 많다. 더욱이 많은 연구가 개념적 수준
이나 기술적 분석 수준에서 수행되었기 때문에 경험적 증거를 평가하기가 어
렵다. 위의 측면에 해당되는 관련 문헌은 몇 가지 군집으로 구분될 수 있다.

비교적 소규모인 첫 번째 군집은 문화적 지식이 성인으로부터 아동에게
전달되는 수직적 전달을 설명하는 주요 기제로 ZPD를 해석한다(Cole, 1985).
Cole에 따르면, 이 같은 ZPD의 이해방식은 상이한 문화권 내의 사회화에 관
한 인류학적-심리학적 연구에 적용될 수 있다. 일례로, Moll과 Greenberg
(1990)는 위의 ZPD에 대한 아이디어를 활용하여 애리조나 주의 멕시코계 아
동들이 가족부양에 관한 지식을 숙달해 가는 방법을 연구한 바 있다. 이 연구
는 초기 단계의 숙달이 아동과 성인주부의 공동 활동으로 이루어진다는 점

을 보여 주었다.

두 번째 군집은 ZPD의 교수법적 시사점에 관한 연구들을 포함한다. 이 맥락에서 사용자들은 수업장면에서 ZPD의 활용을 좋은 수업의 필수적인 요소로 매우 중요하게 취급한다. 즉, 이들 사용자들은 수업에 ZPD를 활용한 수행의 조력방안이 포함되어야 한다고 믿는다(Tharp & Gallimore, 1988). 이 관점에서는 교사가 학습자에게 자기 학습활동의 관리 책임을 부가하도록 도와주는 수업을 제공한다는 점에서, 수업을 교사와 학습자 간 모종의 협상으로 해석한다(Cole, 1985). 이를테면, 교사는 학습자가 새로운 자기규제 수준으로 이동할 준비가 되어 있는가의 여부를 알아보기 위해 줄곧 '정황을 살펴보는(test the waters)' 입장을 취한다(Wertsch, 1991). 만일 학습자가 시험에서 실패할 경우, 교사는 학습자 편에서 낮은 수준의 사고를 요하는 수업으로 되돌아간다.

그동안 ZPD의 개념에 기반을 둔 여러 가지 수업 프로그램이 설계되어 왔다. 예를 들어, Hedegaard(1990)는 동료들과 함께 덴마크 3~5학년이 3년에 걸쳐 배우는 교과목(생물, 역사, 지리) 수업에 ZPD 개념을 적용한 연구를 수행하였다. 이와 유사하게, McNamee와 동료들도 ZPD의 개념을 활용하여 취학 전 아동과 학습장애아의 문해력 계발을 위한 프로그램을 구안하였다(McNamee, 1990; McNamee 등, 1985). 한편, Bodrova와 Leong(1996)은 여러 교과영역과 단계별로 개발·검증된 ZPD 기반 교수-학습전략의 예와 관련 활동을 종합하여 소개한 바 있다.

ZPD를 교육적으로 활용한 또 하나의 예로, Newman, Griffin과 Cole(1989)은 ZPD의 교수법적 개념을 확장시켜 이를 '구성지대(construction zone)'라고 명명하였다. 여기에서 구성지대란 두 사람의 사고 사이에 위치한 지대로, 이틀 내에서 개인 간 심리적(interpsychological) 혹은 공유된 정신적(shared mental) 처리과정을 통한 공유 활동이 이루어진다. 폐쇄되어 있고 결정된 체제 내에서는 인지적 변화가 일어날 수 없다. 이와는 달리, 새로운(혹은 과거보다 진전된) 인지기능의 공유 활동이 일어날 경우, 아동의 인지적 체제는 '구성지

대' 내에서 활발하게 움직인다. 처음에는 전문가와 초보자 간의 상호작용을 통해 인지적 과제가 구성되겠지만, 이후에는 초보자의 독자적인 활동으로도 구성이 가능하다. 사실 초기 단계에서 초보자는 과제의 독자적 수행에 필요한 기능을 갖추고 있지 못할 뿐만 아니라, 더 중요한 것으로, 주어진 상황이 지향하고 있는 목표도 이해하지 못할 것이다. Newman, Griffin과 Cole(1989)은 학교 프로그램의 상호작용 과정에서 목표와 절차가 동시에 내면화되도록 아동들에게 특정 과제를 소개할 때, Vygotsky 방식의 수업 진행이 가능하다고 보았다. 이 학교기반 경험을 일반화하여, 그들은 ZPD의 개념을 최소한 한 사람이라도 혼자서 효과적으로 해결할 수 없는 어떤 문제를 함께 풀어 가는 상호작용 체제라고 정의하였다. 따라서 위의 해석에 따르면, ZPD란 상이한 수준의 전문성을 가진 둘 이상의 사람들이 하나의 목표를 함께 성취하고자 할 때 일어나는 현상이다.

러시아에서는 ZPD를 학습을 통해 발달이 일어나는 '장(place)'이라고 폭넓게 해석하였고, 이를 통해 정신적 행위와 개념을 체계화한 이론을 구축하였다(Gal'perin, 1966). 이 이론의 맥락에서 수업이란 학생들이 새롭고 높은 수준의 발달에 도달하도록 하는 심리학적 실험에 해당된다. 이를테면, 수업이 종속변수(성과)와 독립변수(수업처치)가 포함된 실험의 수행이기 때문에, 연구자들은 수업을 아동의 인지적·교육적 향상에 체계적으로 영향을 주고 이를 지속적으로 감독하는 방식이라고 본다. 수업은 다음과 같은 여섯 단계, 즉 (1) 동기화 단계(학습자의 활동을 준비시키고 학습동기를 부여함), (2) 입문 단계(활동의 기본 구조를 설정함), (3) 구체화 단계(재료나 구체적인 대상을 활용하여 활동을 숙달함), (4) 외현적 언어(overt speech) 단계(큰 소리로 말하면서 활동을 숙달함), (5) 내재적 언어(covert speech) 단계('혼잣말하면서' 활동을 숙달함), (6) 정신적 단계(활동을 정신적 수준으로 전이하거나 활동에 필요한 제 단계를 내면화함)로 진행된다(자세한 사항은 Haenen, 1996과 van Geert, 1987을 참조). 예를 들면, 더하기와 빼기를 설명할 때, 교사는 먼저 이 활동의 숙달을 위해 학생들을 동기화시킨다(단계 1). 그 다음은 해당 활동의 실행으로 학습자를 안내하기 위해 전반적인 입문내용을 제시하는 단계로, 이를테면 빼기가 무엇이고, 여기에 어떤 요소가 포함되어 있는가를 설명하게 된다(단계 2). 단계 3은 학습자들이 수업의 소재인 교과내용을 물체나 그림과 같은 중재도구를 활용하여 필요한 조작을 숙달하도록 하는 단계다. 단계 4에서는 아동들이 단계 3과 같은 중재도구의 도움 없이 빼기의 제 단계를 언어화함으로써 활동을 실행하도록 가르친다. 이와 유사하게 단계 5에서는 활동을 언어화하기는 하지만, 학습자가 큰 소리로 말하는 대신에 혼자 속삭이면서 활동하도록 지도한다. 마지막으로 단계 6에서는 활동이 완전히 마음으로 이동하여 정신적으로 더하기와 빼기를 수행할 수 있고, 의도한 기능이 학습·숙달되는 단계에 이른다.

위의 평가방법의 추종자들은 특정 아동의 발달 단계나 수준을 설정하기보다는 더 높은 발달 단계로 이동하도록 점진적으로 도와주는 것이 주 목적이라고 주장한다(Talyzina, 1995). 그동안 Gal′perin의 이론이 전체 교육과정에 적용된 적은 없지만, 그래도 읽기와 산수(El′konin, 1960), 수학(Obukhova, 1972; Salmina & Kolmogorova, 1980) 등 여러 교과영역에 적용되어 왔다. 또한 Gal′perin의 방법을 활용한 수업이 아동의 학업성취도를 유의하게 향상시킨다는 점을 보여 준 여러 연구가 이루어졌다(예: Talyzina, 1995). 그러나 위의 연구는 대부분 질적 데이터를 제시하였고, 강력한 양적 타당도 증거는 여태껏 찾아보기 어렵다.

한편, Davydov(1986)는 러시아의 세 학교에서 Vygotsky에 기반을 둔 학교 프로그램을 개발한 바 있다. 그는 Leont′ev의 활동이론(theory of activity)과 발달−학습관계에 대한 Vygotsky의 아이디어를 결합하여 '발달적 수업(developing teaching)'이라는 이론적 평가방법을 만들어 냈다. 이 평가방법의 일반 원리는 Moscow 91학교와 Khar′kov 4학교 및 17학교 저학년의 생물, 수학, 인문학, 물리 교육과정에 적용되었다(Dmitriev, 1997; Kozulin, 1984). 이 프로그램의 핵심 아이디어는 학습자가 특정 교과영역 내에서 일반적인 추리력(과학적 분석방법)을 숙달해야 하고, 이 같은 숙달을 통해 이후 교과영역 특유의 구체적인 문제해결이 가능해진다는 것이다. Davydov(1986)에 따르면, 적절하고 주의 깊게 조정된 학습활동에 아동을 참여시킬 경우, 6~7세의 나이에도 추리력의 숙달이 가능하다. 따라서 교육학자나 심리학자가 해야 할 일은 추리력을 중심으로 한 학습활동 시나리오를 설계하여 학습자들이 새로운 개념의 숙달과정을 거치도록 지도하는 것이다. 이때 추상적인 것에서 구체적인 것으로, 즉 숙달해야 할 개념의 가장 일반적인 관계로부터 구체적이고 경험적인 증거를 제시하는 방향으로 학습자를 지도한다. 궁극적으로, 수업의 목표는 개념의 확인과 개념의 상징적인 표현을 통해 추상화된 개념 형성이 가능하도록 하는 것이다. 더욱이 교사는 학생들이 추상적인 개념과 다양한 경험적 증거 간의 연계를 탐색하고, 일차적인 추상화와 이차적인 추상화 간의 연계를 설정할 수 있도록 지도해야 한다.

이 같은 교사의 지도활동은 아동의 근접발달대 내에서 수행하되, 최종 시점에 가서 초기의 추상적인 개념은 특정 주제에 해당되는 경험적 문제해결을 학습자 스스로 하는 데 도움이 될 만한 구체적 개념이 되도록 지도해야 한다. 예를 들면, 아동의 실수(實數) 개념 형성은 양의 개념 숙달에 기초한다. 모스크바 91학교의 1학년 수학에서는 먼저 같음, 이상, 미만 등을 통해 양의 개념을 소개한다. 초기에 이들 개념은 문자를 사용한 추상적인 공식 형태로 제시된다(예: a = b, a⟩b, b⟨a, a+c⟩b). 다음 단계에서 교사는 아동들이 서로 다른 물체의 길이와 무게를 비교하는 실생활 세계의 문제를 풀게 한다. 위와 같은 교사의 지도를 통해 실생활 세계의 대상과 양의 관계를 추상적인 형식으로 '번역하는' 아동의 능력 간에 연계가 확실하게 이루어진다(예: 어떤 물체의 무게가 a이고 다른 물체의 무게가 b라면, a⟩b이다). 다음 단계에서 아동은 즉각적인 비교를 할 수 없고, 비교하고 있는 두 가지 대상의 관계를 중재하는 어떤 양을 통해 발견해야 한다(예: a⟩c이고 c⟩b라면, a⟩b이다). 이제 중재(mediation)라는 개념이 도입된 것이다. 다음은 관계의 개념을 숙달할 단계다(예:

A/c = K이고 b〈c이면, A/b〉K이다). 앞의 수학 교육과정 소영역은 마지막 부분에 이산과 연속이라는 개념의 숙달을 다루고 있다. 이와 같이 양, 중재, 관계 그리고 이산 대 연속이라는 네 가지 개념을 통해 결과적으로 실수의 개념이 숙달된다. 위의 교육과정에는 이 밖에도 Davydov의 학습활동이론에 기초한 다양한 실전문제와 학습경험 자료가 수록되어 있다. 이 모든 활동은 교사와 함께하는, 즉 아동의 ZPD 스펙트럼 속에서 수행된다.

15년간의 장기 개입 연구결과, 통제집단의 학습자와 비교할 때, 실험 프로그램에 참여한 학습자의 단 · 장기 학업성취도가 유의하게 향상된 것으로 나타났다(Davydov, 1986). 더 나아가, 실험집단과 통제집단 학습자의 일반적인 인지기능 발달을 살펴본 관련 연구(1983)에서는 상상력, 사고, 기억, 자기규제적 처리과정은 물론이고 메타인지 발달에서도 두 집단 간에 유의한 차이가 있었다. 비록 Davydov의 교육과정이 ZPD 기반 교육 프로그램 중 가장 타당도가 높은 것으로 보이지만, 이는 다른 연구자들의 연구는 물론이고 대규모 종단적 연구를 통해 면밀히 검토되어야 할 것이다.

대체로 현재까지 수행된 연구는 ZPD 기반 수업이 다른 수업방법보다 교육적 · 인지적 성과가 높다는 일반적인 주장을 지지할 정도로 확신적인 양적 · 경험적 데이터를 제공하지는 못했다. 물론 논리게임상의 수행에서 나타난 집단차(실험집단의 학습자들이 게임의 규칙을 더 잘 일반화함: Davydov, Pushkin, & Pushkina, 1972)를 무시할 수 없고, 위에서 언급한 여러 연구의 수많은 사례에서 나타난 학습자의 전반적인 긍정적 정서와 행복감을 도외시할 수도 없다(예: Davydov, 1986; Newman 등, 1989). 그러나 정량화되지 않은 행복감이 반드시 학교나 삶의 더 나은 성취를 의미한다고 보기는 어렵다. 불행하게도, 대다수의 평가방법은 성취도의 향상과 관련하여 내적 타당도를 확보한 데이터를 제시하지 못하고 있다. 더욱이 극소수의 연구만이 심사과정이 엄격한 학술지에 게재되었고, 대다수의 프로그램 설명 또한 양적인 측면, 특히 프로그램 평가에 초점을 맞추지 못한 채 모노그래프 형식이나 책 속의 장으로 상당히 느슨하게 기술되어 있다. 이와 같이 양적 정보가 제한되어 있기 때문에, 연구상에서 표본의 선정, 사용된 통계 그리고 적절한 통제여부 등과 관련하여 여러 편파성 문제의 제기가 불가피하다. 또한 지금까지 위의 평가방법을 독자적으로 평가한 연구도 찾아보기 어렵다.

3) 평가의 개선을 위한 개별화 방법으로서의 ZPD

ZPD를 개인의 정신기능 평가를 개선하기 위한 수단으로 볼 수 있다. 이들에서는 인지적 기능이 초기에 교사와 학생 사이의 외적 '공간(space)'에서 가르쳐지지만, 이후 학습자에 의해 내면화되면서 개인적인 레퍼토리의 한 부분이 된다고 본다(Das & Conway, 1992; Levina, 1968). 이 방법론은 학습장애나 정신지체로 진단된 아동들에게 적용되기도 했다(Gerber, 2000; Gerber 등, 1994; Schlatter & Büchel, 2000). 일례로, 러시아에서는 위와 같은 형태의 Vygotsky 아이디어를 결함학(defectology, 구소련에서 장애아 연구를 지칭할 때 사용한 심리학 용어: Grigorenko, 1998 참조) 연구개발에 활용한 바 있다. 구소련의 결함학에서는 아동의 프롬프트에 대한 민감성을 정상아와 정신·교육지체아를 구분하는 결정적인 기준으로 삼았고(예: Vlasova & Pevsner, 1971), 많은 치료 프로그램이 ZPD의 아이디어 그리고 ZPD 내에서 이루어지는 개입에 대한 세심한 점검을 통해 수행되었다(예: Goncharova, 1990; Goncharova, Akshonina, & Zarechnova, 1990; Nikolaeva, 1995; Pozhilenko, 1995; Spirova & Litvinova, 1988). 한편, 미국에서는 ZPD가 수업의 효과성을 극대화하기 위해 평가를 개선하는 수단이라고 보고, 이를 상보적 교수법(reciprocal teaching: Palincsar & Brown, 1984, 1988)과 같은 개입 프로그램 그리고 수업이란 고도로 개별화되어야 하고 조력 여하에 따른 수행의 차이를 최소화해야 한다고 본 정보-통합이론(information-integration theory: Das, Kirby, & Jarman, 1979)의 맥락에서 활용해 왔다.

•• *2* ••
결 론

ZPD는 '수행 이전에 역량(competence before performance)'이라는 새로운 전형을 제안한다(Cazden, 1981). ZPD에 대한 위의 관점이 바로 역동적/상호작용적 평가 패러다임을 개발하는 토대인데, 세부사항은 이후의 절에서 상세하게 논의할 것이다.

Vygotsky의 평가방법에 관한 연구에는 두 가지 주류가 있다. 첫 번째 주류는 지식의 전달(교수법)에 관한 사회적 방법을 연구하는 데 비해, 두 번째 주류는 개인별 인지적 기능의 정량화를 개선하는 데 초점을 둔다. Vygotsky의 본래 아이디어가 발전되면서 초기의 개념과 방법론은 계속 바뀌고 있지만, 이후의 모든 해석자들의 연구는 Vygotsky의 연구를 주 출발점으로 삼고 있다.

앞에서 언급한 두 가지 관점, 즉 수업지향적 관점과 개인별 평가지향적 관점 사이의 경계선을 긋는 일은 다분히 인위적이다. 따라서 역동적 평가의 두 하위분야는 그동안 서로 완전하게 구분되지 못하고 있다. 이와 정반대로 연구자들은 위의 경계를 넘나들었고, 한 관점에서 개발된 연구를 받아들여 다른 관점의 연구를 확장시켰다(예: Jensen 등(1992)은 Feuerstein의 아이디어를 교육적으로 적용한 바 있음). 지난 30여 년 동안 역동적 평가는 주로 사회적 실조, 정신지체, 학습장애를 가진 아동과 청소년을 대상으로 한 평가와 교육목적으로 활용되었다. 그러나 최근에는 위의 아이디어를 정규 학교장면에 적용하려는 시도가 점차 확대되고 있다(Haywood & Tzuriel, 1992 참조).

이 책에서는 Vygotsky 연구에서 출발한 역동적 평가의 두 번째 관점, 즉 개인별 평가지향적 관점에 대부분의 지면을 할애할 것이다.

제3부에서는 각기 다른 역동적 평가를 지향하고 있는 대표적인 접근법을 살펴본다. 이 책에서는 이들 접근법을 설명하면서 (1) 평가방법, (2) 표적집단, 3) 평가유형, 4) 평가자료의 특성, (5) 성과의 측정, 6) 평가방법의 예측력 등을 포함한 여러 측면에 초점을 맞출 것이다. 물론 이 책에서 그동안 활용된 모든 접근법을 기술·평가할 수는 없는 일이다.

이 때문에 적합한 표본을 추출할 필요가 있다. 이 책에서는 역동적 접근법을 대표하는 네 가지 주요 패러다임을 개관하고자 한다. 즉, Haywood(1997)가 분류한 세 가지 군집(아래의 1~3)에다 하나의 접근법(아래의 4)을 추가하였는데, 이들 네 가지 패러다임은 다음과 같다. (1) 일반화가 가능한 개념과 원리의 교수를 목표로 한 메타인지적 개입(예: Feuerstein의 중재학습, Hurtig의 실험학습, Paour의 학습구조 유도), (2) 검사를 통한 학습(예: Guthke의 학습검사, Brown의 점진적 프롬프트 접근법), (3) 검사상황의 재구조화(예: Budoff의 검사훈련, Carlson과 Wiedl의 검사시행 적정화, Haywood의 '풍요한 자극'), (4) 단일 인지기능의 훈련(예: Swanson의 작업기억 배터리, Spector의 음소인식 검사, Peña의 내러티브적 수행검사).

이 책에서는 위의 접근법을 통해 수집된 경험적 자료를 평가하기 위해 아래와 같은 네 가지 준거를 활용하였다.

(1) 정보의 비교(comparative informativeness). 이 차원은 논의된 방법의 다양한 특성(예: 차별적 속성, 심리측정학적 특성, 수집된 자료의 질과 정보 유용성)을 지칭한다. 여기에서 제기되는 근본적인 질문은 특정 방법론적 패러다임이 전통적인 측정도구를 활용하여 획득된 것 이상의 어떤 새로운 정보를 제공하는가의 여부다.

(2) 예측력(power of prediction). 이 차원은 수집된 정보와 타당도 평가준거 간의 관계에 관한 것이다. 여기에서 제기되는 질문은 새로운 방법론이 선정된 집단의 준거 수행을 어느 정도 성공적으로 예측하는가다.

제3부
역동적 평가의 대표적인 접근법

제4장 • Feuerstein의 접근법
제5장 • Budoff의 접근법
제6장 • 기타 역동적 평가의 접근법

(3) 효율성의 정도(degree of efficiency). 이 차원은 수집된 고유 정보의 특성을 감안하여 투자된 시간과 노력의 양을 따져 보는 차원이다. 즉, 전통적인 평가와 비교해 볼 때 제안된 검사나 평가절차의 시행에 필요한 노력의 양 그리고 획득된 정보의 고유성이 어느 정도인가를 고려한다. 따라서 근본적인 쟁점은 새로운 방법을 통해 획득한 고유 정보의 특성을 감안할 때, 이 방법의 활용이 전통적인 정태적 방법보다 더 많은(혹은 더 적은) 노력을 필요로 하는가의 정도다.

(4) 결과의 반복가능성(robustness of results). 이 차원은 획득된 결과가 반복가능한가를 나타낸다. 기본적인 질문은 여러 연구나 연구집단에서 일관된 결과가 나타나는가의 여부다.

이 책에서 제시한 서로 다른 접근법의 평가가 깊이나 비판적 분석 면에서 반드시 동등하지 않다는 점을 인정하지 않을 수 없다. 접근법이 잘 개발될수록 가용한 데이터도 많고, 특정 접근법에 관한 연구가 많을수록 약점의 발견과 실제 문제의 확인도 그만큼 쉽다고 해도 무리가 아니다. 아래의 장에서 살펴볼 여러 접근법은 출간 빈도 면에서도 차이가 있다. Feuerstein의 접근법의 경우에는 다수의 출간이 이루어진 반면, 러시아의 결함학적 접근법의 출간은 소수에 그쳤다. 이 책에서는 역동적 평가에 관한 대부분의 출간자료를 검토하고자 했지만, 구두로만 발표되었거나 아직 출간 준비 중인 관련 연구도 많을 것이다. 제4장에서는 먼저 역동적 평가의 주도적인 접근법에 해당되는 Feuerstein의 접근법을 살펴본다.

DYNAMIC Testing

Feuerstein의 접근법

역동적 평가 분야에 매우 주목할 만한 기여 중의 하나는 역동적 평가도구인 학습잠재력 평가도구(LPAD: Learning Potential Assessment Device, 이하 LPAD로 표기)를 개발한 Reuven Feuerstein과 그의 동료들(예: Feuerstein 등, 1979; Feuerstein 등, 1980; Feuerstein 등, 1987)에 의해 이루어졌다(LPAD에 관한 설명은 Feuerstein, Feuerstein, & Gross, 인쇄중 참조). LPAD는 아동, 청소년 및 성인을 대상으로 특정 인지적 처리과정의 성장잠재력을 평가하는 도구로, 문제나 사고과정을 지도한 다음, 그 이후에 독자적인 노력을 기울이도록 유도하는 방법을 취한다(Feuerstein 등, 1985). 정태적 평가도구와 비교해 볼 때, LPAD는 네 가지 주요 영역, 즉 검사의 구조, 검사상황의 특성, 처리과정의 지향성, 결과의 해석 등의 영역에서 평가의 실제를 변화시켰다(Feuerstein, Rand, & Rynders, 1988). LPAD 검사배터리에는 유추와 수 추리, 범주화, 기억 전략 등의 구체적인 기능을 측정하기 위한 언어적·비언어적 과제가 포함되어 있다.

..*1*..
LPAD의 이론

Reuven Feuerstein의 이론을 이해하기 위해서는 먼저 기본 전제, 즉 지능이란 수정 가능하고, 이 또한 매우 극적으로 이루어진다는 점을 이해할 필요가 있다. 실제로 Feuerstein은 지체 수행자의 인지기능 수준이 크게 향상된 결과를 통해 그의 가정을 입증한 바 있다. Feuerstein은 지체아(retarded person)라는 용어보다는 지체 수행자(retarded performer)라는 용어를 사용한다. 그 이유는 지체된 것이 해당 개인이라기보다는 그의 수행이고, 수행을 증진시킴으로써 지체를 경감시킬 수 있다고 보기 때문이다. 그렇다고 해서 그를 행동주의자로 볼 수는 없다. 그는 자기가 개발한 도구적 심화 프로그램(Instrumental Enrichment Program)과 같은 개입을 통해 유기체 내의 구조적 변화가 가능하다고 주장한다.

Feuerstein의 이론에서 지능 및 지능 발달의 주요 개념은 중재학습경험(mediated learning experience: MLE)이다. 중재학습경험이란 환경으로부터 방출된 자극이 부모, 형제 혹은 다른 보호자와 같은 '중재인(mediating agent)'을 통해 변형되는 방법을 의미한다. 이들 중재인은 의도나 문화 및 정서를 가진 채, 아동들을 위해 외적 자극을 선정·조직한다. 이때 중재인은 가장 적합한 자극을 선정·구성·여과하고 목록을 작성한 다음, 어떤 자극을 채택 혹은 소거할지를 결정하며, 나머지 자극을 고려대상에서 제외시킨다. 중재 과정을 거치면서 아동의 인지구조는 변하기 시작한다. 즉, 아동은 행동패턴과 학습태세를 획득하게 되는데, 이러한 능력의 주요 요소는 이후 자극에 직접 노출됨으로써 계속 수정된다(Feuerstein 등, 1980, p. 16).

Feuerstein은 인지구조를 수정하는 두 가지 방법, 즉 자극에 대한 직접 노출과 중재학습경험 중에서 후자가 전자의 효과적 활용을 가능케 한다고 주장하였다. 즉, 아동의 환경을 중재하면서 부모나 교사는 아동에게 주요 지식과 기능을 가르칠 뿐만 아니라, 중재가 없이도 환경으로부터 학습할 수 있도록 발달시킨다. 따라서 중재학습경험은 인지발달 그리고 인지과제상에서 수행이 높은 사람과 낮은 사람을 분별하는 중요한 요소다. Feuerstein의 중재학습경험은 분명히 Vygotsky의 내면화(internalization)라는 개념과 유사하다. 다만 Feuerstein은 전반적으로 사회적 환경을 덜 강조한 대신, 일대일 상호작용, 특히 어머니와 아동 간 상호작용의 영향력을 크게 강조하였다. 그러나 위의 차이는 어떤 유형의 문제라기보다 정도의 문제일 것이다.

Feuerstein에 따르면, 중재학습경험은 여러 가지 구성요소를 갖고 있다. 첫 번째 요소는 자극의 선정으로, 보호자가 아동에게 도움이 될 것으로 보이는 자극을 선정하는 활동을 지칭한다. 두 번째 요소는 자극의 제시순서를 정하는 것이다. 그때그때 적절한 자극을 바로 선정하기가 어렵기 때문에, 보호자는 아동이 자극을 통해 적절한 방식으로 학습할 수 있도록 제시계획을 세워야 한다. 세 번째 요소는 예견으로, 아동이 어떤 활동을 마친 후의 성과를 예견할 수 있도록 가르칠 필요가 있다는 것이다. 네 번째 요소는 모방이다. 즉, 아동이 모방할 수 있는 모델을 준비하는 것이 중재학습경험의 가장 유력한 도구 중의 하나다. 다섯 번째 요소는 구체적인 자극을 준비하는 일이다. Feuerstein은 일반적으로 문화에 의해 결정되는 이들 자극에 아동이 지속적으로 주의를 기울여야 한다는 점을 강조했다. 여섯 번째 요소는 반복과 변화다. Vygotsky와 마찬가지로, Feuerstein은 아동들이 관찰한 것을 곧바로 내면화 하지 못한다는 점을 인정하고 있다. 따라서 완전한 내면화가 일어나도록 하기 위해서는 반복과 변화가 필요하다. 내면화는 다양한 영역의 문제해결을 학습함으로써 촉진될 수도 있다(예: 언어와 추상적인 기호: Karpov & Gindis, 2000 참조). 일곱 번째 요소는 옛것의 전달과 미래의 표상이다. 즉, 아동은 과거의 사실 그리고 자신이 미래에 기대할 수 있는 바를 학습한다. 마지막 요소는 비교행동인데, 이는 대상이 어떻게 유사하고 다른가를 알아보는 방법을 배우는 것이다.

Feuerstein은 중재학습경험이 부모와 같은 특정 개인의 개입이나 일반적인 문화전달 과정을 통해 일어날 수 있다고 본다. 사실 문화에 충분히 노출되지 못한 문화실조 아동들은 적절한 중재학습경험을 갖지 못할 가능성이 크다. Feuerstein의 관점에서 문화실조는 주류문화보다는 아동과 그 가족의 문화에 비추어 정의된다는 점에 주목해야 한다. Feuerstein은 중재학습경험의 결핍에 두 가지 주요 요인, 즉 개인을 둘러싸고 있는 환경의 특성, 그리고 특정 발달시점상에서 나타난 아동 개인의 조건이 작용한다고 보았다. 먼저 중재학습경험의 결핍에 영향을 미칠 수 있는 환경적 결정요인으로는 문화전달상의 장애, 가난, 이데올로기, 부적절한 부모-아동관계, 부모의 병리적 조건 등이 있다. 또한 중재학습경험에 전념할 수 없게 하는 아동의 조건으로 자폐증, 과잉행동과 같은 기질적 요인, 정서장애 등을 거론하였다. Feuerstein은 중재학습경험의 결핍뿐만 아니라 여타의 요인 때문에 나타날 수 있는 여러 가지 인지적 기능의 결손을 열거하고 있지만, 이는 반복적으로 나타난 것들일 뿐, 완전하게 망라한 것은 아니라고 설명하고 있다. 그가 제시한 기능은 네 가지 범주, 즉 투입·정교화·산출 단계의 인지적 손상과 정서적 동기요인으로 구분된다. 여기에서 Feuerstein의 모든 기능 목록을 제시할 수는 없기 때문에, 대표적인 몇 가지 목록을 기술할 것이다.

첫째, 투입 단계의 손상이란 무계획적이고 충동적이며, 비체계화된 탐색 행동을 말한다. 그 예로는 변별력에 문제를 일으키는 언어 수용기의 손상이나 개념의 결핍, 공간조직력을 약화시키는 안정적인 참조체제의 결여와 같은 공간지각의 결핍 혹은 손상, 데이터를 단편적이 아닌 조직화된 단위로 처리하지 못하는 문제, 즉 두 가지 정보원을 동시에 고려하는 능력의 결핍 혹은 손상 등이 있다. 둘째, 정교화 단계의 인지기능 손상과 관련된 예는 실제문제에 관한 경험이나 정의의 부적절성, 어떤 문제를 정의할 때 관련성 있는 단서를 선정하는 능력의 부족, 정신계의 협소성, 가설검증 전략의 결핍 혹은 손상 등이다. 셋째, 산출 단계의 인지기능 손상의 예로는 자기중심적 의사소통 양식, 시행착오적 반응, 정교화된 반응을 전달하는 언어적 도구의 결핍 혹은 손상, 의사소통 과정에서 나타나는 충동적이고 무의식적인 행동 등이 있다. 한편, 인지적 처리과정에 부정적인 영향을 미칠 수 있는 정서적·동기적 요인과 관련하여 Feuerstein은 이들 특성을 명시적으로 제시하지 않고, 다만 위의 요인이 있다고만 기술하였다.

Feuerstein은 7가지 요소가 포함된 인지도(cognitive map)를 활용하여 정신적 행위를 분석·범주화·서열화할 수 있다고 제안하였다. 이 제안을 보면, 지리적 은유, 특히 국면(facets)으로 지능을 설명하는 Guttman(1965)의 접근법이 연상된다. 인지도에 포함된 7가지 요소는 내용, 조작, 양식(예: 도형·수·언어 양식), 단계(투입, 정교화, 산출), 복잡성 수준, 추상화 수준, 효율성 수준이다. 결국 인지도란 정신적 수행을 어떤 통합된 틀에 맞춘 결과다.

결론적으로 Feuerstein은 Vygotsky처럼 지능과 그 발달에서 사회화의 중요성을 강조하고 있다. 또한 Feuerstein 이론의 중심 구인인 중재학습경험은 Vygotsky의 내면화 과정에 해당된다. 따라서 두 이론은 양립 가능한 것으로 보아도 무리가 아니다.

·· 2 ··
LPAD 검사

LPAD 배터리 내에는 참여자가 인지영역(예: 수, 언어, 논리연역, 도형)별로 서로 다른 인지적 조작(예: 계열화, 분류)의 문제를 풀도록 하는 15가지 측정도구가 포함되어 있다. 대부분의 검사는 역동적 중재 프로그램에서 사용하고 있는 표준화 심리측정 도구다. 예를 들어, LPAD는 Raven 원색판 표준점진행렬검사(Colored and Standard Progressive Matrics Test)와 Rey—Osterreith 복합도형기억검사(Complex Figure Test)를 그대로 사용하고 있다. 다른 측정도구[예: Set Variations Ⅰ과 Ⅱ, the Organizer, 표상적 스텐실 디자인 검사(Representational Stencil Design Test)]가 특별히 LPAD용으로 개발된 바 있지만, 이 또한 기존의 검사에 기반을 두고 있거나 이를 개작한 것이다(예: LPAD 스텐실 검사는 Grace Arthur 스텐실 검사의 수정본임). 이들 검사에는 제한시간이 정해져 있지는 않지만, 반응시간을 기록하게 되어 있다.

일반적으로 전체 검사배터리 중 일부 검사를 택하여 검사를 시행하는 경우가 많다. 특정 참여자에게 사용되는 검사의 수와 검사시간은 참여자 개인의 프로파일 및 중재의 양에 따라 달라진다(Kozulin & Falik, 1995). 다음의 절에서는 위의 평가방법의 몇 가지 주요 사항을 살펴볼 것이다.

1) 표적집단

LPAD는 원래 저성취아용으로 개발된 검사다. Feuerstein이 자신의 이론을 개발하기 시작한 시점은 이스라엘이 소수민족과 세계 도처에서 온 이민자들을 자국의 문화에 애써 통합시키고자 했던 때다(Feuerstein & Krasilowsky, 1972; Tzuriel, 1992). 근 20년 동안 LPAD는 정태적 지능검사상에서 예후가 좋지 못한 장애아를 대상으로 한 사례연구(Feuerstein 등, 1988; R. Feuerstein, R. Feuerstein, & Schur, 인쇄중)는 물론이고, 특수아(예: Keane & Kretschmer, 1987) 그리고 이스라엘 이민자와 같은 교육실조아(Kaniel & Tzuriel 등, 1991) 연구에서 활용되어 왔다.

그러나 이후에 Feuerstein은 거의 모든 사람들을 LPAD의 표적집단에 포함한다고 정의하였는데, 이와 같은 검사대상 집단의 확대는 단지 제한적으로만 정당화된 것 같다. 그는 이 검사 자체가 확대된 집단에 적합하다는 점이 경험적 증거를 통해 지지될 수 있을 것으로 가정했을지도 모른다. 그러나 어디까지 대상집단을 확대할 것인가의 문제는 지금까지도 구체화되지 못하고 있다. 더욱이 LPAD의 예측력을 보여 준 준거관련 타당화 연구가 여전히 부진하다는 점은 위의 가정에 의구심을 갖게 한다.

2) 목표

여타의 접근법이 좀 더 신중한 포부를 개진하는 데 비해, Feuerstein의 접근법은 단연코 각 개인이 가진 인지구조의 수정가능성을 십분 활용하는 입장이다. 검사를 사용하여 수정가능성 수준을 평가한 다음, 후속 개입을 통해 수정을 유도하고 증진시키며 강화할 수 있다는 것이다. 따라서 구체적인 특정 영역의 변화보다는, 상당히 느슨하게 정의된 일단의 인지구조에 대한 전반적인 수정을 목표로 설정하고 있다. 여기에서 인지적 수정가능성이란 전통적인 지능과는 구분되는 개념으로, 인지적 기능을 자체 수정하며 변화하는 요구에 부응하는 유형의 능력을 의미한다. 따라서 이 접근법의 목표는 수업을 통한 학습 후에 자신의 인지기능을 수정할 수 있는 각 개인의 능력을 평가하는 것이다. 즉, LPAD의 목표는 기존의 인지구조 내에 변화를 자극하고, 더 나아가 새로운 구조로 입문시키는 데 있다. 따라서 Feuerstein은 평가와 중재가 동시에 이루어져야 한다고 주장한다.

3) 모형

LPAD는 Feuerstein의 중재학습경험, 즉 성인이 아동과 과제 사이에 적극적으로 개입하여 과제(빈도, 순서, 복잡성, 맥락을 조정함)와 아동(높은 수준의 호기심을 자극하고 인지구조상에 변화가 일어날 수 있는 수준으로 각성시킴)을 모두 수정하는 상호작용 과정에 그 뿌리를 두고 있다. 예를 들어, 어떤 성인이 TV 프로그램의 내용을 아동에게 설명한다면, 이는 그 아동을 위해 해당 프로그램을 중재하고 있는 것이다. 여기에서 중재학습경험이란 아동에게 사실이나 절차를 일방적으로 가르치는 직접교수와는 달리, 경험의 중재를 통해 간접적으로 가르치는 방식을 의미한다.

중재학습경험이라는 개념은 이데올로기의 측면에서 Vygotsky가 상정한 몇 가지 개념들과 매우 유사하다. 중재학습경험은 어린 아동의 선언적 지식 및 절차적 지식 숙달 시, 성인과 연상의 아동이 촉매자(catalysts) 역할을 한다는 점을 강조한다. 그러나 일단의 준거, 이를테면 아동을 변화시키려는 중재자의 의도가 있고, 계획된 변화가 촉진적 상황을 넘어서서 일반화가 가능하다는 준거에 부합할 경우, 어떤 상호작용이든지 중재학습경험으로 보는 광의의 해석이 가능하다. Feuerstein에 따르면, 누구든지 중재학습경험을 하기 마련이다. 여기에서 중요한 점은 부적합한 중재학습경험이 부적합한 인지발달을 초래한다는 점이다(Haywood, 1997). 누구든지 부적합한 중재학습경험을 할 수 있고, 또 부적합한 인지기능의 발달을 내보일 수 있다는 위의 신념에 비추어 볼 때, Feuerstein이 표적집단을 재정의한 것은 당연한 처사인 듯 싶다. 따라서 누구든지 수정과정을 통해 이득을 볼 수 있다.

Feuerstein은 자신의 패러다임을 실행하면서 전통적인 표준화 검사의 사용을 꺼려했다. 그럼에도 불구하고, 전통적인 검사배터리상의 검사와 유사하고, 때론 동일한 검사를 끌어 모았는데, 이들 검사는 융통성이 있고, 개별화되어 있으며, 높은 수준의 상호작용이 가능한 평가형식을 통해 시행된다. LPAD 모형에서는 학습잠재력 평가 시 고려해야 할 주요 차원으로 (1) 제시양식, (2) 신기성/복잡성, (3) 과제해결에 필요한 조작이라는 세 차원을 들고 있다. 위의 평가 차원 중 어떤 차원을 평가하는가에 따라 LPAD의 하위검사가 달라지지만, 전체적으로 세 차원의 다양한 조합을 통한 검사가 가능하다. 또한 검사는 융통성이 있고, 개별화된 그리고 고도의 삼원(과제-수험자-검사자) 체제의 상호작용 과정을 지향하는 특유의 검사장면에서 시행된다.

LPAD 패러다임에서는 검사자의 역할을 매우 중시한다. 검사자는 실수를 발견해야 할 뿐만 아니라, 이를 치유할 최상의 방법을 찾아내야 한다. 검사자의 활동과 아동 개개인에 대한 검사자의 효과적인 평가방법에 도움을 주기 위해, Feuerstein은 인지도(cognitive map)라는 개념을 도입하였다. 인지도란 인지과제 및 이에 상응하는 정신적 행위의 분석을 위해 제안된 발견적 표현

방법으로, 7가지 요소(내용, 양식, 단계, 조작, 복잡성 수준, 추상화 수준, 효율성 수준)로 구성되어 있다. 인지도는 인지적 결손을 '도상화하고(map)', 수업이 나아가야 할 방향을 제시해 준다.

LPAD의 시행은 특정 아동의 근접발달대를 설정함으로써 중재학습경험을 가능케 하기 때문에 매우 중요하다. 그런데 위의 상호작용에서 정서(affect) 또한 결정적인 역할을 한다. 정태적 검사 상황에서 검사자의 중립적이고 단절된 태도는 기존에 아동이 갖고 있던 부정적 자아상을 강화시킬 가능성이 높다. 심지어 단순한 긍정적 피드백이 제공된다고 하더라도, 위의 부정적 자아상을 상쇄하기에는 역부족일 것이다. 반면에 LPAD 시행 시 검사자는 수험자에게 다양한 방식으로 반응하는 훌륭한 교사의 역할을 수행하게 된다(예: 설명의 제시와 요구, 예나 대조과제의 선정, 향상도의 모니터링).

LPAD는 아동의 인지구조가 어느 정도 수정 가능하고, 인지적 결손이 어디에서 발생하는지를 평가하기 위한 검사다. 따라서 LPAD 기반 평가는 중재학습경험의 장을 제공하기 위해, 개입상황에서 어떤 일을 해야 하는가를 보여줄 수 있어야 한다. 중재학습경험의 성과란 새롭고 적합한 인지구조의 적극적 산출이다. Haywood(1997)에 따르면, 바로 이 사항이 정태적 검사와 역동적 검사 간의 결정적 차이에 해당된다. 즉, 정태적 검사는 인지기능의 결손을 정확하고 신뢰할 수 있도록 적시하는 데 반해, 역동적 검사는 위의 결손을 극복할 수 있는 방안을 지적함으로써 정태적 검사의 예측을 무효화시킨다. 만일 개입을 포함한 역동적 평가가 시행되지 않았다면, 정태적 검사의 예측은 정확한 것으로 받아들여졌을지도 모른다.

다른 역동적 접근법과는 대조적으로, Feuerstein의 접근법은 LPAD의 시행 자체가 참여자의 인지구조 내에 심층적인 구조상의 변화를 가져올 것으로 가정하지 않는다. 그러나 LPAD 시행 중에 참여자가 내보인 일시적인 변화를 통해 전문가는 바람직한 심층적 인지구조의 변화에 필요한 개입의 유형과 양을 알 수 있다. 특정 아동의 중재학습경험에 대한 반응의 질은 인지구조의 수정가능성(structural cognitive modifiability)이라는 개념으로 조작화된다 (Feuerstein 등, 1985).

LPAD의 의도는 개입과 밀접한 연관성을 가지며, 전통적인 정태적 평가와는 구분된다. Feuerstein 등(1979)은 LPAD와 전통적인 정태적 평가의 접근법 간에 다음과 같은 네 가지 중요한 차이가 있다고 강조한 바 있다. (1) LPAD는 동료들과 비교하여 각 개인의 상대적 위치를 측정하기보다는 인지적 변화를 가르치고 평가하도록 설계된 것이다. (2) LPAD는 산출물보다는 과정을 지향하고 있다. (3) LPAD 평가장면은 규격화된 형식적 접근법보다는 상호작용적이고 역동적인 접근법을 따른다. (4) LPAD의 결과해석은 개인수행의 정점에 초점을 두고, 성공과 실패의 원인을 찾아내며, 인지적 수정가능성에 비추어 변화를 평가한다. 한편, 특정 학습잠재력의 추출은 개입의 양과 질을 고려하여 영역별로 이루어진다.

위에서 살펴본 바와 같이, Feuerstein의 모형은 중심부에 인지적 수정가능성 개념을 둔 정교한 모형이다. 그러나 몇몇 연구자들은 이 모형의 두 가지 제한점을 지적해 왔다.

첫째, Feuerstein이 활용한 이론적 용어의 모호성과 부정확성 문제가 지적되었다(예: Frisby & Braden, 1992). 면밀히 분석해 보면, 용어상에 서로 다른 개념의 의미가 중첩되어 있고, 정확성이 부족하며, 인과적 연계가 분명치 않은 것 같다. 예를 들어, Feuerstein과 Rand(1974)나 Feuerstein 등(1979)은 인지적 수행의 개인차가 발생한 직접적인 원인이 평생 지속되는 중재학습경험에 대한 노출이라고 주장하고 있다. 위의 주장에 대한 근거로 Feuerstein 등(1979)은 중재학습을 경험한 후에 인지적 수행이 증진되었다는 연구결과를 제시한다. 그러나 특정 상황 내에서 특정 처치에 대한 개인의 반응이 반드시 해당 상황의 맥락 밖의 원인에서 기인한다고 볼 수는 없다. 바꾸어 말하면, 심지어 개인의 수행이 중재학습을 경험한 후에 증진되었다는 결정적인 증거가 있다고 해도, 초기의 낮은 수행이 중재학습의 부족에서 기인한다는 점을 의미하지는 않는다. 일례로, 뇌하수체를 활성화시켜 키를 키우는 어떤 약을 사용할 수 있을지 모르지만, 그 약이 이런 기능을 한다고 해서 전 생애에 걸쳐 키의 개인차를 발생시킨 원인이 그 약 때문이라고 말할 수는 없을 것이다. 엄격한 통제 없이는 어떤 강력한 결론도 도출될 수 없다.

둘째, 개념적 모형의 정교성과 LPAD를 활용한 경험적 연구에서 이들 구인을 준용하는 것 사이에 상당한 격차가 있다. 사실 Feuerstein의 접근법에 대한 최종적인 검증은 학업성취도의 향상을 통해 이루어진다. 그러나 이 문제에 대해 그간의 연구는 일치된 결과를 보여 주지 못한다(Bradley, 1983; Bransford 등, 1985; Frisby & Braden, 1992; Missiuna & Samuels, 1989 참조). 아래에서는 위의 틀 내에서 수행된 몇 가지 연구를 간략하게 분석할 것이다.

··3··
경험적 연구결과

그동안 많은 심리학자와 교육학자들이 Feuerstein의 접근법을 활용해 왔다. 그러나 수많은 연구물이 출간되었음에도 소수의 연구만이 심사과정을 거친 학술지에 경험적 연구로 게재되었을 뿐이고, 대다수는 책 속의 장 혹은 학술대회 발표논문이기 때문에, 이들 연구물을 평가하기란 쉽지 않다. 이 때문에 표본크기, F값, p값, 효과크기와 같은 중요한 데이터의 확인이 어렵거나 때론 불가능하다. 결과적으로 아래의 개관은 완전하지 못하고, 결론 또한 새로운 혹은 더 상세한 데이터에 의해 수정될 가능성이 크다. 아래에서는 다만 선정된 연구의 경험적 연구결과를 평가하기 위해, 이 책에서 제안한 네 가지 준거에 비추어 분석을 시도하고, 몇 가지 주장을 개진할 것이다.

1) 질적 비교

그동안 정태적인 방법으로 LPAD의 내적 일관성 및 재검사 신뢰도를 평가해 왔다. 집단검사로 시행된 LPAD의 신뢰도 계수 범위는 .70~.95로(Rand & Kaniel, 1987; Tzuriel & Feuerstein, 1992; Wingenfeld: Frisby & Braden, 1992에서 재인용), 이는 수용 가능한 신뢰도에 해당된다. 그러나 정태적으로 시행된 LPAD 검사 자체가 그동안 사용해 온 검사라는 점에 비추어 본다면, 위의 계수가 산출된 것은 결코 놀랄 만한 일이 아니다. 문제는 여러 관찰자들에게 아동의 인지적 결손 유형 및 심각성을 평가하도록 한 LPAD 개인검사에서 평정자간 신뢰도가 낮게 나타났다는 점이다(Samuels 등, 1989; Vaught & Haywood, 1990). 일례로, Tzuriel과 Samuels(2000)의 연구에 따르면, 인지적 기능 결손 평정척도상의 평정자간 일치도 범위는 31~97.1%이고, 중위수는 65.7%였다. 이와 같이 낮은 평정자간 신뢰도는 아동의 특성보다는 관찰자의 특성이 신뢰도에 반영되어 있을지도 모른다는 의혹을 불러일으킨다.

LPAD 지지자들은 다양한 연구를 통해 방대한 데이터를 축적해 왔지만, 구인타당도나 준거타당도의 문제에는 별반 주의를 기울이지 않았다. 또한 LPAD의 구인타당도와 관련하여 전통적으로 내적 구인타당도 산출을 위해 활용되고 있는 요인분석 연구결과가 출간된 바 없고, 따라서 LPAD의 구조가 앞에서 제시된 인지도의 주요 특성에 상응한다고 주장할 만한 증거도 없는 셈이다.

그동안 수행된 많은 타당도 연구에서는 서로 다른 유형의 중재가 검사수행에 미치는 효과를 비교하였다(예: Burns 등, 1987; Missiuna & Samuels, 1989). 한편, Tzuriel과 Feuerstein(1992)은 비교적 최근에, 그리고 포괄적이며 정교한 설계방법을 사용하여, 중재의 양을 달리한 조건하에서 4~9학년 아동(총 1,394명)을 대상으로 연구를 수행하였다. 이 연구의 목표는 Raven 표준 점진 행렬검사(Standard Progressive Matrices: RSPM, 이하 RSPM으로 표기)상에서 고 · 저 수행을 보인 아동의 수행과 LPAD 개인검사 중에서 선정된 하위검사(Set

Variations-Ⅱ)를 집단검사로 시행할 때 나타난 수행을 서로 비교하는 것이었다. LPAD의 집단적 시행에는 네 단계, 즉 예시, 검사, 학습, 재검사 단계가 포함되었고, 모든 검사시행 단계는 동일한 실험자에 의해 이루어졌다.

이 연구에서 실험자는 LPAD의 개입 단계 중에 수업의 양(고, 저, 무처치)을 달리했고, RSPM 문제를 두 번, 즉 개입 전과 개입 2주 후에 시행했다. 연구자들이 해석한 연구결과는 다음과 같다. (1) RSPM 점수를 활용하여 LPAD 수행을 예측할 수 있었다. (2) 아동들은 개입 후에 LPAD 사전검사보다 유의하게 높은 수행을 보였다. (3) 수업의 양이 많은 아동들이 높은 수행을 보였다. (4) 점수가 낮은 아동들의 LPAD 수행이 높은 아동들보다 낮았지만, 수업의 양이 늘어날 경우 수행의 차이는 점점 작아졌다. (5) 개입 2주 후 RSPM 문제를 재시행한 결과, 개입의 향상도가 2주 동안 지속된 것으로 밝혀졌다.

그러나 위의 연구에서 사용한 통계적 방법을 면밀히 검토해 보면, 최종 결과에 영향을 미칠 수 있는 여러 가지 약점이 발견된다. 이들 설계상의 약점을 보면, LPAD 개입의 효과에 관한 결론은 의문시된다.

첫째, 위의 연구는 하나의 연구에서 두 가지 상이한 설계방법을 사용하고 있다. 첫 번째 설계는 하나의 통제집단(무처치집단)과 수업의 양을 달리한 조건하에서 RSPM 사전검사와 사후검사 점수를 비교하고 있다. 한편, 두 번째 설계는 수업의 양에 따라 LPAD Set Variations의 수행을 비교하였지만, 이때에는 통제집단을 설정하지 않았다(고·저수업집단 간 비교만 수행하였음). 연구자들은 두 번째 설계와 관련된 정황을 설계의 논리적 측면을 들어 설명한다. 즉, 연구자들에 따르면, Set Variations를 중심으로 수업이 진행되었고, 따라서 암묵적으로 통제집단에서 변화가 나타날 가능성이 없다는 것이다.

위와 유사한 설계방법을 활용하여 노래 수행 훈련의 효과를 연구한다고 가정해 보자. 이 연구의 참여자는 두 집단, 즉 음악수업을 받았던 집단과 받아 본 적이 없는 집단의 학생들이었다. 사전검사 시 참여자들에게 지금까지 한 번도 들어보지 못한 노래 한 곡을 주고 불러 보도록 하여, 이들의 수행을 초기

수행수준으로 기록하였다. 그런 다음에 참여자들은 세 집단, 즉 (1) 5회의 노래수업을 제공한 집단, (2) 1회의 노래수업을 제공한 집단, (3) 수업을 하지 않은 집단에 무작위적으로 할당되었다. 수업은 최종 시험곡을 중심으로 진행되었고, 참여자 훈련 1주일 후에 같은 노래를 다시 부르도록 하였다. 연구자는 자료를 분석하면서, 음악교육 유무와 초기 노래 수행을 고려하였다.

실제로, 능력과 관련된 연구에 친숙한 어떤 심리학자들이든지 위의 예가 적성-처치 상호작용(aptitude-treatment interaction: ATI) 설계에 해당된다는 점에 동의할 것이다. 이와 유사하게, Tzuriel-Feuerstein 연구도 전형적인 ATI 연구의 일종이다. 만일 이 연구자들이 모든 집단에 학습잠재력 측정도구를 사용한 다음, 여기에서 나타난 지수를 연구모형에 통합시켰다면, 이 연구는 역동적 평가와 관련성이 더 높았을 것이다. 즉, 초기 수행의 효과와 비교해 볼 때 어떤 지수가 유의하게 향상되었고, 학습잠재력을 통제한 무처치조건의 향상도가 적다면, 이 연구결과는 새로운 사실을 밝혀 준 셈이다. 반면에 수업이 양이 많을수록 나은 성과를 보이고, 기초선에서 수행수준이 낮은 학습자가 수업을 통해 얻는 이득이 많다는 연구결과는 별로 새로울 게 없어 보인다. 더욱이 다른 유형의 수업, 이를테면 LPAD와 무관한 수업이 통제되지도 못했다. 불리조건의 학습자들은 어떤 유형의 수업이든지 더 민감할 테고, 따라서 이들 학습자의 학습 향상도가 처음부터 높은 수준에 있었던 유리조건의 학습자 향상도보다 클지도 모른다. 회귀효과(regression effects)로 위의 연구결과를 설명할 수 있다는 것이다.

둘째, 대다수의 분석에 초기 수행수준과 관련하여 상관이 매우 높은 두 변수가 포함되어 있기 때문에, 연구결과가 통계적 문제를 안고 있다. 이 연구에서는 두 변수, 즉 (1) 초기 RSPM 연속변수와 (2) 동일한 RSPM 사전검사 점수상의 수행수준에 의해 저·중·고집단으로 구분한 변수를 활용하였다. 위와 같이 상관이 매우 높은 두 변수를 분석에 포함시킬 경우, 중다공선성(multi-collinearity)이나, 심지어 비정칙성(singularity)과 같은 논리적·통계적 문제가

야기된다. 더욱이 부분-전체의 특성 때문에 상관 자체도 인위적으로 부풀려진다.

마지막으로, RSPM 검사를 단순히 두 번 시행했기 때문에 나타난 연습효과(practice effects)를 고려하지 않았다. 실제로 4~6학년 및 7~9학년 아동의 RSPM 사전검사 대비 사후검사 정답 증가율에 대한 데이터(Tzuriel & Feuerstein, 1992, pp. 194-195에 제시되어 있음)를 면밀히 조사해 보았다. 최소한 각 수업집단별 표준편차가 동등하다는 가정하에 세 수업집단(고·저수업집단 및 무처치집단)의 평균을 비교했는데, 그 결과 세 조건 간 증가율에 유의한 차이가 없는 것으로 나타났다. 이 연구결과는 두 번째의 검사시행에서 기인한 분산 증가분을 고려하지 않을 경우, 수업의 효과와 관련된 어떤 설명도 정당화될 수 없다는 점을 시사한다.

엄밀히 말하자면, 위의 어떤 연구결과도 역동적 평가 특유의 것은 아닌 셈이다. 본질적으로 위의 연구자들이 주장한 바는 학생들에게 검사내용에 관한 훈련을 시키면(훈련 양이 많을수록), 훈련 후의 수행이 증진된다는 사실이다. 이와 유사한 결과는 정태적 검사를 활용한 검사-훈련-재검사 패러다임하에서 이미 산출된 바 있다(예: Throne & Farb, 1978). 더욱이 위의 검사를 널리 활용하고 있지 않은 문화권에서조차 정태적 검사상의 수행에서 유의한 연습효과가 자동적으로 일어난다는 연구결과도 있다(Ombrdane, Robayer, & Plumail, 1956; Serpell, 1993).

앞에서 지적한 바와 같이, Tzuriel과 Feuerstein(1992) 연구는 서로 다른 표본을 대상으로 이전에 수행해 온 여러 다른 연구들의 모범적인 원형이다. 이 연구들의 목표는 (1) 역동적으로 수행된 검사상의 수행이 사전검사와 비교할 때 사후검사에서 더 높고, (2) 중재가 많아질수록 향상도도 높으며, (3) 불리조건의 아동들이 유리조건의 아동들보다 역동적으로 시행된 검사를 통해 더 많은 효과를 본다는 점을 보여 주려는 것이다.

Feuerstein의 연구에 영향을 받아, 평가도구와 집단을 달리한 수많은 연구가 수행되었다. 예를 들어, Lidz(1991)는 Head Start 아동집단을 대상으로 취학전 학습평가도구(Preschool Learning Assessment Device: PLAD, Lidz & Thomas, 1987; 이하 PLAD로 표기)를 시행한 바 있다. PLAD는 Feuerstein의 접근법 및 Luria(1973)의 방법론(Naglieri & Das, 1988)에 기초하여 LPAD를 수정한 것으로, 3~5세 아동이 검사대상이다. 이 연구에서는 동일한 사전검사와 사후검사를 시행하되, PLAD의 한 구성요소에 해당되는 인지적 개입이 제공되지 않은 대응집단과의 비교를 시도했다. 즉, 이 분야의 다른 연구와 유사하게, 연습효과를 통제할 목적으로 무처치 통제집단을 설계에 포함시킨 데 반해, '위약효과'를 알아보기 위한 수업집단을 설정하지는 않았다. 연구결과, 변화가 별로 없었던 통제집단보다 중재집단 아동의 향상도가 높은 것으로 나타났다. 한편, Reinharth(1989; Lidz, 1991에서 재인용)는 발달지진아집단에 PLAD를 시행하였다. 이 연구에서도 훈련을 받지 않은 대응집단과의 비교가 이루어졌는데, 여기에서도 중재집단의 인지적 향상도가 더 높았고, 일주일 후에 시행된 후속검사에서도 실험집단의 수행이 증가하였다. 또한 취학전 아동을 대상으로 LPAD의 일종인 아동용 유추사고 수정가능성 검사(Children's Analogical Thinking Modifiability Test: CATM, Tzuriel, 1997b; Tzuriel & Klein, 1985, 1987; 이하 CATM으로 표기)를 적용한 연구에서, Tzuriel과 Klein(1985)은 유·불리조건의 아동, 특수교육 대상 아동 및 정신지체아의 수행을 비교하였다. 연구결과, 네 집단 모두가 정태적 검사인 Raven 원색판 점진행렬검사(RCPM, Raven, 1956; 이하 RCPM으로 표기)보다 역동적 검사인 CATM상에서 더 높은 수행수준을 보였다(절대값은 제시되어 있지만, 변산도는 제시되지 않았음). 예를 들어, 불리조건 아동들은 RCPM상에서 44%의 정답률을 보인 반면, CATM 문제의 정답률은 64%인 것으로 나타났다. 위의 정태적 검사 및 역동적 검사상의 수행 양태는 난청아동(CATM 66% 대 RCPM 42%)과 농아(CATM 54% 대 RCPM 39%)를 대상으로 한 연구(Tzuriel & Caspi, 1992) 및 사례연구(예: Haywood & Menal, 1992; Kaniel & Tzuriel, 1992; Katz & Bucholz, 1984; Tzuriel,

1998, 2000)에서도 유사하게 나타났다. 또한 CATM과 복합도형기억검사를 활용하여 Bright Start, 즉 이스라엘의 인지적 조기교육 프로그램의 효과성을 평가한 연구(Tzuriel 등, 1998; Tzuriel 등, 1999)에서도 정태적 검사의 지표와 역동적 검사의 변화점수상에서 Bright Start 집단의 향상도가 높은 것으로 나타났다. 지금까지 살펴본 연구들은 서로 다른 집단과 조건상에서 중재적 수행 및 사후검사 수행수준이 사전검사 수행과 비교해 볼 때 얼마나 더 높은가의 문제를 다루고 있다. 이제 타당도와 관련된 쟁점을 논의해 보자.

　그동안 여러 연구자들이 아동용으로 수정한 LPAD의 몇 가지 하위요소에 대한 외적 타당도 문제를 연구해 왔다. 예를 들어, Vanderbilt 연구단의 여러 연구는 개별과제 및 전이과제의 수행장면에서 중재 평가방법(Feuerstein 등, 1979)과 '점진적 프롬프트(graduated-prompts)' 접근법(Brown & French, 1979)의 효과성을 비교하였다(Burns, 1991; Declos 등, 1992; Vye 등, 1987). 이 중 점진적 프롬프트 평가방법은 수험자가 틀린 문항을 푸는 데 도움을 주기 위해 이들 문항을 풀 수 있을 때까지 계속 단서를 제공한다.

　Burns(1991)의 연구에서는 127명의 4~6세 아동을 세 집단, 즉 중재집단, 점진적 프롬프트 집단 및 정태적 평가 집단으로 구분하였다. 그런 다음, 훈련과제와 전이과제상에서 아동들의 독자적 수행을 비교하였다. 그 결과, 정태적 방법에 비해 중재나 힌트를 제공한 역동적 평가 집단 아동들의 독자적 수행수준이 더 높은 것으로 나타났고, 중재집단의 수행이 힌트를 제공한 집단보다 높았다. 한편, 전이과제에서는 중재집단 아동의 수행수준이 높은 반면, 힌트제공 집단과 정태적 방법 집단 간에는 차이가 없었다. 위의 연구결과는 중재적 방법의 유용성을 지지해 주는 것으로 보인다. 그러나 위의 방법 중 점진적 프롬프트 방법이 학교경험과 관련성이 더 높고, 이 때문에 아동의 수행에 대한 영향력이 중재방법보다 더 클지도 모른다.

　위의 연구는 두 가지 측면에서 문제점을 안고 있다. 첫째, 각기 다른 수업의 효과 비교에 필요한 통제집단을 설정하지 않았다. Tzuriel-Feuerstein의 연구처럼, 무처치집단이 통제집단으로 활용될 수 있다 하더라도, 여전히 문제가 있다. 만일 수업의 효과인지 아니면 단순히 검사자와의 계속적인 상호작용을 통해 익숙해진 효과인지를 밝히기 위한 통제가 없다면, 개입의 효과 대부분이 각 유형별 수업의 효과 때문은 아니라고 어떻게 주장할 수 있겠는가? 수업의 효과를 제거하기 위해서는 모종의 위약효과를 활용한 통제가 필요하다. 둘째, 제시된 효과크기가 매우 적다. 만일 다변량 모형을 사용하여 검증하지 않았고, 또 중다비교를 위해 p값 교정을 하지 않았다는 점을 감안하여 적합한 재분석을 시도한다면, .01수준으로 보고된 p값조차 지지되지 않을지도 모른다. 그러나 위의 연구에서 나타난 결과는 동일한 연구단에서 수행한 또 다른 두 연구(Burns 등, 1987; Burns 등, 1992)에서도 지지된 바 있다. 따라서 효과크기가 높지 않다고 해도, Vanderbilt 연구단의 연구는 어느 정도의 일관성을 확보한 것으로 보인다.

LPAD의 준거타당도에 대한 또 하나의 지표는 검사와 학업성취도 변화 간 상관을 보여 주는 연구일 것이다. 그러나 지금까지 이 문제를 직접 규명한 어떤 연구도 찾아볼 수 없었다.

또 다른 중요한 타당도의 유형이 처치타당도(treatment validity)다. 처치타당도란 각 개인의 검사 점수를 활용하여 해당 개개인에게 가장 효과적인 수업유형을 찾아낼 수 있는 정도를 말한다. 이를테면, LPAD가 곧 개입으로 이어져야 한다는 신념에 비추어 볼 때, 검사는 평가대상 아동의 수업에 대한 차별적 반응을 예측하고, 적성-처치 상호작용의 문제를 논할 수 있어야 한다. 그러나 LPAD 기반 연구는 높은 능력을 가진 학생들보다 낮은 학생들에게 중재가 효과적이라는 결과만을 제시하고 있을 뿐, 위의 문제를 규명하지는 못하고 있다. 예를 들자면, 앞에서 살펴본 Tzuriel-Feuerstein의 연구에서 사후검사상의 향상도가 가장 높은 집단은 저수행집단이었고, 중·고수행집단이 그 뒤를 이었다. 또한 집중적인 수업조건일수록 효과크기가 더 큰 것으로 나타났다. 그러나 위의 연구결과에 따라 적합한 개입의 유형을 제안하지는 못했다. 더 나아가 부분적이거나 혹은 전적으로 회귀효과 때문에 이 같은 연구결과가 나타났을 수도 있다.

이 절을 마무리하면서, 연구설계 및 효과크기와 관련된 몇 가지 구체적인 문제점을 개진하고 싶다. 첫 번째 문제점은 LPAD나 관련 검사가 단일검사가 아니고 검사들의 모음이라는 점이다. 지금까지의 연구에서는 서로 다른 검사상의 사전−사후검사 점수 간 평균차를 중다비교하면서 p값을 조정하지 않았다. 이와 같이 제1종 오류(실제로 진인 영가설을 기각할 오류)를 확실하게 통제하지 않았을 때, 통계적 검증은 유의수준 .05보다 훨씬 높은 수준에서 이루어질 수밖에 없다. 아마도 위의 통계적 검증에서 유의한 것으로 나타난 결과 중에는 순전히 우연에서 기인한 것들도 있을 것이다. 또 하나의 문제점은 통계적 검증력인데, 이 문제는 위에서 언급한 대다수의 연구와 관련이 있을 것 같다. 자유도(df)가 1/1,375일 때(예: Tzuriel & Feuerstein, 1992), 평균차가 매우 적고 실제적 유의도가 거의 없음에도 통계적 유의도는 크게 높아진다. 이 때문에 대규모 연구를 수행하는 연구자들은 실제적·심리학적 중요성에 비추어 평균차의 크기에 관한 사전 가설을 설정할 필요가 있다. 만일 이 같은 추정값을 사전에 설정하지 않았을 경우, 평균차는 최소한 특정 검사상의 측정의 표준오차보다 커야 한다(Salvia, 1981; Bradley, 1983에서 재인용). 실제로, Bradley(1983)가 Feuerstein 등(1979)에서 산출된 평균차를 면밀하게 분석한 결과에 따르면, 보고된 어떤 평균차도 측정의 표준오차 준거를 만족시키지 못한 것으로 나타났다.

2) 예측력

아동의 인지적 처리가 수정 가능하고 또한 훈련을 통해 강화될 수 있다면, 의당 이 같은 수정활동이 학업수행에 효과적이어야 할 것이다. 그러나 Feuerstein과 동료들은 역동적 검사의 예측타당도를 평가하는 하나의 준거로 학업성취도를 활용하는 것에 반대하는 입장을 취해 왔다(Feuerstein 등, 1979

참조). Feuerstein(1979)은 '역동적 평가의 특징인 개입 이후의 각 개인의 인지적 기능 변화'(p. 326)가 학업성취도보다 중시되어야 한다고 제안하고 있다. 그러나 검사의 타당도는 검사 외부에 있는 구체적이고 중요한 준거를 설정하여 평가하는 것이 바람직하다. 오늘날까지도 역동적 평가가 '예측하고자 하는 표적(target of prediction)'은 분명하지 않다. Tzuriel(1992)에 따르면, 인지적 수정가능성을 예측하기 위해서는 먼저 역동적 검사를 통해 진단된 잠재력의 실현을 목표로 개입을 실행해야 한다. Feuerstein의 입장을 받아들여, Tzuriel은 검사결과가 학업성취도에 자동적으로 전이될 수 있다는 가정을 거부하고 있다. 즉, 역동적 평가 결과를 타당화하고 검증하기 위해서는, 우선 복합적인 개입을 수행해야 한다는 입장이다. 이를테면, 평가와 개입은 서로 맞물려 수행된다. 초기에 적합한 개입을 고안하기 위한 검사를 시행하고, 그다음에 검사결과를 타당화하기 위한 개입을 수행하며, 또 다시 후속 개입방법을 확인하기 위해 검사를 시행하는 식이다.

외적 준거를 분명하게 설정한 준거 타당화 연구는 Shochet(1992)에 의해 이루어진 바 있다. 이 연구는 남아프리카의 대학생 중 유리조건 104명 및 불리조건 52명의 성공에 대한 예측을 통해 역동적 평가의 역할을 규명했다. 여기에서 준거변수는 1학년 말의 학점 수와 평균평점으로 설정되었다. 정태적·역동적으로 시행된 연역추리검사(Deductive Reasoning Test: DRT, Verster, 1973, 이하 DRT로 표기)를 활용하여 Shochet는 세 가지 점수, 즉 (1) 명시적 지적 기능 점수(정태적으로 시행된 DRT 점수), (2) 잠재적 지적 기능 점수(역동적으로 시행된 DRT 점수), (3) 수정가능성 점수(정태적 DRT 점수와 역동적 DRT 점수 간 차이)를 산출하였다. 이들 점수 중 수정가능성 점수(위의 3)를 통해, Shochet는 불리조건의 학생 표본을 인지적 수정가능성 고집단과 저집단으로 구분하였다. 학년 초와 학년 말의 차이를 분석한 결과에 따르면, 수정가능성 저집단에서는 준거변수에 대한 예측이 유의한 반면, 수정가능성 고집단 학생들의 경우에는 유의하지 못했다. 또한 수정가능성이 낮은 학생들의 학년 초에 시행된 정태적 DRT 점수는 학점 수 및 평균평점과 유의한 상관을 보인 반면(각각 $r = .55, p<.01$ 및 $r = .50, p<.01$), 수정가능성 고집단의 경우 DRT 점수와 준거변수 측정값 간의 상관이 유의하지 못한 것으로 나타났다. 위의 연구결과에 대해 Shochet는 인지적 수정가능성이 높은 집단에 정태적 검사를 시행하는 것이 신뢰할 수 없을 뿐만 아니라 공정하지 못할 수 있다는 결론을 내렸다.

Shochet의 연구는 여러 가지 방법론적 약점을 갖고 있다. 일단 불리조건의 대학생 표본이 매우 적고(52명), 능력 측정도구의 표집이 제한적이며(연역추리에 국한됨), 수정가능성 고·저집단의 분할점이 애매하다. 그러나 이 연구는 미약하나마 Feuerstein의 패러다임을 준거변수와 연결시킨 유일한 연구다. 많은 연구자들은 준거타당도의 증거를 발견하지 못했을 때, '기대했지만…' 이라는 구절을 사용한 다음(예: Haywood & Arbitman-Smith, 1981, p.134), 나올 법한 변화가 아직 관측될 수 없다거나 변화가 관측될 수 있는 시점을 놓쳤다는 식의 진술을 늘어놓는다. 위와 같은 애매한 표현에 대해 Bradley(1983)는 "연구자들이 Feuerstein 측정도구의 예측력에 문제가 있다는 점을 인정하기까지 이 패러다임의 준거타당도 증거를 찾는 데 얼마나 많은 실패가 누적될 필요가 있는가?"라고 이의를 제기한 바 있다.

3) 훈련과 시행에 필요한 노력

LPAD 기반 평가가 정태적 평가에 비해 검사자 및 수험자 모두의 많은 기량과 시간투자를 요한다는 점을 누차에 걸쳐 지적하였다. Tzuriel(1995)에 따르면, 15개의 하위검사가 포함된 LPAD 전체검사를 시행할 경우 참여자별 소요시간은 평균 10시간 정도가 걸린다. Vye 등(1987, p. 330)도 검사시행의 요구조건과 관련하여, "그(Feuerstein)가 제안한 확대평가는 수시간부터 여러 날까지도 지속될 수 있다."고 기술한 바 있다. 위와 같은 요구조건이 정당화되기 위해서는 평가결과가 검사자나 수험자 모두에게 충분히 가치롭다는 확신이 있어야 한다. 물론 대다수의 검사 시행자들은 LPAD의 하위요소와 여타의 평가방법을 결합해 놓은 LPAD 축소판만을 활용하고 있다. 더욱이 LPAD 집단검사를 시행할 경우 많은 아동을 동시에 검사하기 때문에 상당한 시간의 절약이 가능하다. 그러나 LPAD 집단검사 개발자들이 언급한 바와 같이, 이 집단검사는 단지 과정의 첫 단계에서만 활용될 뿐이고, 대부분의 경우에 더 정밀하고 장시간이 소요되는 LPAD 개인검사가 시행되고 있다(Rand & Kaniel, 1987).

역동적 평가에서 평가대상 아동에 대한 교사의 지각은 매우 중요한 관심사다. Delclos, Burns와 Kulewicz(1987)는 교사들에게 역동적 평가장면을 보여 준 다음, 이 활동이 장애아동에 대한 교사의 기대에 미치는 효과를 연구한 바 있다. 이 연구에서 연구자들은 Feuerstein의 스텐실 디자인 검사를 수정한 간이검사를 활용하였다. 먼저 60명의 교사를 무작위로 두 집단에 배치한 다음, 두 아동의 비디오테이프 중 하나를 시청하도록 하였다. 즉, 각 집단의 교사들은 정태적-정태적-역동적 검사 순으로 평가된 테이프 혹은 정태적-역동적 검사 순으로 평가된 테이프상에서 각기 한 아동의 평가장면을 볼 수 있었다. 연구결과, 교사들은 정태적 검사나 역동적 검사 시 아동들의 관여방법에 차이가 있다는 점을 알아차리지 못했지만, 정태적으로 평가될 때보다 역동적으로 평가될 때 과제별 능력과 일반능력을 더 높게 지각한 것으로 나타났다. 이를테면, 역동적 평가장면에 있는 아동에게 거는 교사의 기대가 더 높았다. 이 결과는 역동적 평가와 정태적 평가에 대해 작성한 보고서상의 비교에서 어떤 효과도 발견되지 않았다고 주장한 Hoy(1983; Delclos 등, 1992에서 재인용)의 연구에 비추어 볼 때 흥미롭다. 더욱이 Hoy와 Retish(1984)는 일반 심리학 보고서가 LPAD 보고서보다 유용성면에서 더 유의하게 평정된다는 결과를 발견했다. 그러나 Delclos, Burns와 Vye(1993)가 수행한 연구에서는 위의 연구결과가 지지되지 못했는데, 이들은 심리학 보고서에 대한 지각이 평가대상 아동의 개인 프로파일이나 교사의 관련 심리학이론에 대한 친근성 등 여러 요인에 따라 달라진다고 주장하였다. 종합해 볼 때, 위의 연구결과는 아동의 능력에 대한 교사의 지각이 역동적 평가상에서 보여 준 아동의 실제 수행에 대한 관찰뿐만 아니라, 결과 보고서 읽기에 의해 영향을 받는다고 할지라도, 그 영향력은 여러 요인에 의해 매개된다는 점을 시사해 준다.

LPAD를 시행할 수 있는 최저 연령 기준이 10세이기 때문에, 더 어린 아동을 대상으로 한 역동적 평가는 CATM이나 LPAD를 활용하여 시행된다. 이들 검사에 소요되는 시간은 약 90~100분이다.

LPAD는 임상적 방법의 일환으로 설계된 것이다. 이러한 사실에 비추어 볼 때, 이 검사는 표준화된 규준적 도구가 아니고, 따라서 채점 시 임상적 판단과 추론이 필요하다고 보는 것이 합당하다(Lidz, 1991). 그동안 LPAD(혹은 유사한 검사) 시행과 관련하여 여러 연구자들이 검사자 간 변산도의 문제점을 지적해 왔다(Jitendra & Kameenui, 1993). 예를 들어, Burns(1996)는 5명의 검사자에게 32명의 아동표본을 평가하도록 한 연구에서 전반적인 검사자/임상가의 행동과 과제수행 간에 상관이 있다는 점을 보여 주었다. (어떤 이유에서인지, 이 연구는 사전검사 점수를 공변수로 설정하지 않고, 사전검사 점수에 따라 아동들을 대응시키는 방법을 사용했다.) 일례로, 두 개의 답을 선택하도록 요구한 경우, 검사자의 행동과 아동의 옳은 비언어적 응답 간에는 .62($p<.01$)의 상관이 있었다. 그러나 이 연구는 단지 두 명의 검사자를 활용하여 검사자 간 비교를 시도했고, 그 결과 표본크기가 축소되었으며, 통계적 검증력도 그만큼 낮아졌다. 분석결과, 수행상의 차이는 없었지만, 행동 면에서 몇 가지 차이가 있는 것으로 나타났다. 즉, 검사자-수험자 행동교류는 검사자와 아동의 짝에 따라 다른 반면, 두 검사자 집단 내 아동(10명과 7명)의 수행결과는 다르지 않았다. 이 연구는 매우 중요한 방법론적 문제를 제기했지만, 불행히도 이 문제에 해답을 제시하지는 못했다. 검사자의 행동에 대한 반응에서 몇 가지 차이를 발견했지만, 이들 차이와 수행상의 차이 간 관련성 여부는 미제로 남겨 놓은 것이다.

LPAD의 채점은 복잡한 과정을 거칠 수밖에 없다. 일단 수집된 데이터를 원 모형상에 도상화한 다음, 검사의 제 차원, 즉 정신적 행위 국면(투입, 정교화나 산출), 추상화 수준(대상과 필요한 정신적 조작 간의 개념적 거리), 기타 다소 추상적이고 모호한 5가지 차원에 대한 주관적인 결론을 내려야 한다. 채점의 숙달을 위해서는 Feuerstein 연구단에서 주최하는 고가의 장기간 집체훈련에 참여해야 하는데, 그럼에도 채점의 신뢰도에 차이가 큰 것은 아마 제 차원의 모호성 때문일 것이다(Haywood & Wingenfeld, 1992).

LPAD 방법론은 장애아동과 청소년 중 학업부진아집단을 판별하는 데 전통적 검사보다 더 정밀하고 효과적인 것 같다(예: Feuerstein 등, 1979). 또한 이 검사는 치료 프로그램이나 장애아동의 개별평가 수행을 위한 기초 자료를 제공해 줄 수 있다.

LPAD를 정상아동에게 시행할 경우 사정은 달라진다. 여태껏 LPAD를 통해 산출된 정보가 전통적 검사의 점수보다 예측력이 높다는 주장을 충분히 지지해 줄 만한 강력한 타당화 연구 데이터는 확보되지 못했다. 사실 Feuerstein은 학습잠재력의 예측변수로 기존 지능검사를 받아들이지 않는다. 그럼에도 불구하고 중재 후에 관측된 지능지수의 변화를 LPAD 사용을 지지하는 주요 증거로 보고 있다(예: Feuerstein 등, 1979). 사실 위의 주장은, Blagg(1991)가 지적한 바와 같이 상당히 역설적이다. 내용의 유사성에 비추어 본다면, 중재란 실제로 검사에 대한 수업에 지나지 않는다. LPAD의 예측력에 확신을 가질 수 없는 이유가 바로 이 점 때문이다.

4) 결과의 반복가능성

그동안 역동적 평가 분야에서 다른 대안적인 역동적 측정도구에 관한 연구보다 LPAD에 관한 연구가 훨씬 더 많이 이루어진 것 같다. 그러나 이들 연구 중 상당수가 다음과 같은 제한점을 갖고 있다.

첫째, 이 접근법의 이론적 기초를 살펴보자. Büchel과 Scharnhorst(1993)는 명시적이고 분명하게 정의된 개념의 결여, 느슨하게 정의된 개념의 무분별한 사용, 이론 내의 하위요소 간 중첩, 서로 다른 이론에서 나온 이질적인 '기술 언어(description-languages)'의 혼입과 같은 문제점을 LPAD의 약점으로 지적한 바 있다. 여기에다 위와는 좀 다른 문제점을 제기하고 싶다. 중재학습과 인지적 수정가능성 이론에서 사용하고 있는 개념의 모호성이 조작화를 어렵게 만들고, 개념의 타당화는 더욱더 어렵다는 점이다. 예를 들어, 중재학습경험의 특징 중의 하나인 '개입의 수위성(transcendent nature of intervention)'이 어떻게 학교교육이나 다른 활동과 관련하여 타당한 인지적 수행성과가 되는지는 분명치 않다.

그러나 위의 비판이 전적으로 공정하지는 않을지도 모른다. 그동안 중재학습경험과 관련된 개념들의 모호성을 극복하려고 시도한 일부 연구자들이 있었다. 예를 들면, Lidz(1991)는 중재학습경험 조작화의 일환으로, 중재학습경험의 몇몇 구성요소를 수정·재해석하여 이들을 하나의 척도상에 배치시킨 바 있다. 그러나 이제껏 중재학습경험에 관한 경험적 연구는 제한적으로 이루어졌고, 이 또한 주로 부모-아동 상호작용의 맥락에서 수행되어 왔다(예: Tzuriel, 인쇄중; Tzuriel & Weiss, 1998). 위의 상호작용에 관한 연구의 목표는 (1) 다양한 중재학습경험 구성요소와 연계된 부모-아동 상호작용의 특징을 정의하고, (2) 중재학습경험 성취를 위한 방법을 기술하며, (3) 중재학습경험이 아동의 인지적 수정가능성에 미치는 효과를 규명하는 것이다.

둘째, 방법론의 차원에서 LPAD는 여러 가지 필수요건을 충족하지 못하고 있다. 필수요건 중 하나는 검사시행, 분석, 결과해석 등의 표준화다. 또한 두 번째 요건으로 신뢰도를 들 수 있다. LPAD와 수정된 검사는 낮은 재검사 신뢰도를 보이는가 하면(Büchel & Scharnhorst, 1993), 실제로 변화에 관한 신뢰도 문제를 다룬 데이터도 확보되어 있지 않다. 더욱이 대다수의 연구가 다변량 연구설계를 사용하지 않았고, 비교 횟수를 통제한 유의도 검증을 시도하지 않아, 결국 함량미달의 통계분석을 실행한 셈이다.

어떤 역동적 접근법이든지, 특히 Feuerstein과 같은 상호작용적 방법의 경우, 아동의 인지에 일시적 변화뿐만 아니라 지속적인 변화를 유발할 수 있다. 앞에서 언급한 바와 같이, LPAD가 지속적인 변화를 위한 중재학습경험 제공을 자체 목표로 설정하지 않았다고 하지만, 몇몇 연구에서는 LPAD 집단검사와 개인검사의 결과가 다를 수 있다는 점을 지적하고 있다. 그렇다면 무엇이 변화하고 또 이 변화가 얼마나 오래 지속되는가를 밝힐 필요가 있다고 본다.

셋째, 이 접근법은 실제로 많은 시간과 훈련비용의 부담을 요한다. 또한 중재자가 수험자의 사소한 변화에 반응하기 위해서는 상당히 높은 수준의 전문성이 필요하고, 이 때문에 다른 요건과 마찬가지로 검사의 유능한 시행 가능성 및 가용성은 제한될 수밖에 없다.

요약하자면, Feuerstein의 연구는 선의의 패러다임을 표방한 하나의 사례이지만, 설득력 있는 경험적 타당화를 요하는 분야다. Feuerstein과 동료들이 개발한 원리나 아이디어는 그동안 역동적 평가 분야에 주요한 시사점을 주었고, 새로운 접근법의 개발을 촉진시켜 왔다. 사실상 역동적 평가 분야는 Feuerstein의 선도적이고 개척자적인 노력에 힘입은 바 크다. 그는 광범위한 심리학적 · 철학적 틀 내에 자신의 이론을 자리매김했고, 대안적 접근법에 대한 사회적 요구를 접목시켰으며, 전통적 평가에서 벗어난 실천운동을 개시하였고, 하나의 정교한 이론과 이에 상응하는 방법론을 창안하였다. 그의 연구는 다양한 집단으로 적용범위를 넓혀 인지적 기능을 설명하고자 시도했다는 점에서 야심작이다. 이와 같이 총체적 평가방법을 표방했기 때문에, 측정도구의 심리측정학적 속성, 적합한 통계적 자료분석, 결과해석 시 추론의 정확성 등 세부사항에 각별한 주의를 기울이지는 못한 것 같다. 따라서 비판에 대한 우선적인 방어는 그간 누적된 심리측정 데이터와 실험 데이터보다는 이 접근법의 사회적 · 철학적 측면에 논거를 두고 있다(예: Tzuriel, 1992). 그동안 Feuerstein의 접근법은 다른 어떤 역동적 접근법보다 많은 연구를 촉발시켰다. 또한 개념적으로 이 방식에 의존한 여러 가지 접근법이 나타났는데, 그중 하나가 정신위계적 접근법이다.

4
정신위계적 접근법

Jensen(1992, 1998, 2000)의 정신위계적(MindLadder) 접근법은 역동적 평가의 새로운 모형 중 하나로, Feuerstein의 이론, 특히 중재학습경험이론에 기반을 두고 있다. 중재구성주의(mediated constructivism) 모형이라고도 부르는 이 모형은 세 가지 유형의 기능, 즉 지적 기능, 비지적 기능, 수행 기능을 구분한다. 예를 들면, 지적 기능이란 수용(주의와 탐색행동 등), 변형(정신적 표상과 계획하기 등), 의사소통(언어적 도구와 자기규제 등)을 지칭한다. 또한 비지적 기능은 동기와 욕구(유능감 욕구와 신기성 욕구 등) 및 성격속성(인정욕구와 호기심 등)이며, 수행 기능은 순발력, 정확성, 습관형성을 포함한다. 지금까지 위의 이론적 분류의 타당도와 관련된 확고한 경험적 증거는 없는 것 같다.

이 모형은 지식의 구성에 관한 MLE의 다섯 가지 특성에 기초하고 있는데, 이들 특성은 다음과 같다.

❶ 의도성(intentionality)-호혜성(reciprocity): 중재자와 학습자 간 유대관계가 형성된다.

❷ 수월성(transcencence): 학습자가 새로운 인지기능 양식을 계발한다.

❸ 의미의 중재(mediation of meaning): 학습자 내부에 새로운 기능 양식의 계발을 위한 욕구가 형성된다.

❹ 중재된 행동규제(mediated regulation of behavior): 새로운 인지기능 양식이 폭넓은 정신적 행위의 계열 속에 자리 잡는다.

❺ 유능감의 중재(mediation of a feeling of competence): 학습자가 새롭고 친숙하지 못하며, 어려운 방식으로도 기능하도록 동기화된다.

정신위계 프로젝트는 이제 지식 assembly workstation을 활용한 컴퓨터화 검사(CAMET)를 적용함으로써, 역동적 수업 및 평가 중에 누적적으로 수집된 데이터를 분석하는 흥미로운 혁신을 시도하고 있다. CAMET 소프트웨어는 일련의 동등한 문항군을 제시한 다음, 모수통계의 유의도 검증을 통해 시간대별 피험자의 변화를 분석한다. 또한 워크스테이션상에서 멀티미디어 환경, 온라인 백과사전, 학습자의 처리 요구를 고려하여 평가과정에 상호작용적으로 투입되는 다양한 학습자료 등의 활용이 가능하다(Jensen, 1998).

더 나아가, 그동안 여러 가지 역동적 평가도구가 개발되었다[예: 학습자 학습 프로파일(Student Learning Profile) SLP-75]. 이들 평가도구의 효율성과 관련하여 몇 가지 잠정적 증거가 제시되고 있지만, 제대로 된 평가를 위해서는 향후 폭넓은 연구가 필요할 것이다.

··5··
결 론

Feuerstein이 개발한 LPAD의 유용성은 아직 충분한 요건을 갖추지 못하고 있다. 이 검사에 관한 연구가 많지만, 그 결과는 일관성이 없고 신뢰할 수 있는 결론을 도출하기에는 아직 충분한 통제나 여타의 방법론적 엄격성이 부족한 실정이다. 이 접근법이 최소한 지체 수행자들에게 모종의 희망을 줄 것으로 보이지만, 이 희망에 확신을 불어넣기 위해서는 더 엄격한 정량화와 심리측정학적 분석이 필요하다. Feuerstein의 접근법이 개발된 거의 동일한 시기에 다양한 전통에 뿌리를 둔 수 많은 접근법이 출현하였다. 이들 접근법은 부분적으로 Feuerstein의 연구에서 드러난 방법론적 한계를 극복하고(일례로, Budoff는 훈련과정의 표준화 결여의 문제를 들어 Feuerstein을 비판한 바 있음: Lidz, 1991에서 재인용), 검사의 심리측정학적 속성을 개선하기 위해 각 진영의 아이디어를 개진한 결과다. 따라서 연구자들은 역동적 평가의 융통성을 살리면서 동시에 신뢰도와 타당도가 확보된 측정도구를 검사상황에 도입하는 패러다임을 설계하고자 했다. 방법론과 해석의 표준화를 시도한 것 중에는 Budoff, Campione, Brown, Guthke, Carlson, Wiedl의 접근법이 있다.

DYNAMIC Testing

Budoff의 접근법

Budoff는 색다른 학습잠재력 측정방법을 개발하였다. 이 장에서는 Budoff 의 접근법을 분석하고자 한다.

Budoff는 역동적 평가 분야에서 흥미로우면서, 중요한 여러 가지 경험적 연구를 수행한 인물이다. 그러나 그는 자신의 연구를 위해 통합된 이론을 개 발하지는 않았다. 따라서 아래에서는 먼저 연구의 틀에 관한 주요 특징을 살 펴본 다음, Budoff와 동료들의 경험적 연구결과에 대해 논의할 것이다.

·· *1* ··
연구의 틀

1) 표적집단

Budoff(1968)는 교육가능 불리조건의 아동(예: 교육가능 정신장애아, 열악한 환경 출신 아동) 중에 전통적인 검사에서 나타난 결과보다 학습가능성이 더 높은 아동들이 있다는 가정하에서 연구를 착수했다. 즉, 조직화된 전문적인 수업을 통해 문제해결 방법에 대한 학습기회를 제공한다면, 최소한 불리조건 의 아동 중 일부는 능력검사에서 예측된 것보다 높은 수행을 보일 것이라는 것이 그의 가설이다. 따라서 표적집단은 학업부진아, 학습장애아, 이민자 등 불리조건의 저지능아를 포함하여 폭넓게 정의된다.

학습잠재력 측정이 꼭 필요한 집단에 대한 Budoff의 입장은 이데올로기 측면에서 Feuerstein의 입장과 다를 바 없다. 양 진영의 기본 신념은 (1) 특유의 교육경험(예: 문화적 차이 혹은 적절한 교육의 부재) 때문에 실제의 역량이 낮게 추정되었고, 결과적으로 교사나 전반적인 교육시스템에 의해 불공정한 대우를 받고 있는 다수의 아동이 있으며, (2) 정태적 검사로 측정된 정신지체아의 수행이 평균적으로 과소평가된다는 점이다. 따라서 위의 아동들이 전통적인 검사상에서 확인된 것보다 높은 학습잠재력을 갖고 있다고 본다.

Budoff의 연구는 본시 두 집단, 즉 지능검사상에서 교육가능 정신지체아로 잘못 분류된 저성취 아동집단(주로 소수집단과 사회경제적 지위가 낮은 아동집단)과 정확하게 교육가능 정신지체아로 진단된 아동집단을 구분하고 있다. 또한 위의 아동들이 전통적인 검사와는 다른 적합한 검사를 받을 경우, 높은 수행수준을 보일 수 있고, 따라서 역량의 극대화가 가능한 교육을 시켜야 한다고 주장한다.

2) 패러다임

표준화의 문제점을 들어 Feuerstein의 연구를 비판한 Budoff(1987a)는 훈련 내용을 표준화하는 데 혼신의 노력을 기울였다. Budoff(1987a)는 자신의 접근법이 다른 역동적 평가기법, 즉 "학습자의 향상에 대한 검사자의 공헌과 학습자의 실제 이해·적용능력을 구분하지 못한 기법과는 다르다."(p. 56)고 주장한다. Budoff의 접근법에는 다음과 같은 방법론 특유의 몇 가지 특징이 있다. (1) 이 방법은 전통적인 지능검사의 대안으로서 특수교육 대상아동을 선발·분류하기 위한 목적에서 개발되었다. (2) 표준화되고 신뢰할 수 있으며 여러 측면에서 타당화된 검사만을 사용한다. (3) 훈련의 목표는 학습자들이 검사 요구조건에 친숙하게 하여, 결과적으로 동등한 경험을 제공하자는 것이다.

훈련방법의 성과는 학습잠재력(learning potential), 즉 불리조건 아동집단의 일반능력(g) 측정값으로 개념화된다(Budoff, 1968). 여기에서 Budoff의 g는 학교활동과 직접적인 관련성이 없고(Budoff, 1969), 확실히 훈련 가능하다고 본다(Corman & Budoff, 1973)는 점에서 전통적인 g와는 다르다.

초기에 Budoff와 동료들(1987a, 1987b)은 학습잠재력을 정성적 사례 분류를 통해 조작화하였다. 즉, 이들은 학습자를 고득점(high scorers: 훈련 전에 높은 점수를 받은 학습자) 유형, 향상(gainers: 사전검사상에서 낮은 수행을 보였지만, 수업 후에 점수가 유의하게 향상된 학습자) 유형, 비향상(nongainers: 사전검사상의 수행이 낮고 수업 후에도 별반 향상도가 없는 학습자) 유형으로 구분하였다. 그러나 위의 분류가 정교한 집단구분을 하지 못했다는 비판(예: Lidz, 1991)을 받아들여, 학습잠재력의 질적 구분을 일단의 연속적인 점수로 대체하게 되었다. 따라서 학습잠재력을 훈련 전 점수, 훈련 후 점수, 사전검사 수준에 의해 조정된 훈련 후 점수(잔차점수)로 조작화한 것이다.

3) 학습잠재력 측정도구

Budoff와 동료들은 약 12개의 기존 표준화 검사를 역동적 검사로 개발해 왔다. 예를 들면, Kohs 학습잠재력 과제, Raven 학습잠재력검사, 그림단어 게임 등이 있다. 이들 검사(저자들은 검사, 방법, 게임 등의 용어를 사용함)는 개인 및 집단 검사를 병용할 수 있는데, 이를 통칭하여 Budoff의 학습잠재력 측정도구(Measures of Learning Potential)라고 한다(Budoff, 1987a, 1987b).

이들 검사의 내적 일관성 신뢰도는 평균 약 .86으로 만족할 만한 수준이다 (Budoff, 1987b). 또한 사후검사를 여러 시간간격(1일~6개월)을 두고 시행하여 산출한 재검사 신뢰도가 여러 연구에서 보고된 바 있는데, 이들 중 1개월의 간격을 둔 신뢰도 계수는 .51(Raven 검사)~.95(Kohs 검사)였다. 그러나 변화점수의 신뢰도 평가는 아직 이루어지지 못했다.

위의 검사는 개인검사나 집단검사의 형식으로 시행이 가능하다. 각 검사에는 검사자를 위한 구체적인 지침이 들어 있고, 더욱이 검사절차의 각 단계별로 개괄적인 시행방법을 제시하고 있다. 사전검사 단계에서 Budoff식 검사자는 통상적으로 표준화된 정태적 평가방법을 사용한다. 한편, 훈련 단계에 들어가면, 검사자는 학습자의 주의를 집중시키고, 과제 및 평가절차의 주요 특성을 설명해 주며, 학습자가 정답을 하는 데 필요한 모든 인지적·심동적 행위를 숙달하도록 안내하는 역할을 수행한다. 예를 들면, Kohs 블록디자인검사의 경우, 검사내용과 동일한 형식 및 차원을 담은 교본에 다섯 가지 지도전략을 포함시키고 있다. 지도과정의 네 가지 원리는 (1) 가장 단순한 디자인 요소 활용을 통한 성공률 극대화, (2) 칭찬과 격려 제공, (3) 블록의 구성을 디자인 카드에 비추어 점검하는 활동 강조, (4) 두 색깔의 블록디자인 강조다(Budoff, 1987a). 각 문항별 지도순서는 먼저 수험자에게 블록이 구분되지 않은 자극카드상의 문제를 해결하도록 요구하는 데서 시작된다. 여기에서 실패하면, 수험자에게 블록디자인상의 한 행을 모두 제시해 준다. 또 실패할 경우, 블록을 차례대로 살펴보게 하고 제시순서에 붙박아 있는 구조를 설명해 준다. 물론 위의 표준화된 훈련절차가 절대적인 것은 아니다. 마지막 단계에서 검사자는 통상 사전검사에서 사용한 자료를 두 번 더, 즉 훈련 후 1일과 1개월에 다시 전통적인 정태적 평가방법으로 제시한다.

구인타당도와 관련하여, Budoff와 동료들은 지도과정을 통해 사후검사 점수가 향상되었다는 충분한 증거를 제시하고 있다(Budoff, 1967, 1987a, 1987b; Budoff & Friedman, 1964). 특히, Budoff는 학습잠재력이 수행수준과는 관련이 있지만, 언어 지능지수와는 관련이 없다는 점을 보여 주었다(Budoff, 1967; Budoff & Corman, 1974). 이 연구결과는 대다수의 Budoff 검사가 비언어적 능력을 측정하고 있기 때문에, 결코 놀랄 만한 일은 아니다. 그러나 이러한 연구결과는 스페인 심리학자들의 비판을 받고 있다(Fernández-Ballesteros, 1996; Fernández-Ballesteros & Calero, 1993, 2000; Fernández-Ballesteros 등, 1997). 스페인 심리학자들은 Budoff 검사자료를 토대로 스페인판 학습잠재력 평가도구(EPA, 이하 EPA로 표기)를 개발하였다. 연구결과, EPA 증가점수는 언어능력의 증진을 예측하는 데 반해, 수행능력의 증진을 예측하지는 못한 것으로 나타났다. 또한 역동적 검사 점수가 향상된 수험자들은 이후의 인지적 수행수준도 우수하였다. 위의 연구결과는 전혀 예기치 못한 결과로 보인다. 왜냐하면 Budoff 연구집단과 당시에 Carl Haywood가 주도한 Vanderbilt 연구단 모두가 사전검사로 개입 중의 수행을 예측하거나, 개입을 통해 사후검사 수행을 예측한 연구에서 영역 간 전이의 어떤 증거도 발견하지 못했기 때문이다(이 내용을 개관한 Lidz, 1987 참조). 일례로, 지능검사 총점으로 역동적 수행을 정확하게 예측하지 못한다는 결과가 일관성 있게 나타났고, 이는 영역 간 측정에서도 마찬가지였다. 역동적 검사에서 측정하는 인지기능 유형과 유사한 어떤 하위척도의 예측력은 일반적으로 전체 합성점수의 예측력보다 높다(예: Vye 등, 1987에 따르면, .48 대 .18임). Fernández-Ballesteros 등(1997)은 자기들의 연구결과를 설명하면서 EPA 자료에 점진행렬이 포함되어 있지만, 훈련과정은 언어적으로 이루어졌다고 주장한다. 또한 역동적 평가 중에 훈련된 인지적 조작이 다름 아닌 언어적인 집행적 통제(executive verbal control)라고 본 Campione과 Brown(1979)의 설명을 인용하였다. 그러나 위의 연구결과는 훈련 혹은 지도내용이 과연 특정 인지적 기능인지, 아니면 더 일반적인 문제해결 전략인지의 쟁점을 해결하지 못하고 있다.

Budoff는 측정된 학습잠재력이 학업성취도와 직접적인 관련이 없다고 초기에 주장했지만, 이후 다수의 학교기반 예측타당도 연구를 수행하였다. 그는 한 연구에서 학습잠재력 사후검사와 교사가 평정한 성취도 간 상관이 세 가지 학습자집단[Budoff 학습잠재력검사를 통해 구분한 상집단(고득점), 평균집단(향상), 하집단(비향상)]별로 다르다는 점을 보여 주었다. 즉, 평균집단 및 하집단 학습자의 경우 사후검사와 성취도 간 상관이 지능과 성취도 간 상관보다 두 배 정도 높은 반면($r = .35$와 $r = .16$), 상집단에서는 거의 대등한 상관($r = .35$와 $r = .31$)이 나타났다(Laughon, 1990 참조).

한편, Budoff 학습잠재력 측정도구의 예측력도 학업성취도와의 상관을 통해 추정되었다(Budoff, Meskin, & Harrison, 1971). 이 연구에서는 교사평정에 의한 경우와 유사하게, Budoff 측정도구상의 점수에 따라 학습자집단을 하집단, 평균집단, 상집단으로 분류하였다. 학습자들은 전류(electricity)에 관한 내용을 학습했고, 이 내용에 관한 학업성취도검사상의 점수와 학습잠재력 점수 간의 상관을 산출한 결과, 학습잠재력 점수의 성취도 차에 대한 예측력이 지능지수보다 높은 것으로 나타났다.

·· 2 ··
경험적 연구결과

1) 주요 연구결과

Budoff는 자신의 패러다임 내에서 수행한 훈련이 특수아뿐만 아니라 정규교육을 받는 아동의 점수 향상에 효과가 있고(Budoff, 1987a), 더 나아가 유·불리조건의 학습자를 막론하고, 학습잠재력 평가결과와 학습자의 학습률에 관한 교사평정 지표 간에 높은 수준의 관련성이 있다고 보고하였다(Budoff & Hamilton, 1976). 또한 특수교육 프로그램에 등록한 아동의 학업성취도 준거에 관한 최적의 예측변수가 학습잠재력검사상의 훈련 후 점수인 것으로 나타났다(Budoff, Corman, & Gimon, 1976; Budoff 등, 1971).

Budoff와 동료들이 수행한 대다수의 경험적 연구는 학습잠재력과 여타의 인지적·인구통계적·동기적·정서적 지표 간 상관에 초점을 맞추고 있고, 연구설계도 서로 유사하다. 즉, Budoff 검사배터리(혹은 그 일부)를 활용하여 학습잠재력을 평가한 다음, 학습잠재력 지표와 다른 측정도구상의 점수 간 상관을 산출하는 방식이다. 일례로, Budoff와 동료들은 학습잠재력과 사회적·인구통계적·심리측정 변수 간 상관을 밝히기 위해 여러 대규모 연구($N > 400$)를 수행하였다(예: Budoff, 1987a). 이들 연구의 참여자는 특수교육 대상자이거나 정신지체관련 기관 수용자인 저지능 아동이었는데, 여기에서 나타난 결과를 보면 다음과 같다. (1) Stanford-Binet 지능검사와 같은 정태적 능력검사의 측정값은 학습잠재력 점수(훈련 전 Kohs 점수)보다 학교외적 변수, 가족의 인구통계적 특성, Wechsler(WISC)의 언어 지능지수와 더 높은 상관을 보였다. (2) 성별, 가족의 인구통계적 특성, 정태적으로 측정한 동작 지능지수가 훈련의 직후효과를 유의하게 예측하였다. (3) 정태적으로 측정한 동작 지능지수가 훈련의 지연효과를 유의하게 예측하였다. 더욱이 인종 및 사회경제적 지위와 같은 인구통계적 변수는 정태적으로 측정한 지능지수와 관련성이 높은 반면, 훈련 후 점수차와는 체계적인 관련성이 없었다.

Budoff와 그의 동료들이 수행한 또 다른 일련의 연구에서는 저지능 아동 집단 중 학습잠재력이 평균 이상인 학생들의 성격 프로파일을 검토하였다. 그 결과, 학습잠재력이 높은 아동들이 유사한 지능집단 내의 학습잠재력이 낮은 아동들보다 우호적이고, 성취동기가 높으며, 유연하고, 충동성이 낮았다(Budoff, 1987a). 또한 Budoff는 사회경제적 지위가 학습잠재력과 상관이 있을 것으로 보고 이들 간 관계를 분석하였는데, 그 결과 사회경제적 지위가 낮은 학습자의 경우 더 많은 훈련이 필요했고, 유리조건의 학습자와 비교해 볼 때 집단훈련보다는 개인훈련이 더 나은 것으로 나타났다.

한편, Budoff와 동료들은 다양한 저지능집단의 아동을 추적 조사한 종단적 연구를 수행하였다(Budoff, 1967, 1987a; Budoff & Friedman, 1964). 여기에서 나타난 연구결과를 보면, 비향상집단에 비해 향상집단이 (1) 특수교육 프로그램에서 더 높은 성취도를 보였고, (2) 성인으로서 높은 수준의 경제적·사회적 독립성을 획득했으며, (3) 군복무 자격시험을 통과했고, (4) 친구를 사귀거나 데이트를 한 경험이 많았으며, (5) 독립적인 생활을 하며 운전면허증을 취득하였고, (6) 기관에 수용된 경우에도 여기에서 벗어나 생활하는 경향을 보였다. 그러나 이들 연구대상은 소표본의 아동이었고, 관련 공변수(예: 교육의 유형 및 기간, 가정환경)를 적절하게 통제하지 못한 상태에서 나온 연구결과다.

이제 Budoff의 경험적 연구와 관련하여 중요한 네 가지 측면을 검토해 보자. 첫 번째 측면은 사용한 방법론의 일관성과 설정된 연구문제다. Budoff는 연구의 주 목표를 학습자의 사회경제적 지위로부터 자아개념에 이르기까지 다양한 학습자 특성과 학습잠재력 수준 간 관계를 연구하는 것으로 설정한 것 같다. 이 같은 연구의 일관성은 긍정적 측면과 부정적 측면을 동시에 갖고 있다. 긍정적인 측면에서 볼 때, Budoff는 학습잠재력검사와 수많은 개인차 측정도구 간의 상관을 탐색함으로써, 학습잠재력을 개인 특성의 맥락 내에 자리매김하였다. 그러나 부정적인 측면은 모든 연구가 관찰연구이고, 그만큼 제한적인 설명력을 갖고 있다는 점이다. 즉, 인과모형에 부합하는 실험설계나 통계적 분석을 실행하지 않았고, 따라서 수집된 데이터상에서 인과 혹은 예측정보를 도출하기에는 제한이 따를 수밖에 없다. 학습잠재력의 특성이 긍정적인 삶의 성과와 더 나은 생활적응에 대한 예측변수인지, 아니면 높은 학습잠재력 자체가 적응력이 높은 사람의 특성인지는 여전히 미지수다.

둘째, 다양한 표본상에서 상관이 산출되었다. 이를테면, (1) 표본크기가 20명(Budoff & Pagell, 1968)부터 627명(Budoff & Corman, 1974)까지의 범위를 갖고, (2) 정상아동부터 기관에 수용된 정신지체아까지를 포함한 표본특성을 가지며, (3) 하나의 연구(Budoff & Pagell, 1968)에 12~17세 연령의 아동을 표본으로 선정하고 있다. 따라서 연구결과의 의미와 효과크기에 비추어 산출된 결과의 비교가 가능한가의 문제는 여전히 해결해야 할 과제다.

셋째, 연구자들은 효과의 유무 판정 시의 통계적 검정력 부족과 중다비교 시의 교정과 같은 문제에 큰 관심을 기울이지 않았다.

마지막으로, 출간된 연구물만 놓고 보자면, 지도절차 자체에 별 관심을 기울이지 않은 것으로 보인다. Budoff 접근법의 초기 의제는 역동적 평가의 훈련과정을 표준화하는 것이었다(Budoff, 1987a). 그러나 출간된 연구물을 보면, (1) 지도과정이 과연 표준화되었는지 그리고 어떤 방법으로 표준화되었는지,

(2) 지도수행 방법에 의해 산출된 효과를 얼마나 설명할 수 있는지 등은 분명치 않다.

2) 네 가지 준거에 의한 평가

Budoff의 연구는 앞에서 기술한 네 가지 준거에 비추어 어떻게 평가될 수 있는가? 무엇보다도 Budoff 검사를 통해 어떤 유형의 정보를 얻을 수 있는가? Feuerstein의 접근법과 대조적으로, 이 접근법은 (1) 전통적인 검사상의 수행향상에만 주력하고, 따라서 학습잠재력을 단순히 전통적 검사상의 수행향상도로 정의하며, (2) 저지능 아동집단에 국한된 연구를 수행하고 있다. 결과적으로 연구결과는 집단 및 과제 면에서 제한적이다. 그러나 Feuerstein의 검사와 마찬가지로, Budoff 학습잠재력검사는 저지능집단을 하위집단으로 구분하는 데 도움이 된다. 또한 러시아 결함학자들(자세한 사항은 Vlasova, 1972 참조)과 마찬가지로, 높은 학습잠재력을 가진 저지능 아동(향상 아동)을 정신지체아라기보다는 교육적 불리조건의 아동이라고 본다. 이와 유사한 맥락에서, Feuerstein 등(1979)은 지체아가 아닌 지체 수행자라는 용어를 사용한 바 있다. 어떤 이유에서든지 학업향상도가 만족스럽지 못한 학습자들이 있기 마련이다. 이들에게 적절한 수업을 제공한다면 성공적인 향상을 기할 수 있다. 그러나 학습잠재력이 매우 낮은 학습자(비향상 아동)들은 정신지체의 프로파일을 가진 학습자와 대등하다. 따라서 저지능 학습자집단과 함께 활동하는 교육실천가들이 위의 구분을 유용하게 활용할 수 있을 것으로 보인다. 위에서 살펴본 Budoff의 연구주제는 Feuerstein 등의 수정가능성 연구주제와 비교해 볼 때 유사한 측면이 많다. 향상도(변화가능성)가 높은 학습자의 경우, (1) 지능지수보다는 학습잠재력을 통해 수행수준을 설명하기가 더 용이하고, (2) 전반적으로 전 생애에 대한 예후도 더 나은 것 같다. 요약하자면, 역동적 평가의 이론 및 방법론에 비추어 볼 때, Budoff의 접근법은 학습잠재력을 폭넓은 인지, 성격 및 인구통계적 특성의 맥락 속에 자리매김한 공이 크다.

Budoff 이후 역동적 평가에 관심을 가진 여러 심리학자들은 정신지체아로 분류된 집단의 이질성을 설명하기 위해 향상 아동 및 비향상 아동의 구분방식에 관심을 기울여 왔다. 이와 관련된 연구 중 하나로 Fernández–Ballesteros 등(1997)은 '생물학적 결손아(biologically impaired individuals)'와 '문화실조아(culturally deprived individuals)', 즉 생물학적 소인(素因)의 정신지체아(기관결손아)와 생물학적 기능장애가 없는 아동(문화실조아)을 구분한 다음, 그 차이를 살펴보았다. 연구결과, 생물학적 기능장애가 없는 학습자의 향상도는 생물학적 정신지체아보다 약 두 배 높았고, 더 안정적인 것으로 나타났다.

정태적 검사나 여타의 역동적 검사와 비교해 볼 때, Budoff 검사의 심리측정학적 속성에 대해 두 가지 사항을 지적하지 않을 수 없다. 첫째, 이 검사의 내적 일관성 신뢰도는 유사한 정태적 검사와 비교할 때 대등하게 높다. 이는 이 검사배터리의 하위검사 모두가 정태적 검사 자체를 약간 수정한 것이기 때문에 결코 놀랄 만한 결과가 아니다. 둘째, 사전검사상의 재검사 신뢰도가 높기는 하지만, 여기에서 실제로 검토해야 할 사항은 증가점수의 신뢰도 평가다. 예를 들어, Carver(1974)는 두 가지 동형 사전검사를 시행하고, 고도로 표준화된 훈련을 실시한 다음, 두 가지 동형 사후검사를 시행해야 한다고 제안한 바 있다. 또 Embretson(1987b)에 따르면, 향상도의 신뢰도 측정을 위해 한 번의 사전검사와 세 번의 사후검사를 시행할 수 있고, 이 방법을 사용할 경우 변화의 신뢰도에 대한 반복적 평가가 가능하다. 그러나 위의(혹은 위와 유사한) 평가는 여태껏 시도되지 못했다.

LPAD를 활용한 연구와 마찬가지로, Budoff 접근법의 연구 또한 역동적 · 정태적 평가의 예측력 딜레마를 해소할 만한 충분한 증거를 보여 주지 못하고 있다. 단지 두 연구가 예측타당도 문제를 다룬 바 있는데, 이들 연구에서 긍정적인 결과가 나왔지만 여전히 확정적으로 해석될 수는 없다. 더욱이 Feuerstein 접근법의 추종자들이 논의한 바와 유사하게, Budoff와 동료들 또한 학업성취도를 준거변수로 활용하는 것이 적합한가에 대해 의문을 제기하고 있다(Budoff, 1987a).

Budoff 학습잠재력 측정도구는 시행하기가 비교적 쉽고, 장기간의 전문적인 훈련을 필요로 하지도 않는다(Budoff, 1987a,b). 또 Budoff의 연구결과 간에 일관성이 있고, 몇몇 연구(특히 사회적 유의도가 높은 연구)결과는 다른 연구집단의 반복연구에서도 동일한 것으로 나타났다(이에 관한 개관으로 Luther, Cole, & Gamlin, 1996 참조). 그러나 반복연구에서 나타난 결과를 면밀하게 검토해 보면, 위의 '반복성(replications)'에 관한 확증에 의문이 제기된다. 일례로, Sewell과 동료들(Sewell, 1979, 1987; Wurtz, Sewell, & Manni, 1985)은 역동적·정태적 검사 결과의 예측 효과에 관한 차이를 탐구한 바 있다. 이 중 Sewell(1979)은 초등학교 1학년생인 백인 70명과 흑인 21명을 대상으로 한 연구에서, 하류계급 아동보다는 중류계급 아동의 경우 다양한 학습조건하에서 전통적인 지능검사가 더 타당하게 학습잠재력을 예측한다는 결과를 얻었다. 반면에 하류계급 흑인아동의 경우 사후검사 성취도가 최적의 예측변수인 것으로 나타났다. 위의 결론은 두 가지 분석방법, 즉 두 집단 내 상관형태의 비교와 단계적 회귀분석 결과에 토대를 두고 있다. 먼저 상관분석 결과를 보면, 지능지수와 성취도 간 상관이 흑인아동이 아닌 백인아동의 경우에만 유의하였다. 그러나 Fisher의 Z점수로 변환하여 산출한 상관계수에 차이가 없었다는 점에 비추어 볼 때, 위의 결과는 흑인아동 표본의 통계적 검정력 부족에서 기인한 것으로 보인다. 따라서 상관형태의 차이만 보고 결론을 내리는 것은 통계적으로 정당화될 수 없다. 또한 Sewell(1979)은 단계적 회귀분석의 세부사항을 밝히지 않았다(예: 투입된 변수, 설명분산 증가분). 만약 상관분석표상에 있는 모든 변수를 회귀방정식에 투입하여 분석했다면, 중다공선성의 문제가 제기될지도 모른다.

위와 유사하게, Wurtz, Sewell과 Manni(1985)가 전통적인 지능지수(WISC-R의 지능지수, Wechsler, 1974)와 학습잠재력 추정값(Estimated Learning

Potential, Mercer, 1979)을 활용하여 학습잠재력 자체를 예측한 결과, 실제 예측형태에 어떤 차이도 발견되지 않았다. 그러나 이들은 데이터 분석의 경계를 벗어나 '눈대중' 식의 접근법을 취하고 있다. 즉, 흑인아동과 백인아동 중에 Wechsler와 Mercer의 검사에서 정신지체아로 분류된 사례수와 Budoff 검사상의 향상 유형 아동 빈도를 비교하였다. 더 나아가, 통계량을 전혀 제시하지 않은 채, 학습잠재력 추정값의 차별적 영향력이 '명백하게' 나타났다고 결론지었다(Wurtz, Sewell, & Manni, 1985, p. 301).

··3··
결 론

Budoff 검사의 네 가지 특성을 종합해 볼 때, 이 검사는 저지능 아동집단을 구분한 다음, 적합한 교육적 배치를 하고 미래의 수행을 예측하는 극히 제한적인 목적으로 활용할 경우에 상당히 양호한 검사임을 알 수 있다. 그러나 최상의 성과측정을 지향했던 Budoff의 연구는 역동적 평가와 관련된 모든 연구자들의 관심사인 하나의 쟁점을 안고 있다. 이 쟁점은 '훈련민감성(responsiveness of training)'과 '학습(learning)'의 조작화 및 해석 문제다. 흔히 인지적 검사상의 능력은 높지만 학습속도가 느린 아동, 혹은 그 역의 경우를 볼 수 있다(Lidz, 1991 참조). 더욱이 위의 격차는 불리조건의 아동(저지능 아동)집단뿐만 아니라 유리조건의 아동(정상지능 아동)집단에서도 나타난다. 물론, '향상 아동' 대 '비향상 아동' 패러다임을 일단의 정량적 분포상의 점수를 활용한 패러다임으로 변경한 Budoff의 결단은 분석적 쟁점 몇 가지를 해결했고, 또 집단 특유의 규준설정 과제를 도입함으로써 원점수와 규준점수 간 비교가 가능하게 되었다는 Lidz(1991)의 지적에 동의한다. 그러나 이 문제는 여전히 해결해야 할 과제로 남아 있다.

또 하나의 쟁점은 타당도를 비교한 연구가 부족하다는 점이다. 그동안 대규모 학습자 표본을 대상으로 학습잠재력 수준을 다른 특성(성별, 정태적 능력 수준, 성격특성, 사회경제적 지위)과 비교한 연구가 많이 이루어졌지만, 여전히 "Budoff의 학습잠재력 평가방법이 비언어적 지능검사보다 학교학습 성공을 잘 예측하는지에 관한 증거는 부족하다."(Lidz, 1991, p. 27) 물론 언어 지능보다 예측력이 높다는 증거는 있다. 또한 최근에 스페인 심리학자들(Fernández-Ballesteros 등, 1997)은 Budoff 접근법에 기초한 훈련이 언어 지능지수를 향상시킬 수 있다고 주장한 바 있다. 사실 Budoff의 접근법은 한정된 분명한 목표를 가진 방법론인 것 같다. 더 나아가, Budoff는 주의를 기울여 개발된 정태적 검사를 역동적 평가방법으로 통합시키기 위해, 선도적이고 혁신적이며 중요한 시도를 한 셈이다.

이 접근법의 추종자들은 여전히 표준화 검사를 역동적으로 시행하여 결과를 산출하고자 했던 특유의 목표를 지향하고 있으며, 전통적인 검사의 내용보다는 검사방법에 큰 관심을 기울이고 있다. 지금까지 Budoff는 총체적인 이론적 패러다임이나 자신의 접근법에 토대를 둔 특정 개입 프로그램을 개발하지는 않았다. 앞으로 Budoff와 동료들이 이 같은 프로그램을 개발해 낼 것으로 본다.

DYNAMIC Testing

기타 역동적 평가의 접근법

이 장에서는 앞에서 살펴본 역동적 평가 접근법 이외의 다양한 방법을 살펴볼 것이다. 구체적으로, 점진적 프롬프트 접근법, 유럽의 역동적 평가 접근법(학습검사 접근법과 취약점 접근법) 및 Swanson의 접근법을 설명한다.

··1··
점진적 프롬프트 접근법(학습과 전이에 의한 평가)

1) 이론적 틀

(1) 패러다임

점진적 프롬프트 접근법은 학습자들이 어떤 검사문제를 해결할 수 있을 때까지 점진적으로 도움을 주는 지원 틀을 설정하기 위해 Campione과 Brown(Campione, 1989; Campione & Brown, 1987)이 주도적으로 개발한 것이다. Kozulin과 Falik(1995)은 이 접근법이 ZPD의 아이디어를 명시적인 실행 개념으로 사용한 방법이라고 언급한 바 있다. 이 접근법은 지능에 관한 정보처리이론에 이론적 토대를 둔다(Campione & Brown, 1987).

이 접근법의 주요 개념은 전이(transfer)인데, 이는 학습된 정보를 융통성 있게 다양한 맥락에서 활용할 수 있는 각 개인의 능력이다(Campione, Brown, & Bryant, 1985). 전이는 수업이 불완전하고 애매하게 진행되는 학습장면에서 특히 중요하게 취급된다. 이 접근법에서는 개인차를 학습(학습을 위해 필요한 수업의 양) 대 전이(초기의 예에서 숙달된 지식의 적용이 가능한 수준까지의 거리)의 비율로 정의한다. 위와 같이 비율에 각별한 관심을 갖는 이유는 학습과 전이의 지표가 동일 척도상에 있지 않은 것으로 보기 때문이다.

이 이론에서 조작화란 학습 및 전이의 지표를 정량화하는 것인데, 이는 지도된 학습(guided-learning) 패러다임에 기초하여 이루어진다. 평가의 일반적인 순서는 (1) 정태적 수행수준에 관한 정보 수집(사전검사), (2) 초기학습(단서제공 단계), (3) 정태적인 무중재하의 유지 및 전이 평가(사후검사), (4) 중재하의 유지 및 전이 평가(단서제공 사후검사) 등의 여러 회기를 거친다. 훈련절차는 (1) 수업을 통해 과제 수행수준이 향상되고, (2) 훈련의 효과가 지속적이며, (3) 훈련의 성과가 일반화될 수 있을 때, 즉 훈련과제 이외의 과제상에서 전이가 일어날 경우에 성공적인 것으로 본다(Brown 등, 1983; Brown & Campione, 1981). 이 접근법에서 중재는 일반적인 것에서부터 구체적인 수준에 해당되는 단서를 사전에 정하여 전달하는 방식을 취한다.

모든 새로운 단서는 각 아동의 노력이나 실패 혹은 오류를 본 다음 제시되며, 아동이 과제별로 정해 놓은 독자적인 과제해결 수준에 도달할 경우(예: 연속 두 문항에 정답을 할 경우) 단서제공이 종료된다. 여기에서 성과변수란 아동의 학습효율성 측정값을 지칭한다. 즉, 프롬프트의 개수 그리고 근전이(훈련과제와 맥락 및 형식이 유사한 문제해결능력)와 원전이(훈련과제와 형식은 다를 수 있지만 맥락이 유사한 문제해결능력)의 성공정도에 따른 전이의 폭을 통해 측정된다.

Ferrara(Campione, 1989에서 재인용)가 개발한 점진적 프롬프트 과제를 살펴보자. 먼저 사전검사 단계에서는 단순한 두 숫자의 더하기 문제(3+2=?)의 해결능력을 평가한다. 그리고 수업 단계에서 학습자와 검사자는 협력관계를 유지하게 되는데, 이때 다음과 같은 문장제 수학문제를 제시한다.

> 과자통에 과자 세 개가 있는데, 두 개를 더 넣었다. 이제 과자통에는 몇 개의 과자가 있을까?

만일 학습자가 이 문제를 어려워할 경우, 검사자는 문제풀이에 관한 일련의 단서와 암시를 제시한다. 여기에서 특정 방법을 숙달하는 데 소요된 도움의 양이 곧 해당 검사에 대한 학습요소의 성과가 된다. 학습단계 이후 학습자에게 제시한 다양한 전이문제에도 위와 동일한 상호작용적 도움이 제공된다. 새로운 문제들은 학습자가 원래 학습한 방법을 (1) 유사한 근전이 문제(예: 3+1=?), (2) 약간 다른 원전이 문제(예: 4+3+2=?), (3) 매우 다른 원전이 문제(예: 4+?=6) 등에 적용하도록 설계되어 있다. 학습단계와 마찬가지로 전이의 성과 또한 전이문제를 독자적으로 해결하는 데 소요된 도움의 양으로 측정된다. 이 평가방법의 최종 단계에서는 숙달된 방법을 활용하여 풀어야 할 일단의 과제를 학습자에게 제공하여 사후검사를 시행한다.

앞 장에서 살펴본 접근법과는 달리, 이 역동적 평가방법에서는 전형적인 표준화 검사에서 주로 사용한 복합적 과제보다는 새로운 내용의 과제를 구성하고 있다는 점에 주목해야 한다. 검사의 내용은 단서의 표준화가 쉽고, 능력분포상에서 하위극단에 있는 아동의 변별이 용이하도록 초보자 수준에 초점을 맞추고 있다.

이 접근법에서 성과 측정값(학습잠재력 측정값)은 각 개인이 특정 학습량에 달성하는 데 소요된 최소 단서 수의 역이다(Resing, 1993). 따라서 검사자는 학습자 수행의 향상도에 관심을 두기보다는, 학습자가 특정 준거에 도달하는 데 필요한 도움의 양, 즉 학습된 규칙이나 원리를 새로운 과제나 상황으로 전이하는 데 필요한 도움의 양을 판정한다. 이 입장에서 검사자의 역할은 수행의 최대 향상도, 즉 사전검사와 비교한 사후검사상의 향상도를 강조하는 대다수의 역동적 평가의 경우(예: Budoff, Guthke, Hamer, Ruijssenaars)와는 다르다. 점진적 프롬프트 접근법에서 성과변수는 해당 과제수행의 각 단계(즉, 초기학습 단계, 유지 단계, 전이 단계)에서 제공된 단서 수의 합과 모든 단계의 단서 수 총합이다. 또 성과 측정값의 프로파일을 각 학습자별 근접발달대의 지표로 본다. 따라서 ZPD 폭이 큰 아동이 폭이 좁은 아동보다 개입에 의한 향상도가 더 크고, 더 적은 도움을 필요로 할 것으로 가정한다.

(2) 표적집단

이 접근법의 주 표적집단은 학습장애자나 경도 정신지체아와 같이 학업능력이 낮은 학습자다(Campione & Brown, 1987). 이 패러다임을 추종하는 연구자들은 심리측정학적으로 방어 가능한 정량적 데이터의 산출을 위해 평가절차를 표준화한다(Campione, 1989). 이들이 사용한 과제의 유형에는 점진행렬문제와 계열완성 문제를 변형한 귀납추리문제, 수학문제, 독해 및 청해과제 등이 있다. 이들 중 특히 귀납추리 측정도구가 널리 활용되고 있는데, 그 이유는 이 과제가 Spearman(1927) 시대부터 지적 수행과 연관되어 왔고, 또 역동적으로 제시하기가 용이하기 때문이다. 즉, 수행을 정보처리 요소로 분해할 수 있고, 이들 요소를 분리시키거나 혹은 통합된 정신적 사태의 세트로 가르치는 것이 가능하다(Resing, 1997, 1998, 2000).

2) 경험적 연구결과

이 접근법을 사용한 연구자들은 여러 가지 현안에 관심을 가져 왔다. 첫째, 연구자들은 학업 수행수준이 서로 다른 학습자들의 학습과 전이과정을 탐구해 왔다. 이 목표를 성취하기 위해, 이들은 학습 및 전이 측정도구를 개발했고, 이 도구들의 공인타당도와 예측타당도를 평가하였다(이를 개관한 Campione, 1989 참조). 이 측정도구들은 학습 및 전이가 일반능력 차이와 관련성이 있는지, 그리고 학습 및 전이 점수가 정태적 검사 점수 이상의 정보를 제공하는지를 알아보기 위해 사용되었다. 이들 연구에서는 고능력 학습자에 비해 저능력 학습자들의 준거 도달에 더 많은 수업의 양이 소요되었고, 전이에도 더 많은 도움이 필요한 것으로 나타났다(Campione 등, 1985; Ferrara, Brown, & Campione, 1986). 예를 들면, Ferrara 등(1986)은 3학년 및 5학년 학생들을 대상으로 글자계열완성검사를 실시하였다. 이 검사의 연속적인 각 단계에는 특정 기준 및 점진적으로 명세화한 프롬프트가 포함되어 있다. 이를테면, 첫 번째 프롬프트는 애매한 단서인 데 비해, 최종적인 프롬프트는 문제해결에 직결되는 지침이다. 여기에서 ZPD란 각 계열 과제의 수행에 필요한 프롬프트 수의 역으로, ZPD의 폭이 크다는 것은 시행과정에서 적은 수의 프롬프트로도 새로운 해결책이 필요한 유사문제에 효과적인 전이가 가능하다는 점을 의미한다. 연구결과, 5학년 학생들이 3학년 학생들보다 빠른 학습속도를 보였고, 고지능 아동들이 평균지능 아동들보다 유의하게 적은 수의 단서를 사용하여 학습준거에 도달하는 것으로 나타났다. 더 나아가, 학습 및 전이과제의 특성이 복잡해질수록 저학년과 고학년 아동 간 그리고 저능력 아동과 고능력 아동 간 수행수준 차이가 점차 더 커졌다.

역동적 평가와 정태적 평가의 수위성을 비교하면서 Bryant, Brown과 Campione(Campione, 1989에서 재인용)은 학습 및 전이 점수가 정태적 검사를 뛰어넘는 정보를 제공한다고 단언한 바 있다. 이 연구에서는 각 개인의 사전검사–사후검사 증가점수를 준거변수로 설정하여, 이 준거에 대한 최적의 예측변수를 규명하고자 했다. 연구결과, 지도된 학습 및 전이 점수가 향상도를 가장 잘 예측하는 데 비해($r(s) \geq .60$), 정태적 능력 점수와의 상관은 더 낮은 것으로 나타났다($r(s) \geq .45$).

이와 유사하게, 간이행렬검사와 계열완성검사를 각각 활용한 두 연구가 수행되었는데(Campione & Brown, 1987), 이들 연구는 지능지수 그리고 훈련 및 전이 측정값이 사전검사와 사후검사 점수 간 증가점수를 어느 정도 예측하는가를 평가하였다. 연구결과, 학습 및 전이 측정값이 증가점수와 높은 관련성을 갖고 있었고(학습 및 전이의 R^2 증가분이 행렬과제의 경우 각각 22%와 17%였고, 계열완성검사의 경우 각각 2%와 22%였음), 이는 능력 측정값보다 더 높았다. 능력 측정값의 전체 설명분산은 약 37%로, 이 중 지능지수 추정값이 24%, Raven 검사 점수가 14%를 차지하였다.

한편, Resing(1993)의 연구에서는 메타인지 훈련방법이 유의한 장·단기 효과를 갖는 것으로 나타났다. 즉, 훈련 6개월 후의 실험집단 검사 점수가 통제집단의 점수보다 유의하게 높았고, 사전검사 점수와 비교해 볼 때, 사후검사 점수와 학습잠재력 점수가 모두 학업성취도를 유의하게 예측하였다(검사별 설명분산 증가량은 4~40%임). 또한 취학전 아동을 대상으로 블록디자인과 유사성 과제에 대한 사전검사, 훈련, 사후검사를 실시한 Day 등(1997)의 연구에서도 유사한 결과가 나타났다. 즉, 구조방정식 모형을 활용한 분석 결과, 각 과제별로 사전검사와 학습평가에서 사후검사 수행으로 가는 경로모형이 최적의 모형으로 선정되었다.

한편, 193명의 1학년 아동을 대상으로 한 Speece, Cooper와 Kibler(1990)의 연구에서도 위와 유사한 결과가 산출되었다. 이 연구에서는 정태적 능력 측정값에 따라 104명의 학습자를 학업실패 위험집단으로, 83명을 평균능력의 대응집단으로 분류하였다. 또한 Bryant(Speece 등, 1990에서 재인용)가 개발한 검사를 모태로 6세 아동용 검사를 자체 개발하였다. 이 연구에서도 역동적 측정값이 더 우세하다는 점이 입증되었다. 즉, 언어지능, 사전지식, 어학관련 변수, 훈련 중에 사용된 프롬프트 수의 역이 사후검사 분산의 48%를 설명하였고, 모형 내의 어떤 변수보다도 프롬프트 측정값이 유의하게 높은 설명분산을 갖는 것으로 나타났다. 더 나아가, 일반적인 성취도 측정값과 프롬프트 수의 역으로 두 아동집단이 구분되지 못한 반면, 사후검사 측정값으로는 판별이 가능하였다.

둘째, 연구자들은 임상평가에서 역동적 평가의 역할을 탐구하였다. 그동안 정신지체 유무 집단 간 차이를 밝히기 위해 다수의 집단비교연구가 수행되었다. 이들 중, Hall과 Day(1984; Day & Hall, 1987에서 재인용)는 정신지체아보다 학습장애아와 평균성취아가 새로운 문제해결책이나 학습전이 방법을 학습할 때 도움을 덜 필요로 한다는 주장을 검증한 바 있다. 연구결과, 훈련 중이나 근전이에 관한 수행에서는 차이가 없었지만, 원전이 과제상의 수행에서는 집단차가 있는 것으로 밝혀졌다. 즉, 원전이 수행에서 평균아동의 수준이 가장 높았지만, 이들과 학습장애아 간 수행의 차이는 유의하지 못한 반면, 정신지체아의 수행수준은 위의 두 집단보다 월등히 낮았고 문제해결 학습 시 더 많은 단서가 소요되었다.

Campione, Brown, Ferrara, Jones와 Steinberg(1985)는 Raven의 행렬검사를 활용하여 정신연령을 대응시킨 정신지체 유무 집단 간 비교연구를 수행하였다. 연구결과, 학습단계에서 집단 간 평균에는 차이가 없는 것으로 나타났다. 이 연구에서는 위와 같이 차이가 없는 이유가 정신연령과 출발점 능력 면에서 집단을 동등화시킨 대응방법 때문이라고 가정하였다. 그러나 유지 및 전이 국면의 경우 정신지체아의 점수가 더 낮아 유의한 집단차를 보였고, 학습된 규칙을 적용하는 데 유연성이 많이 요구될수록 정신지체 유무 집단 간 차이가 큰 것으로 나타났다. 더욱이 글자계열완성검사를 사용한 두 번째 연구(Campione & Brown, 1987)에서는 학습 단계부터 정신지체 유무 집단 간에 차이가 있었고, 유지 단계뿐만 아니라 원전이 상황에서는 집단 간 차이가 더 커졌으며, 정신지체집단의 점수는 더 낮았다.

Day와 Zajakowski(1991)는 읽기 정상아와 학습장애아 간 조력 및 비조력 상황에서의 수행을 비교한 바 있는데, 그 결과 학습장애자의 읽기 숙달기준 도달에 필요한 수업의 양이 정상아보다 유의하게 많은 것으로 나타났다. 또한 Resing(1993)이 정규 초등학생, 학습장애아 및 같은 생활연령상의 경도 정신지체아를 대상으로 연구한 바에 따르면, 설정된 준거 도달에 필요한 평균 단서 수 면에서 세 집단 간에 상당한 차이가 있었고, 훈련 항목별로도 필요한 단서 수가 다르다는 결과를 보였다. 뿐만 아니라, 초등학생 대다수가 메타인지적 단서를 필요로 한 반면, 학습장애아의 약 12%와 경도 정신지체아의 약 25%는 메타인지적 단서는 물론이고 과제특유의 수업까지 제공할 필요가 있었다.

3) 네 가지 준거에 의한 평가

이 방법을 네 가지 준거 차원에서 평가하는 작업에는 여러 쟁점이 관련되어 있다. 다른 역동적 평가 패러다임에서 산출된 연구결과와 유사하게, 이 접근법의 연구에서도 정신지체 유무 집단 간 검사수행, 특히 학습 및 전이능력에 차이가 있는 것으로 나타났다. 이와 같은 집단차의 정량화는 학습 및 전이단계에서 모두 준거도달에 필요한 단서의 수로 수행을 측정했기 때문에 가능하였다. 바꾸어 말하면, 이 접근법의 업적은 앞 장에서 살펴본 Feuerstein과 Budoff가 달성하지 못했던, 개입 및 전이단계에 대한 창의적인 정량화와 표준화를 시도했다는 점이다.

이 접근법의 연구에서 나온 또 하나의 새로운 정보는 3학년과 5학년 정상아집단 간에 학습자 요구에 의해 제시된 단서 수에 발달적 차이가 있다는 점이다. 학년수준이 높을수록 정답을 발견하는 데 필요한 단서 수가 적다는 것이다. 이 연구결과가 갖는 광의의 심리학적 의미는 점진적 프롬프트 접근법의 추종자들이 정의한 바와 같이, 학습잠재력의 속성은 발달 단계에 따라 변화하며, 따라서 학습잠재력의 발달 자체가 역동적이라는 사실이다. 위의 연구결과에 비추어 볼 때, 학습잠재력이 여타의 인지적 기능 발달과 유사한 심리적 구조를 갖고 있을 것이라는 가설을 설정할 수 있고, 다른 인지적 기능 발달과 마찬가지로 학습잠재력 발달을 위한 개입이 가능할 것으로 보인다.

어떤 연구방법론이든지 마찬가지겠지만, 점진적 프롬프트 접근법에도 많은 관심거리가 포함되어 있다. 첫 번째 관심사는 단서 정량화의 특성 및 의미와 관련이 있다(Lidz, 1991). 단서는 매우 이질적인 특성을 갖고 있기 때문에, 이를테면 난이도 면에서 서로 다르기 때문에 상이한 시점의 문제해결 시 제공된 단서를 직접 비교할 수 없고, 심지어 합산하여 그 효과를 가늠할 수 없다. 더욱이 단서는 각 개인의 인지적 프로파일에 따라 다른 의미와 중요성을 가질지도 모른다. 사실 이 접근법을 통해 산출된 성과 측정값의 심리적 의미를 이해하기 위해서는 전통적인 인지발달적 지표(예: 기억과 주의)를 고려하여 연구할 필요가 있다. 예를 들면, 주의력이 높고 반성적인 아동이 충동적인 아동보다 적은 단서를 요구할 수 있기 때문에, 전자에 해당되는 아동의 학습잠재력 점수는 더 높을지도 모른다. 이럴 경우, 학습잠재력 수준은 아동의 학습보다는 단순히 주의를 측정한 대리변수일 수 있다.

연구되어야 할 또 하나의 관심사는 이 패러다임에서 정의한 학습잠재력이 전통적인 정태적 평가 패러다임에서 정의한 능력 개념과 질적으로 다른가, 혹은 동일한 것은 아니지만 단순히 기존 측정도구를 보완하는 것일 뿐인가의 문제다. 일단 제시된 단서의 수는 아동이 독자적으로 풀 수 없는 하위과제의 수를 반영하고 있다. 바꾸어 말하자면, 점진적 프롬프트 과제란 풀거나(단서 제공 시, 해당 아동이 점수를 획득함) 풀지 못한(단서가 제공되어도 점수를 획득하지 못함) 일련의 작은 과제로 볼 수 있다. 따라서 단서의 수가 아닌 정오답 수를 세어 검사수행을 재채점할 수 있을 테고, 이때 점진적 프롬프트 접근법의 성과 측정값은 역동적이라기보다 정태적 특성을 가질 가능성이 높다.

더 나아가, 점진적 프롬프트 패러다임에서는 아동들에게 직접 어떤 내용을 가르치기보다는 정해진 단서체계를 통해 어떤 규칙을 발견하도록 안내하는 방식을 취한다. 이때 단서기반 측정값이 다른 인지기능(예: 기억, 인지양식, 주의, 특정 능력)의 지표와 어떤 상관을 보이는지 밝힐 필요가 있다. 위의 성과 측정값이 여타의 학습잠재력보다는 능력 측정값과 높은 상관을 보일지도 모른다.

앞 장에서 논의한 두 가지 전통과는 대조적으로, 점진적 프롬프트 접근법의 추종자들은, 출간된 자료에 국한하여 판단해 보자면, 검사의 심리측정학적 속성, 이를테면 재검사 신뢰도나 내적 일관성 신뢰도 등에 큰 관심을 기울이지 않았다. 그간 신뢰도 문제를 다룬 연구는 Ferrara 등(1986)이 유일한 것으로 보인다. 그러나 이 연구도 과제 자체의 신뢰도에 국한하여 수행되었고, 변화의 신뢰도 문제를 다루지는 않은 것 같다. 연구자들은 참여자들이 요구한 수업의 양이 두 귀납추리 과제상에서 유사하게 나타났다는 점을 들어, 관련은 있지만 서로 다른 과제에서도 학습잠재력의 신뢰로운 측정이 가능하다고 주장하였다.

예측타당도와 관련하여, 이 접근법은 다른 역동적 평가 접근법과 마찬가지로 학습 및 전이 측정값의 학업성취도 혹은 적응에 대한 예측력을 실제로 보여 주지 못하고 있다. 그러나 현재까지 수행된 경험적 연구가 부족하기 때문에, 향후 연구전망은 밝을 것으로 믿는다.

점진적 프롬프트 접근법은 표준화된 측정방식을 사용하기 때문에 특별한 훈련이 필요 없고 시행하기도 쉽다. 더욱이 이 패러다임을 주창한 연구자들 이외의 실험실 연구자들(예: Day & Cordon, 1993; Day & Zajakowski, 1991; Speece 등, 1990)도 이 방식을 활용하고 있다는 점에 비추어 볼 때, 서로 다른 연구의 맥락에서도 구동성이나 적용가능성이 있을 것으로 보인다.

요약하자면, 점진적 프롬프트 접근법은 개입 및 전이의 표준화라는 역동적 평가의 새로운 측면을 도입하였다. 이 같은 진전은 검사상황의 중심을 아동으로부터 과제로 변화시킴으로써 실현되었다. 과제 및 개발된 단서가 실제로 아동이 어떤 해결책을 찾아 나아가는 모든 움직임을 예견하게 된 셈이다. 따라서 아동이 문제해결을 하도록 유도하기 위해 훈련자가 무슨 말을 해야 하는지는 문제가 되지 않는다. 대신에, 아동이 특정 준거에 도달하도록 하기 위해 훈련자가 얼마나 많은 단서를 제공해야 하는지가 중요한 현안이다.

아동으로부터 과제로 강조점을 변환시킨 위의 접근법과 유사한 평가방법이 유럽에서도 이행되었는데, 특히 Carlson과 Wiedl의 연구가 독보적이다. 다음 절에서는 이들의 접근법을 논의하고자 한다.

·· *2* ··
유럽의 접근법

1) 독일의 학습검사(Lerntest)

(1) 패러다임

이 접근법은 학습검사(Learning Test, 독일어로 Lerntest)를 활용한 여러 평가 방법을 지칭한다.

독일 심리학자인 Guthke(1992, 1993; Guthke & Stein, 1996)는 사전검사–훈련–사후검사 패러다임하에서 구성된 일련의 검사를 개발한 바 있다. 이 패러다임에서 훈련(학습)은, 아동의 모든 인지기능이 근접발달대 내에서 교사의 도움을 받아서 초기에 형성(발달)된 후에 내면화와 동화가 일어난다고 본 Gal′perin(1966)의 이론(Guthke, 1992, 1993; Guthke & Stein, 1996 참조)에 기반을 두고 있다. Guthke와 동료들은 그동안 훈련국면의 기간에 따라 조정 가능한 여러 유형의 학습잠재력검사를 개발하였다(Guthke & Beckman, 2000; Guthke & Wiedl, 1996). 또한 이들은 사전검사와 사후검사 사이의 훈련 프로그램 내용으로 반복연습, 프롬프트 제시, 검사 중 체계적 피드백 제공 등의 기법을 사용한다(Beckman & Guthke, 1995, 1999). Guthke의 방법은 다른 역동적 평가의 접근법에서 사용한 대다수의 기법들보다는 심리측정의 전통에 더 가깝다(Haywood, 1997).

장기간(7일)의 훈련단계를 갖는 학습잠재력 검사배터리 중 하나인 추리학습검사(Reasoning Learning Test)는 사전검사와 사후검사에서 교대로 활용 가능한 두 동형검사(A형과 B형)로 구성되어 있다. 이 검사는 기본 영역, 즉 언어유추, 수열, 도형 순서상의 추리력을 평가한다. 훈련과정은 표준화되어 있고, 집단별 혹은 개인별 시행이 가능하다. 훈련단계에서는 학생들에게 수업 매뉴얼을 제공하고, 검사문항을 푸는 데 필요한 메타인지전략을 직접 가르친다. 결과변수는 학습잠재력검사로 측정된 사후검사 점수다.

단기 검사배터리는 검사 시행절차 내에 훈련단계를 삽입한 방식으로 설계되어 있다. 물론 모든 검사마다 개입이 들어 있는 것은 아니고, 검사상황 자체에 조작을 가하는 방식을 취한다. 이 절차는 Schmidt(1971)가 개발한 '취약점 평가'(testing-the-limits) 방법과 유사하다. 단기 검사배터리에는 두 가지 유형, 즉 (1) 체계적이지만 상당히 제한된 피드백을 제공하는 검사, (2) 단순한 피드백과 함께 표준화된 방식의 광범위한 도움을 제공하는 검사가 있다. 그동안 독일에서는 (1) 수열세트검사(Sequence of Sets Test: 취학전 및 초등학교 1학년용 수학교과의 선수학습기능 평가), (2) 취학전 학습잠재력검사(Preschool Learning Potential Test: 5~7세 아동용), (3) 상황학습잠재력검사(Situation Learning Potential Test: 7~9세 아동용), (4) 속도회상검사(Speed and Recall Test: 기능적 뇌장애를 가진 성인용), (5) 추리검사(Reasoning Test) 등 여러 학습잠재력검사가 개발되었다(Guthke, 1993 참조). 이들 검사 중에는 전통적인 지능검사에 기반을 둔 것들이 있는가 하면, 새로운 유형의 문항을 활용한 것들도 있다. 전자에 해당되는 검사의 한 예로 발달상의 문제아동을 조기에 식별하기 위해 개발된 Raven 단기학습검사(the Raven Short-Term Learning Test: Guthke, 1992)가 있다. 이 검사는 첫 단계에서 아동을 대상으로 원색판 Raven 아동용 검사를 그대로 시행하되, 문제를 풀지 못할 경우 단계적으로 일단의 단서를 제공한다. 이때 제공된 단서는 Gal′perin의 학습이론에 따라 개발된 것으로, 교수 개입 시 투여량을 조절하여 제시하게 된다. 모든 아동이 정답을 하도록 유도하기 위해, 필요한 경우 정답을 보여 주기도 한다. 성과 측정값은 소요된 단서의 수다.

Guthke와 Beckman(2000)이 요약한 Guthke 프로그램의 원리는 다음과 같다.

❶ 문제은행의 세심한 인지적 · 심리학적 분석을 통한 내용타당도 보증

❷ 과제분석에 기초한 순차적 검사 요구사항의 구성

❸ 검사절차상에서 필수적인 체계적 피드백이나 사고 프롬프트의 제공

❹ 수험자가 단순한 과제를 독자적으로 해결한 다음에 복잡한 과제 제시

❺ 수험자에게 너무 어렵거나 쉽지 않은 적합한 문항을 제시하는 적응적 평가 시행

❻ 오류에 대한 질적 분석

❼ 산출물만이 아닌 학습과정의 진단

최근에 위의 원리를 받아들인 검사로 컴퓨터를 이용한 개별적응지능학습검사 배터리(Adaptive Computer Assisted Intelligence Learning Test Battery: ACIL, Guthke 등, 1995; 이하 ACIL로 표기)가 개발되었다. Guthke 등(1997)에 따르면, 이 검사는 12~16세 아동용으로, 지능의 세 영역(언어, 수, 도형)에서 '중핵요인(core factor)'을 판정하기 위한 것이다. 이 검사절차는 문항의 복잡성을 중심으로 수행된다. 즉, 아동의 연령에 따라 표적 문항군을 결정하되, 아동이 이들 문항을 풀지 못할 경우 쉬운 문항군으로 바꾸어 제시하는 방식이다. 만일 아동이 연속 두 번의 오류를 범하면, 오류에 대한 질적 분석에 따라 프롬프트를 제시한 다음, 동등한 수준의 복잡성을 가진 문항을 다시 제시하게 된다. 아동이 이 문항에 정답을 할 경우, 처음에 오류를 범했던 수준의 문항을 제시한다. 따라서 아동이 준거에 도달하여 표적 문항군에 정답을 하거나, 어떤 향상도 보이지 않은 채 계속 틀리거나, 혹은 제한 시간이 종료될 때까지 쉬운 문항과 어려운 문항 사이를 반복하는 순환적 평가가 지속된다. 이 평가 방법은 고도의 개별화 시행방식을 따르며, 흥미로운 진단정보(예: 초기 및 종료시점의 문항 복잡성 수준, 오류의 수, 프롬프트의 수)를 제공해 준다.

(2) 경험적 연구결과

그동안 학습검사(Lerntest)에 관심을 가진 연구자들은 훈련이 수행에 미치는 효과, 정태적·역동적 측정값에 대한 집단 간 차이, 측정도구의 예측타당도 등 다양한 역동적·정태적 평가의 쟁점을 연구해 왔다. 그러나 유럽의 역동적 평가 연구자들이 다양한 국적을 가지고 있고, 이들 중 대다수가 연구결과를 자국어로 게재하였기 때문에 연구 데이터를 구하는 데 어려움이 있었다. 따라서 이 절은 포괄적이라기보다는 사용할 수 있는 대표적인 연구물을 개관하고 있을 뿐이다.

훈련과 관련하여, 여러 연구가 훈련을 받은 실험집단과 단순히 두 번의 검사만을 시행한 통제집단을 비교하였다. 그 결과, 실험집단의 향상도가 유의하게 높았고, 심지어 단기훈련에서도 유의한 학습향상도를 보였다(Guthke & Wingenfeld, 1992). 한편, 사전검사 점수는 사후검사 점수나 학습향상도를 유의하게 예측하지 못한 것 같다(예를 들면, 단순히 Raven 검사를 사전검사와 사후검사로 반복 시행한 경우의 상관은 .70인 반면, 두 검사 사이에 면접을 시행했을 때의 상관은 .27에 불과했다.). 그러나 훈련 후의 검사 점수와 학교성적 및 교사평정 간의 상관을 통해 산출한 예측타당도는 상당히 높았고, 따라서 사전검사보다는 사후검사 점수가 학업성취도를 유의하게 예측한다는 점을 알 수 있다(Guthke & Wingenfeld, 1992). 예를 들면, 유치원 아동 28명을 대상으로 Raven 학습검사(Raven Learning Test)를 사후검사로 시행하여 산출된 점수가 1학년, 2학년, 6학년 및 7학년 학교성적을 유의하게 예측한 반면, 전통적인 원색판 점진행렬검사 결과는 학업성공과 상관이 없는 것으로 나타났다(Guthke, 1992).

위의 결과는 매우 신중하게 해석되어야 한다. 첫째, 표본크기가 너무 작아 변화점수 자체의 통계적 검증력을 확보하기 어려운 것 같다. 둘째, 제시된 모든 상관계수가 $p < .05$ 수준에서만 통계적으로 유의하여, 효과크기가 매우 낮은 것으로 보인다.

한편, 위의 연구들은 사전검사나 훈련 측정도구상의 점수보다 사후검사 점수가 더 많은 정보를 제공한다는 일관된 결과를 보여 준다. Guthke와 동료들(1992, 1993)은 학습잠재력과 다른 심리적 변수 측정값 간의 관련성을 살펴본 여러 학습잠재력 연구결과를 요약한 바 있다. 이들이 제시한 내용을 보면(불행하게도 보고서상에 통계 데이터가 제시되어 있지 않음), 학습잠재력은 (1) 환경변수(예: 부모의 지지)에 상대적으로 민감하지 않고, (2) 창의성과 상관이 높으며(학습잠재력이 높을수록 창의성도 높음), (3) 검사수행에 대한 비지적 요소의 영향력을 감소시켜 준다(학습잠재력이 높을수록 홍분성이나 신경증과 같은 요인의 영향력이 작아짐)는 점을 알 수 있다.

새로 개발된 ACIL을 활용한 연구에서 Guthke와 동료들(Guthke 등, 1997)은 정태적 검사와 비교하여 학습검사 지표가 다음과 같은 결과를 보였다고 보고한 바 있다. 즉, 학습검사 지표는 (1) 복합적 문제해결 과제가 제시된 상황에서 지식획득 및 지식적용을 잘 예측하고, (2) 교육과정 관련 학습 프로그램상의 수행을 효과적으로 예측하며, (3) 수학 및 어학성취도를 대등하게 예측한다는 것이다. 위의 연구는 물론이고 Guthke와 Gitter(1991)의 연구에서도 고능력 학습자보다는 저성취 학습자의 경우에 위의 상관이 유의하게 더 높은 것으로 나타났는데, 이들 연구결과는 주목할 만한 결과다.

학습잠재력의 집단차에 관한 연구로 Groot-Zwaaftink, Ruijssenaars와 Schelbergen(1987)은 뇌성마비 아동집단과 정상아동집단을 비교한 연구를 수행하였다. 이들은 사전검사-훈련-사후검사 패러다임하에서 Hanoi 탑 문제의 컴퓨터 이용 검사와 유동적 능력을 측정하는 문제에 역동적으로 접근하는 다른 두 가지 학습잠재력검사를 시행하였다. 연구결과, 환자와 정상아동집단 간 학습잠재력에 유의한 차이가 있는 것으로 나타났다. 만일 위의 연구자들이 전통적 검사상의 집단차와 비교를 시도했다면, 연구결과는 매우 중요한 의의를 가졌을 것이다. 여기에서 특히 환자와 정상아동 간 집단차의 형태가 다르다는 데이터가 산출되었다면, 이 데이터는 역동적 평가의 효과성까지 확증해 주었을 것이다. 그러나 불행하게도 환자와 정상아동집단 간 차이만을 보고한 연구결과로는 유사 상황에서 전통적 검사를 활용한 경우보다 어떤 추가적인 정보가 더 있는지를 알 길이 없다.

위와 유사하게, Heesels와 Hamers(1993)는 터키 및 모로코 출신 이민 아동과 네덜란드 본국의 취학연령 아동집단 간 차이를 살펴보기 위해 대규모 비교연구(총 500명)를 수행한 바 있다. 이들은 Guthke와 동료들의 방법론에 기초하여 탈언어적인 네덜란드 학습잠재력검사(Dutch Learning Potential Test: DLPT; 이하 DLPT로 표기)를 개발하였는데, 이 학습잠재력검사 문항의 요인분석에서는 모든 집단의 요인구조가 사실상 동일하다는 점을 확보할 수 있었다. 연구결과, 전통적 지능검사상의 집단 간 평균차는 유의한 반면, DLPT 점수평균의 차이는 유의하지 못한 것으로 나타났다. 즉, 정태적 검사에서는 이민 아동들이 유의하게 낮은 점수를 보였지만, 역동적 검사상의 점수는 유사하였다. 그러나 DLPT와 정태적 검사의 예측력은 유의하게 다르지 않았다. 위의 연구결과는 앞에서 살펴본 Guthke(1992)의 7년 종단연구결과와는 상반된 것이다. 물론 네덜란드 연구의 표본크기가 매우 크고, 독일 연구의 효과크기가 매우 작다는 점에 비추어 볼 때, 위와 같은 연구결과의 불일치는 다양한 요인으로 설명될 수 있을 것이다. 예를 들어, DLPT와 학습검사(Lerntests)가 동일한 방법론에 기반을 두고 있지만 서로 다른 검사이고, 독일 연구결과는 제한적이며, 네덜란드 연구의 경우 미지의 조절요인이 영향을 미쳤을지도 모른다.

2) 취약점 평가 접근법

(1) 패러다임

'취약점 평가 접근법(testing-the-limits approach)' 은 색다르게 개발된 방법론이다(Carlson & Wiedl, 1978, 1979; Embretson, 1987a). Carlson과 Wiedl(1980,

1992a, 1992b)은 정보처리이론(information-processing theory)과 자신들의 경험적 연구결과를 통합하여 취약점 평가 접근법의 이론적 틀을 구축하였다. 이들은 능력검사상에서 낮은 수행의 원인이 참여자가 무엇을 해야 할지를 분명하게 이해하지 못했거나, 일단의 성격변수(예: 검사불안, 성격특성, 자존감) 때문일 가능성이 크다고 보았다. 이 이론의 개념구조는 세 가지 요소, 즉 과제특성, 개인요인, 진단방법이 포함되어 있다. 이 접근법의 주 과제는 Raven의 행렬검사와 Cattell의 문화공평일반능력(g)검사였다. 개인요인은 인지적·메타인지적 변수를 포함하고 있는데, 개인의 사전지식 상태를 고려하여 인식(구조적) 구조와 발견(절차적) 구조를 규정한다. 진단방법이란 불리조건 아동의 수행을 증진시키기 위해 평가전략을 차별적으로 설계한다는 점을 의미한다. Carlson과 Wiedl은 그들의 모형 내에서 위의 세 가지 현안을 구체적으로 설명하고 있다.

다른 역동적 평가 접근법과 마찬가지로, 이 접근법 또한 검사수행이 개인, 검사자료, 검사상황 간 역동적 상호작용의 결과라고 본다(Carlson & Wiedl, 1992b). 다만 이 접근법은 특이하게 평가장면을 강조한다. 초기의 취약점 평가 접근법에 대한 아이디어는 원래 Schmidt(1971)가 제안하였고, 그 후 Guthke가 발전시켰으며, Carlson과 Wiedl에 의해 정교화되었다. 이 접근법의 주요 가정은 각 개인별로 현재의 지적·교육적 결손을 보상하기 위해 평가장면에 조작을 가함으로써, 수행의 유의한 향상을 기할 수 있다는 것이다(Carlson & Wiedl, 1979). 따라서 최상의 수행이 가능하도록 하기 위해서는 불리조건에 있는 학습자 유형과 검사상황의 유형을 결부시켜야 한다.

취약점 평가 패러다임을 추종하는 연구자들은 전통적인 검사(예: Cattell의 문화공평일반능력(g)검사나 Raven의 원색판 점진행렬검사(RCPM))를 중심으로 검사시행 체제, 즉 검사상황, 검사 혹은 개인 중 어떤 특성이 검사수행의 변화와 관련이 있고, 결과적으로 수행을 증진시킬 수 있는가를 판정할 수 있는 체제를 개발하는 데 주력하고 있다. 따라서 수행을 촉진하고 능력을 더 정확하게 측정하기 위해 표준화된 개입을 설계하는 데 관심이 크다.

(2) 경험적 연구결과

취약점 평가 접근법의 효과성에 관한 대다수의 연구는 독일 아동을 대상으로 수행되었다(예: Bethge, Carlson, & Wiedl, 1982; Carlson & Wiedl, 1976, 1978, 1979, 1980; Wiedl & Carlson, 1976). 초기의 연구는 정상발달 아동을 중심으로 이루어졌지만, 그 후 학습부진아 및 다른 인종집단의 아동에 대한 연구가 수행되었다. 초기의 연구에서 연구자들은 과제시행상에 차이가 있는 여섯 가지 조건을 비교하였다. 여기에서 여섯 가지 조건이란 (1) 전통적인 수업, (2) 문제해결 중과 후의 언어화, (3) 문제해결 후의 언어화, (4) 단순 피드백, (5) 정교한 피드백, (6) 정교한 피드백 및 문제해결 중과 후의 언어화다. 예를 들면, Carlson과 Wiedl(1976, 1978, 1979)은 2학년 및 4학년 학생을 대상으로 일반 책자 및 퍼즐 형태로 된 두 가지 유형의 RCPM을 위의 여섯 가지 조건하에서 시행한 일련의 연구를 수행한 바 있다. 두 연구(Carlson & Wiedl, 1976, 1978)의 결과에 따르면, 평가조건 및 검사유형에 따라 검사수행이 유의하게 향상된 것으로 나타났는데, 특히 언어화와 피드백이 포함된 조건하에서 수행의 향상도가 가장 높았다. 즉, 가장 효과적인 조건은 문제해결 중과 후의 언어적 기술 및 정교화 피드백이 포함된 (5)와 (6)이었다($p < .05$). 그러나 2학년 학생집단에서만 피드백을 통해 수행이 향상된 결과를 보였다(연령×평가조건 상호작용, $F_{p<.01} = 2.22$). 이제 1978년과 1979년 연구의 분산분석 결과를 검토하여 주 효과의 크기를 비교해 보자. 1978년 연구에서 주 효과(F)와 효과크기(f)는 평가조건의 경우 $F_{p<.05} = 2.71$, $f = 0.35$였고, 검사유형의 경우 $F_{p<.001} = 15.55$, $f = 0.38$이었으며, 검사시기의 경우 $F_{p<.001} = 28.68$, $f = 0.52$였다. 한편, 표본크기를 108명에서 433명으로 늘린 1979년 연구에서는 평가조건의 경우 $F_{p<.01} = 12.63$, $f = 0.38$이었고, 연령의 경우 $F_{p<.01} = 92.29$, $f = 0.46$이었으며, 검사유형의 경우 $F_{p<.01} = 61.77$, $f = 0.38$인 것으로 나타났다. 위의 결과를 보면,

분명히 평가조건의 효과크기가 검사의 단순반복이나 검사유형의 효과크기와 유사하거나 더 적다는 점을 알 수 있다.

가장 효과적인 조건이 언어화와 피드백이라는 점을 확인한 다음, 연구자들은 언어화와 정교화된 언어적 피드백이 통합된 조건과 전통적인 시행조건 간 참여자 수행의 차이를 비교하였다. 과제를 해결하는 동안 참여자에게는 과제 및 자신의 인지활동을 기술하도록 하였다(예: 이 문제를 풀면서 여러분이 알게 된 점과 생각한 점을 말해 보시오. 왜 여러분이 선택한 해결책이 옳다고 생각하는지 말해 보시오. 왜 그것이 정답이고, 다른 답지는 틀리다고 생각하십니까?).

위와 같이 평가장면을 재구조화한 결과, 정신지체아, 학습장애나 신경손상이 있는 참여자 그리고 소수인종집단 참여자의 수행이 전반적으로 높아졌다. 더욱이 일반능력검사 점수 및 학업성취도와 관련하여, 재구조화된 평가장면의 점수가 전통적인 평가상의 점수보다 예측타당도가 높은 것으로 나타났다.

Budoff와 Corman(1976)의 초기 연구결과와 마찬가지로, 위의 연구결과는 유추추리 문항, 즉 고차원적인 인지과정 수준의 문항에서 훈련의 효과가 가장 크다는 점을 보여 주었다. 이 같은 연구결과에 기초하여 Cormier, Carlson과 Das(1990) 그리고 Kar 등(1993)은 연구설계상의 개인차 변수로 계획하기(시각적 탐색으로 조작화됨)를 활용하여 언어화가 과제수행에 미치는 효과를 살펴보았다. 그 결과, 언어화의 주 효과는 유의하지 못한 반면, 계획 능력이 낮은 참여자의 경우에만 과제수행이 향상된 유의한 상호작용 효과를 보였다. 즉, 외현적 언어화가 개인 내 계획하기 차이를 보정한 결과, 개인차와 검사조건 간 상호작용이 나타난 것이다. 위의 연구결과에 비추어 볼 때, 취약점 접근법은 고차원적 인지기능을 요하는 과제에서 초기의 수행이 낮은 아동의 수준을 평가하는 데 가장 적합할 것으로 보인다. 그동안 다른 여러 연구자들도 특별히 인지적 집행기능이 부족한 정신지체아의 학습잠재력을 알아보기 위해 역동적 평가로 시행된 유추추리검사를 사용해 왔는데, 그 이유는 이 검사가 학습잠재력의 개인차를 밝히는 데 매우 민감하기 때문이다(Büchel, Schlatter, & Scharnhorst, 1997; Schlatter & Büchel, 2000).

　Carlson과 Wiedl(1979)은 역동적 평가에 성격변수를 처음으로 도입한 연구자들이다. 이들은 과거 연구에서 사용한 표본인 203명의 2학년 학생 및 230명의 4학년 학생을 대상으로 하되, 연구설계를 변경하여 내향성, 신경증, 충동성-반성성에 관한 데이터를 수집하였다. 분석결과, 검사조건에 따라 상관 프로파일에 차이가 있는 것으로 나타났다. 즉, 역동적 검사 수행과 다양한 성격 측정값 간 유의한 상관의 개수가 검사조건에 따라 달랐다. 예를 들면, 충동성-반성성 지표의 경우, 조건 (5)에서는 6개 중 유의한 상관이 하나도 없었지만, 조건 (6)에서는 6개 중 5개가 유의하였다. 그러나 전통적인 시행을 한 조건 (1)과 정교화 피드백 및 문제해결 중과 후의 언어화를 시행한 조건 (6)의 경우 검사수행과 성격 측정값 간 상관형태가 매우 유사하여, 정태적 평가뿐만 아니라 정교화 피드백 및 언어화 조건의 평가장면에서 성격변수가 유사한 방식으로 작용한다는 점을 보여 주었다. 더 나아가, 위의 연구자들은 성격특성으로 RCPM 점수를 예측해 보았다. 그 결과, 모든 평가조건하에서 성격변수가 Raven 검사상의 수행을 동등한 비율로 설명하지만, 특정 성격특성의 주 효과는 유의하지 못했다. 그러나 신경증은 조건 (2)의 검사결과와 정적 상관을 보이는 데 비해, 충동성은 조건 (6)의 검사결과와 유의한 상관을 보이는 흥미로운 상호작용 효과가 있었다. 이 같은 연구결과는 문제해결 전과 후에 언어화를 시킬 경우 충동적인 아동의 수행이 향상된다는 1980년 연구(Lidz, 1987에서 재인용)와 동일한 것이다. 학습장애아를 대상으로 한 연구(Lidz, 1987에서 재인용)에서도 위와 유사한 결과가 나타났다. 또한 다인종으로 구성된 미국 아동을 대상으로 한 연구(Dillon & Carlson, 1978)에서도 비전통적인 시행하에서 수행이 향상된다는 일반적인 결과와 동일한 결과가 산출되었다. Dillon과 Carlson(1978)의 연구에서는 세 가지 연령대(5~6세, 7~8세, 9~10세)와 인종집단(백인, 멕시코계, 흑인)의 아동을 대상으로 RCPM을 시행하였고, 세 가지 검사조건, 즉 도움 없음(전통적인 평가), 언어화, 언어화 및 정교화 피드백 조건을 활용하였다. 연구결과, 도움이 없는 평가조건하에서 세 연령집단 간에 현저한 차이가 있었지만, 언어화 및 정교화 피드백 조건하에서는 위의 차이가 유의하게 감소하였다. 또한 역동적 조건하에서 인종차가 크게 감소하였다. 이 결과는 전통적인 정태적 검사에서 나타난 인종차가 역동적 평가장면에서 감소되거나, 심지어 소거될 수 있다는 점을 시사한다.

위와 유사하게 Bethge, Carlson과 Wiedl(1982)은 72명의 3학년 아동을 대상으로 한 연구에서 역동적 평가가 검사불안과 평가장면에 대한 부정적 지향성을 감소시켜 준다는 결과를 얻었다. 즉, 정태적 평가 장면보다는 역동적 평가 장면에서 평가상황불안 및 성취불안지표가 유의하게 낮은 것으로 나타났다(평가불안: $F_{p(.01}$ = 5.73, 성취불안: $F_{p(.01}$-5.55).

요약하자면, 위에서 살펴본 Carlson, Wiedl과 동료들의 연구는 불안이나 충동성, 계획부족 등의 변수가 일반능력(g) 요인에 영향을 미치지만, 외현적 언어화를 활용할 경우 이 같은 부정적 영향력이 절감될 수 있다는 점을 분명하게 보여 준 셈이다.

Carlson-Wiedl의 접근법(Carlson, 1989 참조)의 장점은 사전검사, 특정 훈련 및 사후검사를 필요로 하지 않는다는 점이다. 즉, 서로 다른 평가조건에 아동을 무작위로 할당하는 설계방법을 활용하기 때문에, 검사-수업-검사라는 전형적인 역동적 평가 패러다임은 불필요하다. 더욱이 검사가 체계적으로 다른 평가조건하에서 시행되기 때문에, Raven 검사의 심리측정학적 속성을 평가한 출간자료는 찾아볼 수 없다. 만일 평가조건에 따라 검사수행과 여타의 변수(예: 성격) 간 외적 상관구조가 다르다면, 검사의 내적 일관성이 부분적으로 바뀌기 때문에, 평가조건이 검사 자체가 표방하는 심리학적 구조를 변경시킬지도 모른다. 더 나아가 이 접근법은 변화의 측정과 관련된 여러 가지 방법론적 문제점을 경감시켜 준다.

이 접근법의 가장 큰 단점은 개인별 비교가 없는 집단중심의 결과를 보여 준다는 것이다. 다시 말하면, 어떤 검사시행 방법이 어떤 집단(예: 학습장애자 대 정신지체아)에 더 적합한가를 판정하기 위해, 참여자 집단별로 시행방법 (예: 관례적인 절차, 문제해결 중과 후의 언어화, 정교화 피드백)을 달리하여 검사를 실시하게 된다. 그러나 아무리 집단비교에 기초하여 연구결과를 산출하더라도, 개입절차란 고도의 개별화 작업이고, 따라서 아동 개인별 수행 프로파일에 따라 달라져야 할 것이다.

이 접근법의 틀 내에서 산출된 대다수의 연구결과는 특성상 상호작용적이다. 구체적으로 말하자면, 언어화 및 정교화 피드백은 (1) 상위수준의 인지적 처리를 요하는 상당히 어려운 과제가 주어질 경우, (2) 특정 발달단계상에서, (3) 평균 이하의 능력수준을 보이며, (4) 불안수준이 높은 학습자들의 수행을 향상시킨다. 위의 요건 때문에 이 접근법을 적용할 때 가장 유리한 표적집단은 제한될 수밖에 없다. 그러나 집단의 정의에 부합할 경우에는 당연히 이 접근법이 적합할 것이다. 예를 들어, 불안수준이 높고 평균 이하의 능력을 가진 학습자는 피드백과 언어화라는 평가조건하에서 가장 높은 Raven 검사 점수를 보일 것으로 기대된다. 그동안 취약점 평가 접근법은 평가를 차별적으로 적용하고 특정 학습자 집단에 맞는 최적의 조건을 정의할 경우, 학습자가 전통적인 평가장면에서 보인 수행보다 질적으로 높은 최상의 수행을 보인다는 증거를 제시해 왔다.

예측타당도의 문제를 다룬 연구로는 서로 다른 평가조건하에서 Raven 점수와 수학·언어 수행수준 간 상관을 비교한 Carlson과 Wiedl(1979)의 연구가 있다. 이 연구의 각 평가조건별 참여자 수(13~21명)는 적지만, 역동적인 수업의 양이 늘어날수록 상관의 크기가 증가하는 추세를 보였다. 또한 독일 아동을 대상으로 예측타당도 문제를 검토한 후속 연구결과에 따르면, 수업방법과 평가방법이 잘 대응된 효과적인 취약점 평가조건(언어화)하에서 Raven과 Cattell 점수 모두가 수학성취도와 높은 상관을 보였다(Carlson과의 개인적 교신, 1997년 9월).

요약하자면, Carlson-Wiedl의 접근법은 역동적 평가에서 중요한 하나의 차원, 즉 수업과 피드백의 영향력을 규명하고 있다. 이 패러다임은 집단비교를 통해 교수법적 목표를 추구하는 데 반해, 개인차의 문제를 다루지는 않는다. 이 방법론을 통해 산출된 결과는 특정 불리조건에 있는 집단을 위한 치료 프로그램에 활용될 수 있을 것이다.

..*3*..
Swanson의 인지적 처리 검사

Swanson 인지적 처리 검사(Swanson Cognitive Processing Test: S-CPT; 이하 S-CPT로 표기)는 출판사(Pro-Ed)에서 현재 판매하고 있는 역동적 검사다. 이 검사는 '표준화된 역동적 평가조건하의 처리능력 요소'(Swanson, 1995b, p. 674)를 평가하기 위해 제작된 것으로, 학습장애에 대한 정보처리적 접근에 이론적 토대를 두고 있다(Swanson, 1984a, 1984b, 1988). Swanson의 역동적 평가 접근법은 방법론과 용어 면에서, 특히 Feuerstein이나 Brown과 Campione의 연구와 맥을 같이한다.

1) 이론적 모형

이 모형의 주요 가정은 여러 정보처리 모형의 주 요소인 작업기억(working memory: WM)이 기능획득과 학습에서 중심적인 역할을 한다는 것이다. 따라서 아동의 학업부진은 작업기억의 결손 때문이고, 학업적 수월성 또한 높은 수준의 작업기억과 연관된 것으로 본다(Swanson, 1995b). Swanson(1995b)은 작업기억을 과거의 정보와 새로운 정보를 동시에 조작·변형하는 체제라고 정의한다. 또 장기기억이란 의미적·일화적 정보를 밀착된 단위로 표상하는 체제라고 본다. 이 모형은 처리절차와 관련하여 선행학습의 결과인 장기기억의 표상이 평가과정에 개입될 때 작업기억의 부호화가 일어난다고 가정한다.

2) 인지적 처리 검사

S-CPT는 전체 검사배터리로 혹은 개별 검사로 시행 가능한 11개 하위검사로 구성되어 있다(Swanson, 1992, 1993). S-CPT 전체 검사의 시행에는 약 3시간이 소요되며, 하위검사로는 압운(Rhyming), 시각 행렬(Visual Matrix), 청각적 수열(Auditory Digit Sequence), 지도와 방향(Mapping and Directions), 이야기 개작(Story Retelling), 그림 순서(Picture Sequence), 구절 순서(Phrase Sequence), 공간조직(Spatial-Organization), 의미 연상(Semantic Association), 의미 범주화(Semantic Categorization), 비언어적 순서(Nonverbal Sequencing) 검사가 있다. 또한 이 검사는 처리잠재력(processing potential)을 정량화할 수 있는데, Swanson은 이 개념을 Feuerstein의 인지적 수정가능성과 유사한 것으로 정의한다. S-CPT를 시행할 경우 다음과 같은 7가지 합성점수가 산출된다(Swanson, 1995b). (1) 초기점수(initial score): 도움이 없는 조건하의 최대점수, 즉 전통적인 정태적 검사 점수; (2) 증가점수(gain score): 촉진(probing)조건 하에서 산출된 최대점수; (3) 촉진점수[probe score: 수업효율성 점수(instructional efficiency score)라고도 함]: 촉진조건하에서 최대점수 산출에 소요된 단서의 수; (4) 유지점수(maintenance score): 촉진 단서가 없는 조건하에서 최근 성취한 최대 수행수준의 안정성 점수; (5) 처리 차이점수(processing difference score): 도움을 받은 상태에서 판정된 잠재력 수행수준과 실제 수행수준 간 차이점수; (6) 처리 안정성 점수(processing stability score): 유지점수와 초기점수 간 차이점수; (7) 전략 효율성 점수(strategy efficiency score): 정보기억을 위해 사용한 전략 점수(이 점수는 하위검사 3, 4, 6, 8, 10, 11에서만 산출될 수 있음).

Swanson이 사용한 용어가 생소한 것 같지만, 위의 역동적 평가 점수 대다수는 다른 접근법의 지표에 근간을 두고 있다. 이를테면, 초기점수는 사전점수와 같고, 증가점수는 개입점수, 유지점수는 사후검사 점수, 처리 차이점수는 '개입점수 − 사전검사 점수' 그리고 처리 안정성 점수는 '사후검사 점수 − 사전검사 점수'에 해당된다.

인지적 처리 검사배터리는 위의 역동적 검사 점수뿐만 아니라 의미적 · 일화적 작업기억 지표(요인 합성점수)는 물론이고, 청각/언어, 시공간, 예기적 · 회고적 기억(S−CPT 요소)에 관한 점수를 제공한다. Swanson(1995b)에 따르면, 요인 합성 및 S−CPT 요소는 모두 세 가지 조건(초기, 증가, 유지)하에서 높은 Cronbach 신뢰도를 보이고 있다(.86~.95).

3) 실제적 맥락

초기에 S−CPT는 특수교육의 맥락에서 두 가지 쟁점을 규명하기 위해 개발되었다. 첫 번째 쟁점은 (1) 평균 성취수준의 아동과 비교할 때 특정 학습장애아(특히 읽기와 수학의 장애아)들이 일반화된 혹은 특정 작업기억 결손을 보이는가, (2) 작업기억 결손아의 특성이 다른 학습문제를 가진 아동(예: 학습지진아)과 다른가의 문제다. 두 번째 쟁점은 학습장애아의 작업기억 수행을 어느 정도까지 수정할 수 있는가의 문제다.

4) 경험적 연구결과

S−CPT를 활용한 대다수의 연구는 새로 개발된 검사의 대규모 표준화 연구를 수행하였는데, 이 연구에서 제기된 주요 연구문제는 Swanson 검사의 심리측정학적 속성을 평가하는 것이었다. 이 연구에서 밝혀진 검사의 내적 일관성 신뢰도는 만족할 만한 수준인 것 같다(일반적으로 .82~.95, Swanson, 인쇄중 참조).

또한 이 검사의 구인타당도를 밝히기 위해, 98명의 아동을 대상으로 S−CPT, 문장기억용량검사(작업기억 검사), 성취도검사(Peabody 개인성취도검사: PIAT−R, Peabody 그림어휘력검사: PPVT−R, Dunn & Dunn, 1981), 단기기억검사(단어순서 및 물체순서 맞추기)를 시행하였다. 먼저 수렴타당도를 평가하기 위해 다양한 S-CPT 하위검사(즉, 언어검사, 시각·공간검사, 예기적·회고적 검사)와 작업기억검사 간 상관을 산출하였는데, 그 결과 모든 상관이 유의한 것으로 나타났다. 또한 변별타당도를 평가하기 위해 S-CPT 하위검사 및 단기기억검사와 성취도검사 점수 간 상관을 산출한 결과, 학업수행 지표와 S-CPT 하위검사의 평균 편상관(연령과 PPVT-R 점수를 상수로 통제함)이 학업수행 지표와 단기기억 점수 간 상관보다 약간 높았지만, 통계적으로 유의한 차이는 없었다(S-CPT와의 평균상관은 .37이었고, 단기기억 측정값과의 평균상관은 .25였음, $t = .93$, ns). 위에서 나타난 상관의 차이는 분명히 흥미로운 결과이지만, 이 데이터만으로 단기기억보다는 S-CPT와 더 높은 관련성이 있다고 본 Swanson(1995b, p. 678)의 결론을 보증하기는 어렵다. 실제로 상관의 크기의 차이가 판단기준을 넘어서지 못했기 때문이다.

Swanson(1995b)은 전체 표본(1,600명이 넘음)에서 수집된 데이터 중 세 가지 합성점수(초기, 증가, 유지)에 대한 요인분석을 시도했다. 그러나 두 요인 해를 통해 산출된 전체 설명분산을 제시하지는 않았다. 분석결과를 보면, 비회전하에서 첫 번째 요인의 세 점수에 대한 고유값이 각각 4.43, 5.06, 4.45였고, 두 번째 요인의 경우 1.01~1.17의 범위를 보였다. 최적의 해를 찾기 위해 배리맥스 회전법을 활용한 주축요인분석을 시도한 결과 두 요인, 즉 의미적 기억(단어 암운, 구절 순서, 의미 연상, 의미 범주화의 부하량이 높음)과 일화적 기억(시각 행렬, 지도와 방향, 이야기 개작, 비언어적 순서의 부하량이 높음) 요인이 추출되었다. 또한 탐색적 요인분석 후에 확인적 요인분석을 시도하였고, 카이제곱값(여타의 적합도 지수나 모수 추정값은 제시되어 있지 않음)을 활용하여 이 요인 모형이 적합한 것으로 결론지었다. 그러나 산출된 결과가 위의 결론을 지지한다고 해도, 결과를 충분하게 기술하지 않은 점이 아쉽다.

위의 요인분석 결과 중 흥미로운 것은 놀랍게도 세 가지 합성점수의 요인구조가 실제로 동일하다는 점이다. 이 같은 연구결과는 아래의 두 가지 중 하나의 개연성을 시사한다. 첫째, 모든 검사 점수에 일정 상수를 더하더라도 개입의 효과는 거의 선형적일 수 있다. 실제로 증가점수의 상관구조는 초기점수의 상관구조와 매우 유사하고, 유지점수 또한 초기점수 및 증가점수와 거의 유사한 선형적 관계를 보이고 있다. 둘째, 초기·증가·유지점수 간에 매우 높은 상관이 있었고, 이 때문에 개입 후의 개인 간 변산이 부각되지 못했을 수 있다. 두 가지 가능성 중 전자보다는 후자의 개연성이 클 것으로 보이지만, 불행하게도 확신할 수는 없다. 왜냐하면 Swanson(1995b)이 1,600명을 넘는 전체 표본의 합성점수 간 상관을 보고하지 않았기 때문이다.

세 가지 합성점수 간에 높은 상관이 나타날 가능성은 단계적 회귀분석 결과를 통해 엿볼 수 있다. 이 분석의 의도는 역동적 평가 하위요소의 학업수행에 대한 설명분산을 예측하기 위한 것이었다. 그러나 이 분야의 다른 연구자들(예: Campione & Brown, 1987)과는 달리, 회귀방정식에 능력 측정값을 포함시키지 않았던 점이 이채롭다. 다만 Swanson(1995b)은 읽기성취도 점수(Wide Range Achievement Test−WRAT reading subtest, Jastak & Jastak, 1978; Jastak & Wilkinson, 1984)를 예측한 단계적 회귀분석을 단적인 예로 제시하고 있다. 여기에서는 초기점수가 첫 번째로 투입되었고, 그 다음에 네 가지 합성점수(초기·증가·촉진·유지점수)가 투입되었는데, 단지 초기점수(R^2 = .26, $p < .001$)와 증가점수(증분 R^2 = .05, $p < .05$)만이 유의한 것으로 나타났다. 여기에서 단계적 투입법과 관련된 다양한 기술적·이론적 문제(Altman & Anderson, 1989)는 논외로 치더라도, 사전검사 점수보다는 사후검사 점수와 학습잠재력 점수가 학업성취도를 예측하는 유의한 변수였다고 보고한 점진적 프롬프트 접근법의 추종자인 Resing(1993)의 연구결과(검사에 따라 4~40%의 설명분산이 증가됨)에 주목할 필요가 있다. 따라서 역동적 평가방법이 학업성취도에 대한 예측력을 증진시켰다는 Swanson의 결론은 향후 절대적 효과크기 혹은 다른 접근법의 연구결과와 비교한 상대적 효과크기 등의 데이터를 통해 지지되어야 할 사안인 것 같다.

다른 학술지에 게재된 Swanson(1995a)의 연구결과 중 합성점수(단지 61명의 아동표본을 활용하여 계산된 점수) 간 상호상관 행렬은 위의 해석을 지지해 준다. 이 연구에서 초기점수, 증가점수, 유지점수 간 상호상관은 .85~.88이 었다. 여기에서도 단계적 회귀분석 기법을 활용하였지만, 이번에는 예측변 수로 정태적 지표(지능지수 총점)와 역동적 지표(하나의 방정식에 초기점수, 또 하나의 방정식에 증가점수가 포함됨)가 포함되었다. 분석결과, 정태적 점수와 역동적 점수가 모두 유의한 설명분산을 갖는 것으로 나타났다. 즉, 투입순서 에 관계없이 초기점수가 지능지수 총점보다 성취도 분산을 더 유의하게 설 명하였다(초기점수: 읽기성취도의 경우 첫 번째 투입 시 14%, 두 번째 투입 시 15% 였고, 수학성취도의 경우 두 가지 투입순서상에서 18%임; 지능지수 총점: 읽기성취 도의 경우 두 가지 투입순서상에서 8%였고, 수학성취도의 경우 첫 번째 투입 시 1%, 두 번째 투입 시 2%임). 그러나 앞에서 논의한 전체 데이터의 결과와는 대조적 으로 증가점수가 초기 성취도보다 예측력이 더 높았다. 즉, 지능지수 총점과 함께 세 가지 합성점수(증가점수, 유지점수, 초기점수)가 읽기성취도를 예측하 는 분석모형에 동시 투입했을 때의 설명분산은 증가점수가 14%, 지능지수 총점이 11%, 유지점수가 4%인 데 비해, 초기점수는 방정식에 포함되지 못했 다. 또한 수학성취도를 예측하는 분석모형에서는 증가점수만이 유의한 변수 로 방정식에 포함되었다($R^2 = .26, p < .001$).

그동안 두 가지 연구(Swanson, 1994, 1995b)에서 학습장애아 분류 시 역동 적 평가의 유용성을 다루었다. 이들 연구에서는 일단 역동적 평가를 통해 학 습장애아로 분류된 아동을 대상으로 정태적 지능검사(WISC-R: Slosson 지능 검사 개정판, Slosson, 1971; PPVT) 및 전통적 성취도검사(WRAT-R)의 수학과 읽기 하위검사를 시행하였고, 그 결과에 기초하여 하위유형을 구분하였다. 여기에서 학습장애아의 분류는 기존의 지능지수와 성취도 간 차이가 아닌, '분할점수(cut-off scores)' 방법(예: Siegel, 1989)을 통해 이루어졌다. 즉, 역동 적 평가를 사용하여 두 집단의 학습장애아, 즉 수업결손아(초기 검사수행에 비 해 정보처리 수행이 향상된 아동)와 학습지진아(학습잠재력 점수와 성취도 간에 차이가 없는 아동)를 구분하였다.

앞의 두 연구에서 사용한 방법론은 매우 유사하다. 우선 Swanson은 학습장애아 집단과 통제집단의 점수 형태를 비교하였는데, 그 결과 두 연구상에서 모두 통제집단의 정태적·역동적 검사 점수가 학습장애아집단보다 유의하게 높았다. 다음으로 Swanson은 단계적 회귀분석을 활용하여 전체 표본의 읽기와 수학수행 점수를 예측하였고, 판별분석을 통해 두 집단(정상집단과 장애집단)의 변별을 시도하였다. 그러나 두 연구에서 사용한 위의 방법이 명확한 정보를 제공하지 못했고, 따라서 다른 유형의 분류분석을 추가하였다. 위의 분석방법을 통해 여러 하위집단이 변별되었고, 마지막으로 이들 집단 간 비교가 이루어졌다.

첫 번째 연구(Swanson, 1994)의 연구문제 중 하나는 전통적 지능지수 및 성취도에 기초한 능력집단 분류가 역동적 평가의 분류와 일치하는가의 여부였다. 연구대상자 표본은 평균 성취아 47명, 읽기장애아 26명, 수학장애아 24명, 학습지진아 17명, 학습부진아 29명이었다. 이 연구에서는 S-CPT의 전체 합성점수를 활용하였다.

초기 집단비교 결과, 역동적 검사의 합성점수와 요소점수상에서 집단 간에 차이가 있는 것으로 나타났는데, 다섯 집단의 프로파일이 유의하게 달랐지만, 전반적으로 유능한 학습자의 합성점수와 요소점수가 더 높았다. 그러나 장애아집단 간에도 유의한 차이가 있었는데, 그중 학습지진아집단의 역동적 점수가 일관되게 최하위였다. 한편, 읽기장애아와 수학장애아집단 간에는 확연한 차이가 없었다.

다음으로 전체 표본상에서 단계적 회귀분석을 시도하였다. 초기점수를 먼저 투입했을 때, 읽기수행의 경우 초기점수(R^2 = .11, $p < .001$), 촉진점수(증분 R^2 = .15, $p < .001$), 유지점수(증분 R^2 = .03, $p < .01$), 처리 차이점수(증분 R^2 = .04, $p < .01$)의 설명분산이 유의한 것으로 나타났다. 또한 수학의 경우 초기점수(R^2 = .20, $p < .001$)와 처리 안정성 점수(증분 R^2 = .12, $p < .001$)가 유의한 예측변

수였다. 한편, 투입순서를 정하지 않았을 때의 설명분산은 읽기의 경우 증가점수($R^2 = .14$, $p < .001$), 촉진점수(증분 $R^2 = .12$, $p < .001$), 유지점수(증분 $R^2 = .06$, $p < .001$) 순이었고, 수학에서는 증가점수($R^2 = .32$, $p < .001$)만이 준거변수의 분산을 유의하게 설명하였다. 이 같은 결과의 형태는 앞에서 제시한 것과 유사하다. 구체적으로 보자면, 초기점수를 먼저 투입할 경우 증가점수와 유지점수가 유의하지 못했고(아마 점수 간 상관이 높기 때문일 것임), 투입순서를 정하지 않았을 때는 증가점수가 가장 유력한 예측변수인 것으로 나타났다. 또한 여타의 역동적 평가 지표는 오히려 적은 양의 설명분산을 보였다. 한편, 판별분석의 결과, 사례수의 42%만이 5개 집단으로 정확하게 분류되었고, 최적의 판별변수는 초기점수였으며, 단지 두 개의 역동적 측정값(촉진점수와 처리 차이점수)이 능력집단 분류 시 유의한 분산을 추가한 것으로 나타났다. 이 연구에서는 위의 분석에서 유의했던 세 변수에 의해 어떤 집단이 가장 잘 예측되었는가를 확인하고자 단계적 판별분석을 추가적으로 시도하였다. 이 분석의 전반적인 특성은 취약하지만, Swanson은 각 집단별로 정확하게 분류된 사례수에 비추어 데이터를 해석하고 있다. 분석결과를 보면, 초기점수는 학습지진아(59%의 적중률)와 정상학습자(76%)의 경우에 최적의 분류변수였고, 촉진점수의 경우 수학장애아(58%)를 분류하는 데 가장 적합했으며, 처리 차이점수는 학습지진아(52%) 분류에 유용한 것으로 나타났다. 그러나 독서장애아(15%의 최대 적중률)나 학습부진아(38%의 최대 적중률)의 분류에는 유의한 예측변수가 없었다.

Swanson의 두 번째 연구(Swanson, 1995a)는 155명의 읽기부진아와 351명의 읽기우수아를 비교하기 위해 S-CPT의 전략 효율성 점수를 사용하였다. 다변량분산분석 결과, 1994년 연구와 마찬가지로, 모든 S-CPT 합성점수 상에서 집단차가 있는 것으로 나타났다. 즉, 우수아의 점수가 부진아의 점수보다 일관성 있게 높았다. 또한 단계적 판별분석을 시도했는데, 불행하게도 분석결과가 단편적으로 제시되어 있기 때문에 전반적인 결과(예: 정확하게 분류된 적중률)를 추정하기는 어렵다. Swanson은 집단분류에 최적의 예측변수가 증가점수(R^2 = .05, $p < .001$)라고 보고하고 있는데, 이 결과는 위에서 논의한 1994년 연구결과(Swanson, 1994)와는 판이하게 다르다.

　판별분석으로 만족스러운 결과를 얻지 못하자, Swanson은 군집분석을 시도했다. 즉, 각 아동을 단지 하나의 군집에 할당하는 방법을 활용하여 고유한 비중복 군집을 찾고자 했다. (그러나 어찌된 일인지 각 집단의 아동 수가 늘어났다. 군집분석 전에 155명이었던 부진아들이 분석 후에 156명이고, 351명이었던 우수아들이 355명이 되어 있다.) 군집분석은 수학성취도와 두 개의 S-CPT 합성점수(향상도 점수와 촉진점수)상에서 수행되었는데, 불행하게도 왜 이들 변수를 선정하고 다른 변수를 제외시켰는지에 관한 설명이 없다. 더 나아가, 이 분석방법의 전반적인 통계적 특성도 제시되어 있지 않다. Swanson은 위의 분석에서 8개의 군집(두 집단별로 4개의 비중복 군집)을 분류하였고, 준거변수 측정값상에서 나타난 차이의 형태에 비추어 이들 집단을 서로 비교하였는데, 이는 직관에 의존하여 이루어진 것으로 보인다. 이 연구에서는 읽기부진아를 지진아(역동적 점수와 정태적 점수 간에 차이가 적음), 난독장애아(평균수준의 수학수행을 보이고 수학수행과 역동적 변수 간에 유의한 차이가 없지만, 읽기수행과 역동적 변수 간에 유의한 차이가 있음), 수업결손아(증가점수와 촉진점수가 매우 높고, 성취도와 초기점수 간 차이보다 증가점수와 유지점수 간 차이가 더 큼), 읽기·수학 학습장애아(읽기·수학성취도와 역동적 지표 간에 차이가 크지만, 증가점수와 촉진점수는 낮음)로 분류하였다. 또한 읽기우수아집단을 영재아(증가점수가 높음), 수학 저성취아(수학점수만 낮음), 수학 고성취아(수학점수도 높음), 수업민감아(촉진점수가 높음)로 분류하였다.

　위에서 살펴본 바와 같이, 이들 연구의 주 목적은 역동적 측정값이 학습장애아집단 분류에 유용한가를 규명하는 것이었다(Swanson, 2000 참조). 그렇다면 네 가지 준거 중 첫 번째 요소에 비추어 볼 때, 이 역동적 평가 접근법은 어떤 유형의 새로운 정보를 제공해 주는가? 즉, 이 접근법이 차별적인 정보를 제공하는가?

위의 질문에 답하기 위해서는 이 평가방법에서 활용한 통계적 기법을 검토해 볼 필요가 있다. 그동안 많은 연구자들이 단계적 분석기법의 활용과 관련하여 여러 가지 문제점을 지적해 왔다(예: Altman & Anderson, 1989; Bollen, 1989). 예를 들면, F-분포가 불안정적이고, 모수 추정값이 편파되어 있으며, R^2를 신뢰하기 어렵고, 특히 중다공선성이 문제시된다는 것이다. 이 같은 문제점은 모두 Swanson이 사용한 분석기법에 그대로 적용된다. 더욱이 (판별분석 기법을 활용한 경우처럼) 다변량 모형이 적합하지 않은 경우 일변량 분석결과를 보수적으로 해석해야 한다는 일반적인 전략도 무시하였다. 따라서 단계적 기법을 주로 사용했고, 통계적 추론의 주의사항을 간과했던 점에 비추어 볼 때, Swanson의 연구결과는 반복연구를 통해 확인해 볼 여지를 남긴다. Swanson의 연구결과 중 학습장애 관련 분야에서 각별하게 고려해야 할 사항은 학습장애아를 개입에 더 민감한 혹은 덜 민감한 학습자로 분류한 점이다. 특히, S-CPT가 학습잠재력의 특성에 민감하다는 점은 관심을 끄는 대목인 것 같다. 그러나 대부분의 다른 접근법에서도 이 같은 사항을 다루었기 때문에, 결코 새로운 연구결과라고 보기는 어렵다. 다만 이 접근법의 경우 작업기억이라는 특정 기능을 중심으로 학습잠재력을 정량화했고, 학습장애아와 평균수준의 학습자 모두를 위의 기능에 비추어 하위집단으로 분류하고자 했던 점이 새롭다.

S-CPT의 예측력(power of prediction)과 관련하여 두 가지 사항을 지적하고자 한다. 첫째, 초기(사전검사)점수, 증가(개입)점수, 유지(사후검사)점수 간의 상관이 매우 높다는 점은 심각하게 다루어야 할 사안이다. 단계적 회귀분석 결과를 놓고 초기점수 혹은 증가점수의 예측력이 높은 것으로 결과를 해석한 점은 두 변수 간 상관의 변동에서 기인한 것일 수 있기 때문에 신뢰하기 어렵다. 그동안 여러 연구결과에서, 특히 학업성취도를 예측하는 경우에, 초기점수 혹은 증가점수의 지지와 관련하여 상충된 증거를 보이는 이유가 바

로 여기에 있는 것 같다. 그럼에도 불구하고, Swanson의 데이터는 다른 역동적 평가 연구자들의 결과를 확인시켜 주고, 능력과 학습잠재력(Swanson의 용어로 처리잠재력) 지표가 학업성취도의 예측에 독자적으로 기여한다는 점을 보여 준다.

둘째, 정태적 검사상의 정보와 비교하여 S-CPT상의 정보가 갖는 고유성을 평가해 볼 필요가 있다. Swanson의 데이터는 정태적·역동적 측정값이 공히 개인 수행에 대해 유용한 정보를 제공해 준다는 주장을 지지하고 있다. 사실 이 주장은 Vygotsky가 맨 처음 하였고, 이후 다른 연구결과(Day 등, 1997)를 통해 지지된 바 있다.

효율성 정도(degree of efficiency)와 관련하여, S-CPT는 특별한 훈련을 요하지 않으며 3시간이면 전체 검사를 시행할 수 있고, 또 심리측정학적으로 건전하며 강인한 검사로 보인다. 그동안 미국 일반인집단을 대상으로 수행된 이 검사의 표준화에 다른 어떤 역동적 검사보다 많은 노력을 기울였다. 그러나 S-CPT가 활용하기 쉽다고 하더라도, 산출된 데이터가 과연 추가적인 정보를 제공하는가의 문제에 대한 답은 미지수다. 다만 이 검사의 제작 동기는 인지적 산출물보다는 인지과정에 다가서기 위한 것이었다. 또한 S-CPT 점수와 다양한 준거 측정값 간의 상관이 높다고는 하지만, 역동적 점수의 프로파일과 적합한 수업 사이의 연계방안은 아직 수립되어 있지 못하다. 만일 S-CPT 증가점수와 유지점수의 차이에 관한 판별분석의 결과가 후속 연구에서도 신뢰롭고 안정적인 것으로 밝혀진다면, 이 결과를 토대로 개입전략을 설계할 수 있을 것이다. 여기에서 기본가정은 초기점수가 낮으면서 초기·증가·유지점수 간 차이가 적은 아동들이 초기점수와 증가점수 간에 유의한 차이가 있지만, 증가점수와 유지점수 간 차이는 적은 아동들보다 특수교육의 적임자로 보아야 한다는 점일 것이다(Swanson, 1995b).

마지막으로, 지금까지 S-CPT를 활용한 연구결과의 반복가능성을 살펴보자. 그동안 이 측정도구는 대단위 이질적 표본을 통해 평가되었다. 그러나 모든 데이터는 단일 연구집단에 의해 동시에 분석된 것으로 보인다. S-CPT가 여러 연구집단에서 활용될 때, 위에서 제시한 연구결과가 확장될 수 있다는 점에는 의심의 여지가 없다.

··4··
결론

이 장에서 다룬 접근법은 Feuerstein과 Budoff의 접근법에 비해 진일보한 역동적 평가에 해당된다. 어떤 측면에서 보면 이전의 접근법보다 덜 야심찬 구석도 있다. 확실히 이들 접근법은 Feuerstein의 연구와 같이 정교한 이론적 기초로부터 도출된 것이 아니고, 검사도 자체적인 이론적 기반과 밀착되어 있다. 물론 Feuerstein 이론의 많은 부분이 검증되지 못한 채 남아 있으며, 심지어 명확하게 조작화되어 있지도 않다. 또한 Brown과 Campione, 유럽의 이론가들은 물론이고 Swanson도 자체적인 이론적 기반 위에서 검사의 조작화를 시도하고 있다. 위의 어떤 검사들도 정태적 검사가 제공하는 정보를 뛰어넘어, 일관성 있게 많은 정보를 제공할 것으로 확신하기는 이르지만, 새로운 정보의 제공 및 발전 가능성은 밝다. 바로 이 점 때문에 역동적 검사를 낙관적으로 본다.

제4부에서는 역동적 평가를 전반적으로 평가함과 동시에 역동적 평가를 시행해 온 여러 접근법 간 차이점을 살펴보고자 한다.

제4부

역동적 평가에 대한 평가

제7장 · 역동적 평가 연구의 세 가지 문제점

DYNAMIC Testing

역동적 평가 연구의 세 가지 문제점

앞에서 역동적 평가 방법론을 자처하는 여러 접근법을 검토하면서 목적, 과제, 훈련전략 및 과정, 표적집단, 예측력에 많은 차이가 있다는 점을 지적하였다. 이와 같은 차이점 때문에 다양한 접근법의 상대적 효율성과 역동적 평가의 전반적인 효율성을 정확하게 평가하기가 어렵다. 그러나 관점, 아이디어, 구체적인 기법상의 차이에도 불구하고, 모든 평가 방법론의 특성은 인지적 수행에 최적의 도움을 제공할 때 학습잠재력이 가장 타당하게 평가된다는 기본 가정을 공유하고 있다(Minick, 1987). 역동적 평가 분야에서 최근 10년간의 연구활동은 바로 위의 가정을 경험적으로 검증하려 했던 일련의 시도인 것 같다.

그러나 학습잠재력을 평가한 연구의 경험적인 연구결과는 동질적이지 않다. 이 장에서는 역동적 평가의 유용성 및 중요성과 관련하여 경험적 연구결과가 수렴되지 못한 몇 가지 요인을 살펴보고자 한다. 이 장의 논의는 역동적 평가의 목표, 방법론, 분석전략 사이의 대응성 문제에 초점을 맞출 것이다. 또한 변화의 측정 및 역동적 평가의 생태학적 타당도 문제를 간략하게 논의할 것이다.

..1..
일반적인 목표: 평가인가, 수정인가, 아니면 둘 다인가

연구결과가 불일치한 이유 중의 하나로 역동적 평가의 목표가 다국면적 특성을 갖는다는 점을 들 수 있다. Embretson(1987b)은 역동적 평가의 세 가지 목표를 (1) 어떤 특정 능력구인에 대한 더 좋은 추정값 제공, (2) 새로운 능력의 측정, (3) 정신적 효율성 증진이라고 지적한 바 있다. 이들 각 목표에 따라 평가절차, 평가자료, 데이터 분석에 대해 다른 접근법을 취하게 된다.

예를 들면, 역동적 평가의 첫 번째 목표는 특정 검사가 모든 수험자의 동일한 특성을 측정하지 않는 상황에 적용이 가능하다. 이러한 측면에서 역동적 평가란 개인차의 비교가능성 증진을 위한 수단으로 볼 수 있다. 즉, (1) 내용 및 관련 과정에 대한 수험자 훈련이나, 각 문항의 풀이에 필요한 선행요건의 제공을 통해 수험자의 배경변수를 동등화하고(Sternberg, 1977), (2) 검사 관련 부산물(예: 불안)을 소거하며, (3) 수험자의 문화차나 집단차를 고려하게 된다. 위에서 언급한 어떤 사항을 변경하여 검사시행 조건을 수정할 경우 능력의 추정값이 달라질 수 있다는 선험적 가정에 비추어 볼 때, 역동적 평가는 다음과 같은 조건을 충족시켜야 한다. (1) 검사시행 조건의 변경 시 산출된 효과를 충실하게 해석하기 위해서는 잠재적 특성 모형상에서 적합도가 상당히 높아야 한다. (2) 예측타당도가 높아야 한다. (3) 성격 및 문화적 요인에 의해 매개되는 과정, 전략, 집행기능과 같은 다양한 관련 요인이 수행에 미치는 영향력을 명시해야 한다. 또 다른 쟁점은 어떤 점수를 활용할 것인가의 문제다. 학습잠재력검사에 관한 최근 연구는 사전검사보다 사후검사가 유력한 예측변수라는 점을 일관되게 보여 주고 있기 때문에 사후검사 점수만을 분석하는 데 주력하고 있다. 그러나 여러 사후검사의 예측타당도는 일반적으로 전통적인 지능검사에 비해 확실하게 높지 않은 것 같다. 물론 검사의 예측타당도는 예측변수와 준거변수 측정의 시간간격, 준거변수로 활용된 과제의 유형 등 여러 요인에 따라 달라진다. 따라서 연구자는 사전검사-사후검사 연구설계 시 각별한 주의를 기울일 필요가 있다.

현재 여러 접근법에서 실행하고 있는 역동적 평가의 두 번째 목표는 능력 추정방법의 개선뿐만 아니라 새로 개발된 심리적 기능을 측정하는 것이다. 몇몇 연구자들(예: Feuerstein, Budoff)은 인지적 수정가능성을 하나의 독립적인 능력으로 보고, 이 같은 신념을 평가도구로 구현하였다. 또 어떤 연구자들(예: Gal′perin)은 새로운 인지기능(예: 뺄셈과 덧셈 조작)의 개발과 평가를 시도했다. 마지막으로 역동적 평가의 세 번째 목표는 사람들의 정신적 효율성을 증진시키는 것이다. 여기에서 주요 가정은 능력수준 자체가 변해야 하고, 이를 위해 폭넓은 훈련을 제공해야 한다는 점이다. 이 같은 역동적 평가방법의 적용 예로 Feuerstein의 도구적 심화 프로그램(Feuerstein 등, 1980)과 러시아의 결함학 연구가 있다. 위의 목표와 관련하여 역동적 평가는 인지적 수행의 수정·변화·향상을 주 목적으로 설정한 개입과 밀접한 관련성을 갖는다. 즉, 평가를 통해 개입의 출발점, 방향, 필요량을 정하게 된다.

역동적 평가를 적용할 때마다 이에 상응하는 방법론 및 자료분석의 가정과 제한점이 수반되지만, 이를 통해 전통적인 평가를 넘어선 특유의 정보가 밝혀진다. 서로 다른 이론적 패러다임에서 출범한 다양한 역동적 평가 접근법은 가정과 목적을 달리하고 있다. 그러나 역동적 평가의 주창자와 개발자들의 일반적인 주장은 최소한 어느 정도까지는 역동적 평가가 특유의 데이터를 제공한다는 점에서 정당화되고 있는 것 같다.

역동적 평가의 목표가 다양하기 때문에, 연구자는 해당 상황에서 어떤 특정 목표가 적절한지, 그리고 어떤 방법이 적용 가능한지를 판단해야 한다. 물론 교사나 임상가(변화를 촉진시키고자 함)인가, 아니면 연구자(일반적으로 변화의 원인을 측정·분석하는 데 관심이 더 많음)인가에 따라 평가와 수업의 관계를 보는 관점이 다를 가능성이 크다. 교사나 임상가는 아동의 수행을 가까이에서 모니터하고 개입에 들어갈 시점을 결정하는 데 관심이 크지만, 연구자는 평가를 수행할 때 위와 같은 상호작용 양식의 접근을 통상적으로 시도하지 않는 편이다.

두 가지 유형의 평가, 즉 학습잠재력의 판정과 정량화를 목적으로 수행하는 평가와 수업을 목적으로 한 평가 간에는 세 가지 차이점이 있다(Guthke, 1993). 첫째, 연구자와 교사의 우선순위가 다르다. 연구자는 전형적으로 조력 유무에 따른 아동 수행의 차이를 밝히는 목표를 수업의 목표보다 중시하는 데 반해, 교사는 수업과 수정에 비해 평가를 중시하는 경향을 보인다. 둘째, 교사는 학생 개개인을 대할 기회가 적은 편이어서, 학생집단의 피드백을 모으고 특정 과제에 따라 자신의 행동을 조정하는 방식을 취한다. 마지막으로, 학교에서 가르쳐지는 대다수의 학습내용은 명확하게 숙달에 이르는 길을 보여 주는 잘 구조화되고 고정된 계열로 분할될 수 없다. 따라서 교사는 수업 중에 다양한 아동의 반응을 해석하고 유연하게 대처해야 한다.

최근 들어 학습잠재력 연구의 역할과 임무를 보는 방식이 변화하고 있기 때문에, 위와 같은 태도의 차이는 각별하게 중시될 필요가 있다. 강조점의 주요 변화를 보자면, (1) 예측지향적 평가에서 수업지향적 평가로의 변화(Delclos 등, 1992; Ruijssenaars, Castelijns, & Hamers, 1993), (2) 일반지능 평가방법의 개선에서 학습과정의 분석·기술로의 변화, (3) 유리조건 아동집단에까지 역동적 평가방법론의 확대 적용 등이 있다. 또한 학습잠재력검사의 유용성이 (1) 인지적 수행의 개인차 및 그 원인의 분석, (2) 수업민감성의 차이에 관한 연구, (3) 학습과정의 연구 등에서 밝혀지고 있다(Ruijssenaars 등, 1993).

위의 행보는 당연히 역동적 평가가 취해야 할 가장 생산적인 방식이다. 그러나 현존 방법론으로 위의 변화를 완전하게 수용하기는 어렵다. 따라서 방법론과 심리측정학적 연구가 충분하게 뒷받침될 때, 역동적 평가에 새로운 임무를 부여하는 위의 목표가 실행 가능할 것으로 본다.

·· 2 ··
변화의 측정

역동적 평가에 가해진 가장 심각한 비판 중 하나는 건전한 심리측정학적 기초를 확보하지 못했다는 점이다(Snow, 1990). 특히 사전검사와 사후검사 사이에서 일어나는 변화의 측정 문제가 심각하다. 역동적 평가 패러다임의 주요 가정 중 하나는 훈련이 수행을 증진시킨다는 것이다. 그러나 단순히 재검사만으로도 약 30% 아동의 수행이 통계적으로 유의하게 증진되었다는 연구결과(Klauer, 1993; LeGagnoux 등, 1990)를 보면, 비교적 큰 변화가 순전히 재검사의 결과라는 점을 알 수 있다. 일례로, Klauer(1993)는 전체 사례수 중 20~30%에서 재검사효과 절대값이 최소한 1 표준편차에 이른다고 보고한 바 있다. 즉, 변화점수나 사후검사 점수의 가장 중요한 요소가 재검사(연습)효과에서 기인할 수 있다는 것이다. 특히, 표준화 검사를 역동적인 방식으로 바꾸어 시행할 경우에 문제가 더 커진다. 따라서 사후검사의 효과를 최소화하기 위해서는 다음과 같은 주의가 요망된다. (1) 검사구성을 통해 재검사효과를 제거하거나 줄여야 한다. (2) 통제집단을 활용하여 재검사효과를 통제해야 한다. (3) 역동적 평가에 관한 수리적 모형을 통해 재검사효과를 추정해야 한다.

역동적 검사자가 모든 방법론적 장애요인을 통제했고 진정한 변화를 조모조목 기재했다고 가정하더라도, '변화를 어떻게 측정할 것인가?'라는 또 하나의 중요한 문제가 제기된다. 전통적으로 변화의 측정은 고전검사이론(Classical Test Theory: CTT, Cronbach & Furby, 1970 참조)상에서 개발된 회귀모형에 기초하여 이루어졌다. 그러나 역동적 평가를 지향하고 있는 최근의 심리측정학자들은 이 접근법의 여러 가정이 변화의 측정에 부합하지 않는다는 점을 들어 반대 입장을 보이고 있다(Schöttke, Bartram, & Wiedl, 1993; Sijtsma,

1993). 한편, Embretson(1987b)은 색다른 통계적 기법을 적용한 변화의 손익비(harm/benefit ratios)를 설명한 바 있다. 이 책의 제10장에서는 위의 문제에 관한 몇 가지 측면을 논의하고, 역동적 평가 패러다임 내의 변화 측정과 능력을 발달중인 전문성으로 보는 관점 간의 방법론적 연계를 강조할 것이다.

·· 3 ··
역동적 평가도구의 생태학적 타당도

이제 마지막으로 역동적 평가도구의 타당도 문제를 살펴보자. 전통적인 인지적 능력 검사에 가해진 중요한 비판은 구인타당도의 문제다. 즉, 이들 검사가 과정보다는 결과에 초점을 맞추고 있고, 따라서 학업성취도검사와 같은 결과 중심의 준거하에서만 타당하다는 것이다(Lidz, 1991).

역동적 평가에 관한 대다수의 초기 연구(Budoff, 1970; Guthke, 1977)는 역동적 검사와 정태적 검사의 예측타당도를 비교하는 데 주력하였다. 그러나 역동적 평가의 옹호자라 할지라도 지금까지의 경험적 데이터에 비추어 역동적 검사의 예측력이 정태적 검사보다 일관성 있게 높다고 주장하기는 어려울 것이다. 이와 같은 결과를 놓고 해석이 분분하다.

그중 하나의 해석은 학업성취도 자체가 과정이 아닌 산출물이라는 점이다. 따라서 당연히 역동적 검사보다는 전통적인 검사와 학업성취도 간의 연결이 내적으로 더 어울린다. 위의 주장을 지지할 때, 학습잠재력검사와 일상 학교학습 과제 간 대응 정도(예: 검사와 학교학습 내용 간 일치정도)가 매우 중요한 관건이 된다. 대응이 잘 될수록 검사의 예측력이 커지기 때문이다. 더욱이 연구자들은 영역특수적 학습잠재력검사의 예측력이 준거검사가 이와 유사한 영역특수적 검사일 경우에 더 높다는 점을 지적하고 있다(Ruijssenaars 등, 1993). 일례로, 유치원 때 시행한 읽기 모의검사와 1학년 때의 읽기 및 철자법 검사 간의 상관($p <.01$)이 높다는 것이다. 결과적으로, 역동적 과제의 유형별로 이에 걸맞은 수업양식도 달라질 수 있다. 이를테면, 전통적인 검사문항은 전통적인 수업양식에 적합한 데 반해, 역동적이고 학습자 지향적인 과제는 개방적이며 진보적인 소집단 수업양식에 더 어울린다.

따라서 학습잠재력 평가도구에는 학교활동과 어울리는 대표적인 학습과제를 포함시켜야 한다. 일례로, 유럽의 연구자들(Hamers, Pennings, & Guthke, 1994)은 일단의 영역특수적 과제(예: 청각적 분석 검사)를 개발하였는데, 이들 과제는 바로 초기의 읽기, 철자법, 산수 처리과정에 중요한 선행요건일 것으로 보인다. 여러 학업성취도검사상에서 위의 검사의 예측력은 영역일반적인 학습잠재력검사나 정태적 지능검사보다 높은 것으로 보고된 바 있다.

영역일반적인 역동적 검사의 예측타당도가 낮은 이유는 검사과정(예: 학습)의 능동적 특성과 많은 역동적 검사상황에서 나타난 수험자의 수동적 행동 간 불일치로 설명될 수 있다. 심지어 Feuerstein이 제안한 아동중심적인 방법론에서도 아동의 인지적 활동은 최소화된 채, 검사자의 입장에서 아동이 수행기준에 도달하기 위해 행해야 할 활동을 규정한다. 즉, 검사자가 아동의 인지적 활동을 규제한 셈이다. 여기에서 중요한 것은 전통적인 지능검사보다 학습잠재력검사가 능동적인 학습과정에 대한 진단적·처방적 정보를 제공하는 데 과연 어느 정도나 더 적합한가의 문제다(이 문제를 논의한 Lidz & Elliott, 2000 참조).

마지막으로 강조할 사항은 학교에서 시행되는 어떤 검사든지 생태학적 타당도(ecological validity)를 확보할 필요가 있다는 점이다. 일례로, 독일 교육자인 Schlee(1985)는 학교장면에 적합한 개입의 개발을 위해 정태적·역동적 평가 접근법을 통합한 처치지향적 평가(treatment-oriented assessment)의 시행을 제안한 바 있다. 이 같은 방식을 따를 경우, 평가 자체의 지향점이 전적으로 교수법의 일부가 되기 때문에, 정태적 평가든 역동적 평가든지 간에 생태학적 타당도 문제는 타결될 수 있을 것이다.

··*4*··
결 론

그동안 연구자들은 학업성취도나 다른 준거를 예측할 때 역동적 평가가 정태적 평가에 비해 확실하게 높은 예측력을 보여 주지 못한 이유를 의문시해 왔다. 수많은 중재변수가 역동적 검사와 다른 준거 간 상관에 영향을 미칠 수 있다. 이를테면, 역동적 검사의 채점, 역동적 검사의 시행방식과 학교활동 간 일치 여부 등의 요인이 관건이다. 궁극적으로 역동적 검사를 평가하는 준거는 검사가 측정하는 기능에 적합하지 않으면 안 된다. 동시에 학교와 같은 기존 체제 내의 수행을 단순히 예측하는 경우라면, 준거를 바꾸기보다는 오히려 역동적 검사의 사용목적에 부합하도록 역동적 검사를 변경해야 한다고 본다.

제5부에서는 이 책의 저자들이 직접 수행한 두 가지 역동적 평가 연구를 예시할 것이다. 이들 연구는 이상적인 수준에서 역동적 평가 연구가 어떻게 수행되어야 하는가를 제시한 것이라기보다는 연구가 수행될 수 있는 방식을 보여 준다.

제5부

역동적 평가를 활용한 두 연구

DYNAMIC Testing

숨겨진 잠재력 발굴을 위한
역동적 평가의 활용

..*1*..
연구의 개요

이 연구(Sternberg 등, 인쇄중)는 역동적 평가를 활용하여 탄자니아 농촌학교 아동의 숨겨진 잠재력 발굴을 시도한 것이다. 이 연구는 MAKWAMI 프로젝트에 참여하고 있고, Dar es Salaam 대학교에 재직하고 있는 Damaris Ngorosho, MAKWAMI 프로젝트의 아동발달 파트너십에 참여하고 있는 Erasto Tantufuye, Dar es Salaam 대학교의 Akundaeli Mbise, Oxford 대학교의 Catherine Nokes, Matthew Jukes, Donald A. Bundy 그리고 세계은행과 공동으로 수행되었다.

오랫동안 개발도상국 아동을 연구해 온 선진국 출신의 어떤 연구자는 이 아동들에게 다가서려면 이들을 교육가능 정신지체아(educable mentally retarded: EMR)로 취급해야 한다고 이 책의 저자에게 조언한 바 있다. 이 조언은 개발도상국의 많은 아동들에 대한 몇몇 심리학자들(예: Herrnstein & Murray, 1994)의 신념을 반영한 것으로 보인다.

흑인들의 지능을 연구하는 데 수년을 바친 연구자들(예: Berry 등, 1991; Cole, 1996; Mundy-Castle, 1967; Serpell, 1993; Wober, 1974)은 위의 주장에 문제

를 제기할지도 모른다. 그러나 지능의 의미를 무엇으로 볼 것인가에 따라 사정은 달라진다(Berry, 1974; Sternberg, 1985; Sternberg & Kaufman, 1998; Sternberg 등, 2000; Wober, 1974). 지능지수만으로 판단할 경우, 왜 흑인집단이 외견상 백인이나 다른 집단에 비해 평균적으로 낮은 수준을 보이는지에 대해 의구심을 가질 수도 있을 것이다.

이 장에서 우리는 어떤 흑인집단의 전통적인 정태적 검사 점수를 미국의 백인 주류집단의 검사 점수를 해석하는 방식과 동일하게 해석할 수 없다고 주장한다. 특히, 전통적인 정태적 검사에서는 흑인 아동들이 이들 검사를 치르는 데 익숙하지 못하기 때문에 능력 자체를 제대로 끌어내지 못할 가능성이 있다(Cole 등, 1971; Greenfield, 1997; Serpell, 1993 참조). 위의 주장은 전혀 새로운 것이 아니다(Berry, 1974; Greenfield, 1997; Laboratory of Comparative Human Cognition, 1982; Serpell, 2000 참조). 그러나 여기에서는, 다른 연구자들(예: Feuerstein 등, 1979)도 지적한 바 있지만, 위의 주장을 넘어서서 불리집단의 경우 전통적인 정태적 평가 대신에 역동적 평가를 활용해야 한다고 제안한다. 우리는 개발도상국의 흑인 아동이 갖고 있는 능력을 좀 더 완전하게 발굴하기 위해, 전통적인 지능검사라 할지라도 시행방법을 달리하여 활용할 수 있다고 본다.

앞에서도 지적한 바와 같이, 역동적 평가에 대한 관심은 사회적 요구의 전개와 정태적 평가의 유용성에 대한 복합적이고, 심지어 비판적인 전문가 의견의 개진에서 비롯되었다(Tzuriel & Haywood, 1992). 그동안 사회적 요구와 관련하여 연구자들은 (1) 이민자들을 사회에 통합하기 위한 목적에서 사용 가능한 문화공평검사, (2) 다양한 문화권으로부터 산출된 결과를 비교하는 데 유용한 검사, (3) 교육경험이 결핍된 학습자에게 적합한 발달적 검사, (4) 수험자의 문화나 사회집단에 관계없이, 학습된 내용보다는 학습잠재력을 측정하는 검사가 바람직하다는 점에 인식을 같이하고 있다. 위의 측정방법은 여러 예측적 목적으로 활용된 대다수 정태적 능력검사의 예측력이 상대적으로 높지 않다는 점을 고려해 볼 때 특히 매력적이다(예: Sternberg, 1996). 또한 역동적 평가를 활용함으로써, 수행에 영향을 미칠 수 있는 환경 내 잡음변수의 효과를 감소시키고(Sternberg, Grigorenko, & Nokes, 1997 참조), 매순간 어디에서 학습자의 인지적 활동이 일어나든지 간에 진정한 성장잠재력의 정량화 방법을 찾을 수 있을지도 모른다.

이 연구는 ZPD 이론에 기초한 역동적 평가가 개발도상국 아동의 숨겨진 정신능력을 밝히는 데 도움을 줄 수 있다는 믿음에서 시작되었다. 이 목적을 위해 탄자니아의 바가모요 인근 농촌지역 아동들에게 시행할 세 가지 과제를 고안하였다. 이들 과제는 전통적인 지적 능력검사상의 과제와 유사하거나 동일하다. 이 연구에서는 시행방식을 달리하여 정태적·역동적 검사 점수를 산출하였고, 이 점수를 통해 탄자니아 농촌지역 아동의 능력을 설명하면서 두 가지 평가방법의 효율성을 비교하였다.

··*2*··
연구방법

이 연구에 참여한 실험집단의 아동은 총 358명이었고, 이 중 남학생이 161명, 여학생이 197명이었다. 이들은 10개 학교의 4개 학년(2~5학년)에 재학 중인 11~13세의 아동들로, 2학년생 4.5%, 3학년생 37.7%, 4학년생 31.8% 그리고 5학년생 26.0%였다. 연령에 비해 여러 학년이 포함된 주 이유는 아동들의 입학연령이 다르기 때문이다. 또한 동일 연령대의 아동 100명(남학생 40명, 여학생 60명)이 통제집단에 참여하였다.

이 연구에서는 실험집단의 아동을 대상으로 세 가지 과제, 즉 삼단논법(Syllogisms), 분류(Sorting) 및 스무고개(Twenty Questions) 과제를 역동적으로 시행하였고, 통제집단의 참여자들은 수업의 개입이 없이 실험집단과 동일한 사전검사와 사후검사를 받았다. 각 과제별로 다양한 분석력을 측정하였다. 또한 검사자는 아동들이 각각의 과제를 제대로 이해했는지를 항상 확인하였고, 처음부터 이해하지 못한 아동에게는 그가 이해할 때까지 해당 과제를 설명해 주었다. 사전검사를 시행한 후에, 검사자는 아동의 잘한 점과 실수한 내용을 지적한 다음, 문제를 푸는 방법을 보여 주며 설명하였다.

1) 삼단논법 과제

총 34개의 직선 삼단논법(Linear Syllogism) 과제가 사용되었는데, 여기에는 세 개 항목이 들어간 17문제와 네 개 항목이 들어간 17문제가 있다. 두 유형별로 사전검사에서 각각 6개, 개입에서 각각 5개 그리고 사후검사에서 각각 6개의 문제가 제시되었다. 세 개 항목이 들어간 문제는 일례로 "Alan이 Ken보다 크고, Dan이 Alan보다 크다. Alan, Ken, Dan 중에 누가 가장 큰가?"이고, 네 개 항목이 들어간 문제는 "Bill이 Joe보다 작고, Joe는 Peter보다 작으며, Peter는 Tom보다 작다. Joe, Peter, Tom 중 누가 가장 작은가?"라는 식이다. 각 문항에는 사람의 이름이 들어갈 때도 있지만, 도로의 길이, 공의 크기, 학교종의 소리 등과 같은 사물에 관한 내용도 포함되어 있다. 사후검사도 사전검사와 유사하다. 아동들에게는 각 진술문을 소리내어 읽도록 했다. 한편, 개입과정에서 검사자는 미리 준비한 그림을 활용하여, 아동들에게 문항을 수직선이나 수평선상에 시각적으로 표현하는 것(공간적인 정신적 표상)이 문제해결에 얼마나 도움이 되는지, 그리고 종이 위에 그려진 동일한 그림이 어떻게 정신적으로 시각화될 수 있는지를 보여 주었다. 사전검사, 개입, 사후검사상의 점수는 각 검사문항의 정답 수로 채점되었다.

2) 분류 과제

Wisconsin 카드분류검사(Card Sorting Test; Heaton 등, 1993)가 사전검사의 분류 과제로 활용되었다. 모든 카드에는 흰색 종이 위에 단색의 1~4개 그림이 그려져 있는데, 이들 그림은 네 가지 유형의 모양(별, 십자, 삼각형, 원)과 네 가지 색깔(빨강, 노랑, 파랑, 초록)로 제시되었다. 따라서 카드는 그림의 수, 모양, 색깔로 범주화될 수 있다.

먼저 아동들에게 네 가지 표적카드를 보여 주었다. 이 표적카드에는 빨간색 삼각형 1개, 초록색 별 2개, 노란색 십자 3개, 파란색 원 4개가 그려져 있다. 그런 다음, 속성이 각기 다른 64개($4 \times 4 \times 4$)의 카드를 주고, 네 개의 파일로 분류하게 하였다. 아동들에게는 카드의 분류규칙에 대해 전혀 이야기해 주지 않았고, 64개의 카드를 분류하는 과정에서 분류규칙이 바뀔 것이라는 점도 미리 알려 주지 않았다.

카드 분류의 정답은 아동들에게 공개하지 않은 규칙, 즉 모양이나 숫자, 혹은 색깔에 따라 정확하게 분류하는가의 여부로 판정되었다. 아동이 표적카드를 보고 속성이 '맞는' 어떤 카드를 제시하거나 그렇지 못할 때마다 맞았다 혹은 틀렸다고 이야기해 주었고, 그 다음의 카드 분류가 계속되었다. 한편, 어떤 아동이 6개를 맞게 분류할 경우에는 규칙을 바꾸었다.

개입의 분류 과제는 네 가지 색깔(노랑, 초록, 검정, 파랑), 네 가지 크기(큼, 보통, 작음, 매우 작음), 네 가지 모양(팔각형, 정사각형, 삼각형, 직사각형), 네 가지 그림 수(1개, 2개, 3개, 4개)의 속성을 갖고 있다. 여기에서는 먼저 속성을 비교하고, 다양한 속성에 따라 분류하는 방법을 보여 주었다. 또한 아동들에게 그림의 속성과 그림묶음의 공통적인 속성에 대한 질문에 답해 보도록 하였다.

사후검사에서는 카드가 아닌 묶인 구슬의 분류 과제를 사용하였다. 이 과제는 네 가지 모양, 네 가지 색깔, 네 가지 개수를 가진 구슬묶음으로 제시되었는데, 분류절차는 카드의 경우와 동일하다.

사점검사와 사후검사는 반복된 오류의 수와 생성한 범주의 수로 채점되었다. 또한 개입의 경우, 아동이 준거수행에 도달하는 데 소요된 단서의 수를 채점하였다.

3) 스무고개 과제

스무고개 과제의 사전검사에서는 검사자가 어떤 도형을 생각하고 있다고 참여자에게 이야기해 주었다. 그런 다음, 아동들이 도형을 알아맞히기 위해 20번의 질문을 하게 하였다. 아동들이 던진 모든 질문에는 '예' 혹은 '아니요'로만 답했다. 도형은 모양(직사각형, 정사각형, 원), 크기(큼, 중간, 작음, 매우 작음), 색깔(검정, 흰색)이 다른 6줄의 평면도형이었다. 따라서 선택 가능한 총 도형 수는 24개(3×4×2)이다.

개입에서는 아동들이 탐색공간을 최대한 좁히도록 도와주기 위해 질문하는 방법을 가르쳐 주었다. 예를 들면, 도형이 검정인가를 묻는 경우 검사자의 응답에 따라 검정이거나 흰색인 모든 도형을 소거할 수 있다. 또 도형이 직사각형인지를 묻는 경우 검사자의 응답 여하에 따라 8개의 도형이 포함되거나 16개의 도형이 배제된다는 점을 알게 된다.

스무고개 과제의 사후검사는 속성이 다른 도형을 사용한 점을 제외하면 사전검사와 동일하다. 즉, 흰색과 검정, 세 가지 유형의 크기 그리고 십자, 원, 삼각형, 직사각형의 모양을 가진 총 24개(2×3×4)의 도형이 사용되었다.

4) 준거능력 및 성취도검사

이 연구에서는 실험집단 아동들을 대상으로 서로 다른 다수의 능력 및 성취도검사를 시행하여 연구자들이 새로 제작한 위의 검사의 준거 측정값으로 활용하였다. 준거능력검사(reference-abilities tests)는 전·후진 숫자용량검사(평균을 계산하여 사용함), Corsi 블록검사, Stroop 과제검사, 단어유창성 검사, 스페인 어휘검사인데, 이 모든 검사가 작업기억 및 관련 인지기능을 측정하기 위해 사용되었다. 이 중 전진 숫자용량검사는 순차적인 일련의 숫자를 듣고 나서 들었던 숫자를 거꾸로 반복하게 하는 과제로 구성되어 있다. 또한 Corsi 블록검사란 검사자가 아동이 보는 앞에서 여러 개의 블록을 가리킨 다음, 아동에게 본 순서대로 그 블록들을 다시 가리키도록 하는 검사다. 아동용으로 수정된 Stroop 과제는 V를 볼 때 '체크'라고 말하고 + 를 볼 때 '십자'라고 말할 수 있는지의 여부를 알아보기 위한 검사다. 단어유창성검사는 여러 음식이나 동물에 관한 단어를 가능한 한 빨리 회상하도록 요구하는 검사이며, 스페인 어휘검사는 아동들이 친숙하지 않은 스페인어 단어를 물체의 그림과 함께 학습한 다음, 쌍연합 회상을 통해 단어의 의미를 찾도록 하는 검사다. 한편, 준거성취도검사는 대단위 성취도검사(Wide Range Achievement Test: WRAT; Jastak & Jastak, 1978) 중 읽기, 철자법, 산수의 세 교과영역 검사를 수정하여 활용하였다.

이 연구의 주요 종속변수는 새로 제작한 검사의 측정값인 사전검사 점수, 개입점수, 사후검사 점수와 준거능력(숫자용량, Corsi 블록, 스페인어, 유창성, Stroop 오류, Stroop 시간) 점수 및 성취도(읽기와 수학)였다. 또한 주요 독립변수는 성별, 사회경제적 지위, 학년수준이었다.

역동적 검사는 특별 평가실로 지정된 키스와힐리(Kiswahili)의 빈 교실에서 삼단논법 과제, 분류 과제, 스무고개 과제 순의 개인검사로 시행되었다. 모든 참여자의 평가는 아침부터 시작되었고, 세 가지 사전검사와 수업 및 사후검사를 단일 회기로 시행하였다. 평가를 위한 개입이나 수업을 포함한 총 시간(과제수행에 사용된 실제 시간)은 42~101분(평균 71분)이었고, 개입이나 수업을 제외한 순수 평가시간은 총 14~46분(평균 25분)이었으며, 개입시간은 11~28분(평균 17분)이었는데, 위의 시간에는 래포 형성, 자료 배부와 수합 등에 소용된 시간은 포함되어 있지 않다.

한편, 또 하나의 다른 연구를 위해 사전일정을 잡아 정태적 검사와 교육검사를 시행하였다.

.. *3* ..
연구결과

1) 측정도구의 신뢰도

이 연구에서는 2주 간격을 둔 재검사 신뢰도를 계산하기 위해 두 명의 검사자에게 배정된 표본 사례수(50명과 19명)를 곱한 가중평균을 구했다. 이 가중평균은 삼단논법 과제 .54, 분류 과제의 반복적인 오류 .58, 분류 과제의 범주 수 .64, 스무고개 과제 .66이었다.

역동적 평가 결과, 사전검사와 사후검사상의 수행 간에 차이가 있는 것으로 나타났는데, 이 차이는 혼합모형을 활용한 일반선형모형(general linear modeling) 분석을 통해 검증되었다. 이 분석기법을 사용한 이유는 사전검사와 사후검사 지표가 독립적이지 않고, 따라서 참여자를 무선효과 변수로 설정했기 때문이다. 분석결과, 세 가지 과제에서 사전검사와 사후검사 간 수행의 차이가 모두 유의하였다.

위의 분석 후, 사전검사와 사후검사에서 나타난 세 과제의 수행형태를 비교하기 위해 프로파일 분석을 시도했다. 분석결과, 과제효과가 유의하여 과제 특유의 변산이 중요하다는 점을 알 수 있었다. 과제×시간 상호작용 효과도 유의하였는데, 이는 사전검사-사후검사 점수의 변화가 과제에 따라 다르다는 점을 의미한다. 또한 과제×개인 상호작용이 유의하여, 각 개인이 과제에 따라 다른 반응을 보이는 것으로 나타났다. 이 연구에서 피험자 간 효과는 개인의 효과였다. 또한 모든 피험자 내 효과도 유의하였다.

한편, 모든 측정도구의 사전검사 대비 사후검사의 증가점수가 유의한 것으로 나타났다. 이를 구체적으로 살펴보면, 삼단논법 과제의 수행은 117%, 분류 과제의 수행이 111% 그리고 스무고개 과제의 수행은 220%가 향상되었다. 특히, 실험집단의 향상도가 통제집단에 비해 유의하게 높았다. 상세한 사항은 Sternberg 등(인쇄중)을 참조하기 바란다.

2) 인구통계적 변수와의 연관성

다변량분산분석 결과, 학년 변수의 다변량 주 효과가 유의하였고, 삼단논법 과제의 모든 수행 지표상에서 유의한 차이가 나타났다. 한편, 사회경제적 지위와 학교출석의 효과는 유의수준에 근접한 결과를 보였다. 즉, 사회경제적 지위 효과 중 분류 과제의 범주 수의 경우 사전검사 및 사후검사의 지표상에서 모두 유의하였지만, 스무고개 과제에서는 사전검사 수행에서만 유의한 차이가 있었다. 또한 학교출석의 효과는 개입 수행의 세 가지 모든 지표상에서 유의하였다. 그러나 성별의 다변량 주 효과 및 성별×학년 상호작용 효과는 유의하지 못했다. 다변량분산분석이 유의한 경우에 일변량 모형을 분석한 결과, 11개 중 4개 모형의 모든 사후검사에서 유의한 결과를 보였다.

(1) 역동적 검사의 사전검사–개입–사후검사 간 상관

역동적 검사 내 및 검사 간의 사전검사, 사후검사, 개입 점수 간 상관(축소화 교정) 분석이 본 연구의 중요한 관심사였다. 분석결과, 다음과 같은 두 가지 결론이 도출되었다.

첫째, 실험집단의 사전검사와 사후검사 간 상관은 삼단논법 과제 .05(유의하지 않음), 분류 과제의 반복적 오류 .14($p < .01$), 분류 과제의 범주 수 .42($p < .001$), 스무고개 과제 −.02(유의하지 않음)인 것으로 나타났다. 위의 결과는 전반적으로 낮은 상관이었지만, 그럼에도 불구하고 단기의 최소 개입만으로도 능력검사 점수에 실제적인 효과를 볼 수 있다는 점을 시사한다. 한편, 통제집단의 상관은 각각 .54, .50, .71, 1.00으로 모두 유의하게 높은 상관을 보였다. 분명히 위의 상호작용을 그대로 해석하는 것은 위험하다. 단기 개입 후 실험집단의 점수에 변동이 있었다는 점을 감안한다면, 사전검사에 비추어 내린 결론을 믿어서는 안 된다는 것이다. 따라서 사전검사만으로 개인의 능

력에 대한 확정적 결론을 내리는 것은 현명한 일이 못 된다. 둘째, 다양한 역동적 검사 간 상관(축소화 교정)은 0에 근접하거나 보통수준(.43)이었다.

(2) 역동적 검사와 준거능력 및 성취도 검사 간 상관

준거능력검사와의 상관　준거능력검사와 사전·사후검사 간 상관은 예측한 바와 일치된 방향성을 보였고, 상관의 크기는 작았지만 통계적으로 유의한 상관이 많았다. 또한 전반적으로 각 검사가, 아마 동일한 구인은 아니겠지만, 관련 구인을 측정하는 것처럼 보였다. 여기에서 사전검사보다 사후검사와 준거능력검사 간 상관이 높은 경향을 보였다는 점에 주목할 필요가 있다. 즉, 사전·사후검사와 준거능력검사의 상관을 비교해 보면, 하위검사의 각 쌍에서 최소한 하나의 상관은 통계적으로 유의했고, 사전검사와 준거능력검사 간 상관의 절대값이 높은 경우는 두 개인 반면, 사후검사와의 상관에서는 20개의 절대값이 더 높았으며(높은 검사 점수가 높은 능력수준을 의미하는 검사가 있는가 하면, 낮은 점수가 높은 능력수준을 지칭하는 검사도 있기 때문에 절대값을 사용하였음), 사전·사후검사와의 상관에서는 단지 두 개의 경우만이 유의하지 못한 결과를 보였다.

한편, 사전검사와 준거능력검사 간 상관 절대값의 중위수는 .10인 반면, 사후검사와의 상관 중위수는 .21이었다. 더 나아가, 사전검사와 준거능력검사 간 비축소화 상관을 사후검사와의 상관과 비교한 결과, 24개 중 11개의 경우에 유의한 차이가 있었고, 후자의 경우가 더 높았다. 위의 결과에 비추어 볼 때, 사전검사보다 사후검사가 준거능력의 예측변수로 더 유력하다는 점을 알 수 있다.

성취도검사와의 상관　성취도검사와의 상관은 낮은 것부터 보통수준에 이르기까지 다양하게 나타났는데, 모든 경우에 사후검사와의 상관이 사전검사와의 상관보다 높았다. 즉, 사전검사와 학업성취도검사 간 상관의 중위수는 .08인 반면, 사후검사와의 상관 중위수는 .34였다. 또한 사전검사 및 사후검사와 학업성취도검사 간 비축소화 상관을 비교한 결과 유의한 차이가 있었고, 7가지의 경우에서 사후검사와의 상관이 더 높았다. 따라서 학업성취도를 준거 측정도구로 설정한 경우에도 사전검사보다는 사후검사와의 상관이 더 높다는 점을 알 수 있었다.

··*4*··
결 론

이 장에서는 서구화되지 않은 지역에 거주하는 흑인들이 전통적인 지능검사상에서 다른 집단에 비해 상대적으로 낮은 점수를 보이는 이유를 역동적 평가를 활용하여 설명하였다. 그동안 위의 현상을 놓고 유전적 차이 (Herrnstein & Murray, 1994)로부터 검사문제 해석의 문화차(Cole 등, 1971)에 이르기까지 다양한 설명이 시도되었다. 한편, Sternberg(1985, 1997a)나 Vygotsky(1978) 등의 이론에서는 어려운 환경에서 성장하고 있는 아동의 경우 기본 역량의 수준이 발달된 능력이 아닌 발달중인 능력에 실제적으로 투영된다고 본다. 역동적 평가는 발달된 능력에 관한 전통적인 정태적 측정값을 산출하고, 동시에 기본 역량을 통해 생성되는 발달중인 능력을 평가하는 하나의 방법인 셈이다.

사실 이 연구에서는 아동들이 정태적 지력검사로 측정되지 못했던 중요한 지적 능력을 갖고 있다는 결과를 발견하였다. 첫째, 개입을 통해 사후검사상의 수행이 사전검사에 비해 향상되는 것으로 나타났다. 물론 위의 향상은 부분적으로 사전검사를 치른 연습효과에서 기인한 것일 수도 있다. 그러나 이유야 어떠하든, 사후검사의 수행이 향상되었다는 점에 비추어 볼 때, 연구대상 아동의 정태적 검사결과를 정말로 중요하게 취급할 수 있는지의 문제는 의문시된다. 둘째, 사전검사와 개입 후의 사후검사 간 상관은 비교적 낮았다.

예를 들면, 개입 후에 점수수준뿐만 아니라 등위에도 변동이 있었다.

이 같은 연구결과에 비추어 보면, 특히 사전검사(정태적 검사) 점수의 해석에 이의가 제기된다. 한 시간도 채 안 된 개입을 통해 등위의 변화가 발생할 수 있다면, 과연 사전검사(정태적 검사) 점수를 중요하게 받아들일 수 있겠는가? 셋째, 사후검사 점수가 사전검사 점수보다 인지적 능력이나 성취도와 같은 준거 측정값을 더 잘 예측하는 변수였다. 이 결과에 비추어 볼 때, 역동적 평가방법은 사전검사(정태적 검사) 점수만을 고려했을 경우에 측정하지 못했던 중요한 능력을 찾아내고 있는 것으로 보인다.

한편, 자메이카에서 수행한 관련 연구(Sternberg, Powell 등, 1997)에서는 기생충 감염 아동의 복합적 지력과제상의 수행이 비감염 아동보다 더 저조한 것으로 나타났다. 물론 이 같은 차이가 단순과제로까지 확장되지는 못했다. 또 감염 아동에게 구충제를 투여한 결과, 건강은 증진되었지만, 복합적 과제의 수행은 그러하지 못했다. 단적인 이유를 들자면, 아동들이 다양한 환경의 압력을 받고 성장할 때 일반적인 환경이나, 특히 학교로부터 배우는 능력이 감소되기 때문인 것으로 추정된다. 예를 들면, 기생충 감염이든 다른 이유 때문이든 학교의 일상생활 중에 상태가 좋지 못한 아동은 학교수업을 통해 학습하는 데 유리한 입장이 아닐 것이다.

환경의 압력이란 기생충 감염의 문제를 넘어선다. 다수의 질병과 영양실조 혹은 학교 밖의 부담이 아동의 학교학습 능력을 떨어뜨릴 수 있다. 그러나 학교교육의 양도 인지적 검사 점수에 영향을 미치기 마련이다(Ceci & Williams, 1997). 따라서 흑인 아동과 타 지역의 아동 간 점수차의 일부는 최소한 학교환경으로부터 배우는 흑인 아동의 능력이 저조하기 때문이라는 점을 고려할 필요가 있다. 바로 이 점 때문에, 발달된 능력은 물론이고 발달중인 능력을 측정하는 것이 매우 중요하다. 이 연구의 결과는 역동적 평가가 특히 문화적 배경이 다른 아동들의 정태적 평가 결과에 보완적인 정보를 제공한다는 점에서 다른 많은 연구결과와 유사하다(예: Budoff, 1975; Feuerstein 등,

1979). 사전검사-개입-사후검사 설계가 정태적 평가를 시행하는 사전검사를 통합하고 있기 때문에, 역동적 평가는 정태적 평가를 대체한다기보다는 이를 보완하는 방법일 것이다.

DYNAMIC Testing

외국어 학습능력의 측정: 수업과 평가의 통합

·· 1 ··
연구의 개요

이 장에서는 미국 국무성 소속 어학연수원(Foreign Service Institute)에 재직하고 있는 Madeline Ehrman과 공동으로 수행한 연구(Grigorenko, Sternberg, & Ehrman, 2000)를 소개하고자 한다. 언어 학습능력은 지난 수천 년 동안의 삶속에서 중심적인 위치를 차지해 왔고, 오늘날의 세계에서도 모국어 이외의 외국어(foreign language: FL) 획득능력은 적응의 요건이다. 그러나 교실상황이든 일상생활의 맥락이든지 간에, 모든 사람들이 동등한 수준으로 쉽게 외국어를 학습하는 것은 아니다. 모국어 이외의 언어를 다른 사람들보다 빨리, 쉽게, 더 잘 학습하는 사람들이 있다는 것이다. 그동안 심리학자들은 사람들의 외국어 학습능력이 서로 다르다는 점에 착안하여, 외국어 학습능력의 이론 구축과 검사 개발을 시도해 왔다. 이들 검사는 심리학자와 교육학자들이 (1) 학습자에게 제공할 자료의 수준과 유형에 관한 정보를 파악하고, (2) 외국어 수업을 통한 학습의 성공을 예측하며, (3) 외국어 학습능력에 비추어 기대할 수 있는 성취도와 실제 성취도를 비교하는 데 도움을 줄 수 있다.

외국어 학습과 관련하여 여러 이론과 학습능력을 측정하는 검사가 이미

개발되어 있다. 그중 가장 널리 활용되고 있는 언어적성검사로는 현대 언어
적성검사(Modern Language Aptitude Test: MLAT; Carroll & Sapon, 1958)가 있고,
이 외에도 Pimsleur 언어적성검사(Pimsleur Language Aptitude Battery: PLAB;
Pimsleur, 1966), 미 육군 언어적성검사(Army Language Aptitude Test: ALAT;
Horne, 1971), 미군 외국어적성검사(Defense Language Aptitude Battery: DLAB;
Petersen & Al-Haik, 1976), VORD[1](Parry & Child, 1990)가 개발되었다(이하 각
검사의 약어로 표기). 일반적으로 위의 검사들은 심리측정학적 검사 개발이라
는 전통을 따라 개발된 것으로, 경험적 연구에 기초하고 있으며, 예측목적으
로 활용되고 있다.

MLAT(Carroll & Sapon, 1958)는 외국어 학습에 영향을 미치는 다수의 개인
특성을 요인분석한 모형에 기초하여 구성한 검사다. 요인분석 결과, 음성코
딩능력(청각용량과 소리-기호 관계), 문법적 민감성, 기억, 귀납적 언어학습이
네 가지 주 요인으로 추출되었고, 이들 요인을 MLAT의 척도에 반영하였다.
위의 요인 중 청각용량, 소리를 기호로 번역하는 능력, 문법적 민감성은
MLAT와 PLAB에 공통적으로 포함된 능력이다.

PLAB(Pimsleur, 1966)는 검사 내에 인공언어 자극으로부터 언어구조를 추
론하는 능력을 포함시켰다는 점에서 MLAT와 다르다. 이 검사의 아이디어는
맥락 내에서 활용·통합하는 능력이 분절된 능력과 차이가 있다는 점이다.
따라서 PLAB에는 외국어 학습기능의 활용·통합능력을 측정하는 하위검사
가 포함되어 있다.

ALAT(Horne, 1971)는 학습자의 성공, 특히 서구 인도유럽어족 언어의 말하
기와 읽기능력을 예측하기 위해 개발된 검사로, 인공언어로 된 총 57문항으
로 구성되어 있다. ALAT에서 사용하고 있는 인공언어 체계는 영어와 유사하
다. 또한 검사가 비교적 짧고 빠른 속도검사의 형식을 취하고 있어서, 문법과

---

1) VORD는 Parry와 Child가 사용한 인공언어로 '단어'라는 말이다.

어휘학습에 7분 그리고 문제해결에 20분의 제한시간을 두고 있다.

DLAB(Petersen & Al-Haik, 1976)도 인공언어의 구조에 대한 추론능력을 중시하는 검사다. 이 검사는 영어로 된 검사의 수정판으로, 대다수의 문항이 귀납적 추리를 측정한다. 즉, 그림을 통한 언어개념의 형성, 외국어 소리 학습(발음 식별, 모음형태 재인, 강세형태 재인), 외국어 소리-기호연합과 문법 숙달 등의 검사문항을 활용하여 수험자의 능력을 정량화한다.

마지막으로 VORD(Parry & Child, 1990) 검사는 앞에서 살펴본 서구 유럽어족의 통사론적 조직을 반영한 검사와는 달리, 터키어와 유사한 문법체계의 대처능력을 알아보는 검사다. 이 검사는 주로 문법의 분석, 특히 명사형태, 동사형태, 구 및 문장수준의 통사분석에 초점을 맞추고 있다.

이상의 검사들은 외국어 학습능력에 대해 서로 관련되어 있으면서도 약간 다른 이론적 틀을 가지고 있지만, 통상 외국어 학습의 성공을 효과적으로 예측해 왔다. Ehrman(1996) 및 Parry와 Child(1990)에 따르면, 다양한 검사의 하위척도(또는 합성점수나 둘 모두)와 실제 언어유창성검사로 측정한 수행 간에는 약 .27~.73의 상관이 있다.

그러나 위와 같은 상관으로 명확한 결론을 내리기는 어렵다. 외국어 적성지표의 예측력에도 불구하고, 검사가 포착한 잠재능력 및 이 능력과 지능지수 간의 관계는 분명치 않다. 그도 그럴 것이, 외국어 적성검사와 지능검사를 외국어 학습 성공에 대한 예측변수로 동시에 활용할 경우, 두 가지 유형의 검사에서 항상 유의한 상관이 있다는 결과가 산출되고 있다(Gardner & Lambert, 1965; Wesche, Edwards, & Wells, 1982).

그렇다고 해서 검사가 전혀 불필요한 것은 아니다. 적성 및 지능과 외국어 유창성 간 관계가 서로 다르다는 점을 보여 주는 경험적 증거가 있다. 일례로, Carroll(1981)은 다수의 연구를 검토한 다음, 외국어 적성 및 지능지표와 외국어 유창성 간에는 서로 동일한 형태의 상관을 보이지 않는다고 요약한 바 있다. 게다가 지능과 외국어 적성 간 상관도 가지각색이다. 즉, 낮은 수준부터 보통 수준인 경우(Gardner & Lambert, 1972; Skehan, 1989)가 있는가 하면, 보통 수준에서 높은 수준에 이르는 경우(Sasaki, 1996; Wesche 등, 1982)도 있다.

이론적인 수준에서 지능과 외국어 적성 간 구분은 가장 빈번하게 사용한 학습자료의 차이를 통해 어느 정도 설명될 수 있다. 예를 들면, 전통적인 결정적 지능검사는 명시적인 학습자료를 더 강조하는 데 비해, 외국어 적성검사는 묵시적인 학습자료에 초점을 맞추는 경향이 있다. 위의 관점에 따르면, 당연히 두 가지 학습체제가 구분된다(Krashen, 1981; Reber, 1989, 1993; Robinson, 1996, 1997). 따라서 외국어 적성검사는 외국어 학습 성공을 예측하는 데 전통적 능력검사를 넘어서서 추가적인 기여를 해야 한다(예: Silva & White, 1993). 그러나 사람들이 사용하는 어휘 대다수가 맥락 속에서 묵시적으로 학습된다는 점을 감안한다면, 모든 결정적 기능이 명시적으로 학습되지는 않는 것 같다(Sternberg, 1985, 1987).

그동안 외국어 학습에서 지능과 적성의 역할이 다를 수 있다는 가설은 종단적 방법을 통해 연구되어 왔다(Lett & O' Mara, 1990; Skehan, 1989). 일례로, DLIFLC(Defense Language Institute Foreign Language Center)와 미 육군연구소는 언어기능 변화 프로젝트(Language Skill Change Project: LSCP; Lett & O' Mara, 1990)라는 종단적 연구를 수행한 바 있다. 이 연구는 총 881명의 LSCP 참여자를 대상으로, DLIFLC 언어 프로그램의 출발점부터 프로그램 종료시점까지, 그리고 그 후 2년간 추적조사를 통해 개인별 데이터를 모두 수합하였다. 모든 참여자의 데이터를 최소한 12개의 시점에서 수집한 것이다. 이 연구에서는 언어유창성검사는 물론이고 외국어 학습성과의 예측변수에 해당되는 여러 검사(예: DLAB, 일반능력, 기억, 언어능력, 태도, 동기)를 포함한 검사배터리를 시행하였다. 외국어 유창성 성취도를 예측하는 회귀분석 결과, 조정 R^2는 평균적으로 약 .14였고, 외국어 유창성 중 말하기보다는 읽기 및 듣기의 성취도가 강력하게 예측되었다. 또한 일반능력 및 언어능력(R^2의 범위는 0+~.14)과 DLAB 지표(R^2의 범위는 0+~.08)가 위의 예측에 큰 기여를 한 것으로 나타났다. 앞의 예측변수 중 DLAB는 더 난해한 언어(특히 러시아어와 한국어)의 성공에 대한 예측력이 능력지표보다 높은 반면, 능력지표는 덜 난해한 언어(특히 독일어와 스페인어)의 유창성을 예측하는 데에서 DLAB보다 적합하였다.

이 연구의 연구자들은 제2외국어 학습적성을 측정하는 새로운 검사를 개발하였는데, 이 검사가 바로 외국어 습득에 인지이론을 적용한 CANAL-FT(Cognitive Ability for Novelty in Acquisition of Language as applied to Foreign Language Test; 이하 CANAL-FT로 표기)다. 이 검사는 과거의 이론과 검사에 기초하여 개발되었지만, 외국어 습득과 관련하여 새로운 상황에 대처하는 역할을 강조하는 특정 인지이론에 토대를 둔다는 점에서 기존의 여러 검사보다 나은 것 같다. 즉, 새로 개발한 검사는 (1) 경험적인 방식보다는 지식획득에 관한 인지이론에 기초한 것으로, (2) 일상적인 외국어 학습상황을 구성한 다음, 점진적으로 다국면적 언어맥락 속에 모의언어를 도입한다는 점에서 자연스럽고, (3) 검사시점에서 학습능력을 평가한다는 점에서 정태적이라기보다는 역동적이며, (4) 학습자의 능력수준을 평가함과 동시에 학습자의 강약점에 관한 정보를 제공한다는 점에서 다기능적이고, (5) 문항반응이론을 활용하기 때문에 개별적응검사와 새로운 문항개발이 가능하다는 이점을 갖고 있다. 검사 자체만 소개해도 상당히 유용할 것으로 보이지만, 이 검사가 CANAL-F 이론에 기반을 두고 있기 때문에 아래에서는 이 이론을 설명하고자 한다.

·· 2 ··
CANAL-F 이론

CANAL-F 이론의 주요 가정은 외국어 습득이 발달중인 전문성의 형식을 취한다는 점이다. 이 이론에서는 외국어 습득에 필요한 주요 능력이 신기성(novelty)과 애매성(ambiguity)에 대처하는 능력이라고 본다(Ehrman, 1993, 1994,

1996; Ehrman & Oxford, 1995). 이 능력은 곧 삼원 지능이론(triarchic theory of intelligence)에서 설명하고 있는 지능의 경험적 측면에 해당된다(Sternberg, 1985, 1988, 1997a).

1) 지식획득 과정

외국어 학습에 적용된 이 이론의 지식획득 과정에는 5가지 과정, 즉 (1) 선택적 부호화, (2) 부수적 부호화, (3) 선택적 비교, (4) 선택적 전이, (5) 선택적 조합이 포함되어 있다. 외국어 학습자는 계속 새로운 언어자료에 노출되기 때문에, 학습자는 어디에 초점을 맞출지 결정해야 하고, 또 이에 상응하는 과정을 활용할 필요가 있다.

❶ 선택적 부호화(selective encoding)란 데이터 흐름 속에 정보가 당도할 때 목적에 비추어 관련성이 높은 정보와 낮은 정보를 구분하기 위해 활용하는 기제다.

❷ 부수적 부호화(accidental encoding)란 위와 대조적으로 배경정보나 이차적 정보를 부호화하고 정보흐름의 배경 맥락을 포착하는 데 활용된다. 이 과정은 외국어 학습에서 매우 중요하다. 그 이유는 학습자 주의의 초점 밖에 있는 많은 정보가 이해를 증진시키고, 산출에 활용될 수 있는 기반지식을 증가시키기 때문이다.

❸ 선택적 비교(selective comparison)는 현 과제와 기존 정보의 관련성을 판정하는 데 사용된다. 이 지식획득 과정을 사용할 때, 학습자는 기존 기반지식상에서 어느 정도의 학습 증진이 가능한가를 고려하게 된다(Sternberg, 1985). 이 과정은 상반되고 불완전하거나 해석 불가한 정보를 학습자가 기각하거나, 혹은 조급하게 차단하지 않고 작업기억 내에 유지시키는 능력과 관련되어 있다(Ehrman, 1993, 1996).

❹ 선택적 전이(selective transfer)란 해독·추론된 규칙을 새로운 맥락과 과

제에 적용하는 과정이다. 이 과정은 학습자가 사전지식에 기초하여 이전 상황에서 학습한 규칙을 다른 맥락으로 이월시키는 방법을 이해하는 데 특히 유용하다.

❺ 선택적 조합(selective combination)은 선택적·부수적 부호화를 통해 수집된 이질적인 정보를 종합하는 과정이다. 이때 단편적인 정보를 기존 정보구조와 비교한 다음, 걸맞은 정보단위를 새로 만들거나 갱신·조직화하여 통합하게 된다. 선택적 조합은 학습자의 기존 인지구조를 수정할 때에도 활용된다(Ehrman, 1993; Sternberg, 1985).

2) 처리수준

외국어 학습에서 5가지 지식획득 과정은 4가지 수준, 즉 어휘, 형태, 의미, 구문수준으로 처리된다.

❶ 어휘수준(lexical level)은 단어를 학습·이해·활용하는 수준이다.

❷ 형태수준(morphological level)은 단어의 구조와 파생을 다루는 수준이다.

❸ 의미수준(semantic level)은 단어가 결합된 문장이나 문단 등 고차원적 정보단위에서 단어의 의미를 이해하고 활용하는 수준이다.

❹ 구문수준(syntactic level)은 단어를 고차원적 단위와 연결하는 문법적 조직원리를 학습·이해·활용하는 수준이다.

3) 투입양식

선택적·부수적 부호화, 비교, 전이, 조합과 같은 지식획득 과정은 어휘, 형태, 의미, 구문이라는 4수준상에서 두 가지 투입·산출양식, 즉 시각 및 구술양식으로 구현된다.

❶ 시각양식(visual mode)은 읽기와 쓰기에서 우세한 양식이다.

❷ 구술양식(oral mode)은 듣기 및 말하기에 관여된 양식이다.

4) 정보의 부호화, 저장, 인출

마지막으로 외국어 학습이 이루어지기 위해서는 언어자료를 이해하고, 작업기억으로 부호화하며, 장기기억에 저장해야 한다. 저장된 정보는 이후에 인출과정을 통해 전이될 수 있다. 부호화, 저장, 인출은 아래의 두 가지 유형의 회상과제로 평가된다.

❶ 직후회상(immediate recall)은 학습이 이루어진 직후에 시행된다.
❷ 지연회상(delayed recall)은 학습이 이루어진 다음 어느 정도의 시간간격을 두고 시행된다.

요약하자면, 위의 이론은 외국어 학습과정에서 나타나는 개인차의 원인을 구체화하고 있다. 따라서 검사란 이 같은 개인차의 원인을 평가하는 데 초점을 맞춘다.

·· *3* ··
모의검사

이 연구에서는 최근 심리평가의 동향인 생태학적 타당도가 높은 검사를 개발하기 위해, 학습시점에서 수험자를 평가하는 역동적 검사를 개발하였다 (Grigorenko & Sternberg, 1998 참조). 이 검사는 참여자가 새로운 인공언어의 제반 요소를 학습하는 데 기반을 두고 있다(Henmon, 1929; Spolsky, 1995). 이 새로운 언어(Ursulu)는 여러 가지 기존 언어의 모습을 반영하고 있지만, 어떤 특정 언어(또는 언어군)를 그대로 모방하지는 않았다. 미국 국무성 소속 어학연수원과 Yale 대학교 언어학자들의 심의결과, Ursulu 언어는 일관된 내적 구조와 안정적인 속성을 갖고 있는 것으로 평가되었다. 이 평가과정에서 내적 불일치 혹은 일반 언어학적 원리의 위반사항이 발견되었을 때에는 피드백 내용을 참작하여 이 언어를 재평가하고, 검사의 내용을 변경하는 조치를 취했다.

모의검사 과정에서 Ursulu는 점진적으로 제시되었다. 즉, 초기에 참여자들은 이 언어에 관한 지식이 없었지만, 검사의 말미에는 Ursulu어로 된 짤막한 이야기를 처리하는 데 충분한 어휘, 형태, 의미, 구문지식을 숙달하였다. 아래의 예를 살펴보자.

Ursulu어에서 단어의 끝에 '-oi'가 붙어 있으면 이는 색깔을 나타내는 단어다. 이들 단어 중 몇 개를 처음에는 묵시적 학습을 통해 소개하였다. 즉, 단어를 문단 속에 집어넣고서 문맥상의 단서로부터 특정 단어의 의미가 드러나게 한 것이다. 그런 다음, Ursulu 단어와 영어 단어를 직접 비교하여 학습하는 부분에서는 명시적 학습방법으로 위의 지식이 유지되도록 하였다. 이 부분에서 색깔을 나타내는 Ursulu-영어 단어쌍을 제시한 것이다. 마지막으로, 이 검사의 후반부에서는 색깔을 나타내는 단어를 중심어로 활용함으로써 Ursulu 문장의 의미가 이해될 수 있게 하였다.

결론적으로 새로 개발한 검사는 (1) 이론에 기반을 둔 것으로, (2) 계속적인 학습상황을 모의화하기 때문에 생태학적 타당도가 비교적 높으며, (3) 검사시점에서 지식획득 과정을 밝혀 내는 역동적 평가 패러다임을 활용하고, (4) 최적의 교수-학습전략을 구안하는 데 필요한 진단적 정보를 제공한다. CANAL-F 이론에 기초한 이들 전략은 외국어 학습의 여러 요소를 다루는 하위검사 점수 패턴을 통해 추론될 수 있다. 구체적으로 이야기하자면, CANAL-FT 점수 패턴으로 선호하는 학습양식(청각적 양식 대 시각적 양식)을 식별하고, 묵시적·명시적 학습을 통해 어휘력을 늘려 나가는 학습자의 능력수준 등의 파악이 가능하다. 또한 검사자는 학습자의 강점과 약점을 알 수 있다. 따라서 이 검사는 분명히 CANAL-F 이론을 구현한 하나의 방법이지만, 유일한 방법은 아니다.

이 연구의 연구자들은 두 가지 연구를 수행하였다. 첫 번째 연구는 새로운 검사가 일반 인지적 능력보다 외국어 학습능력을 더 잘 측정하는가의 여부를 평가하기 위해, CANAL-FT와 널리 활용되고 있는 외국어학습능력검사 및 일반지능검사 간 관계를 살펴보았다. 또한 이 연구에서는 CANAL-FT 수행과 사전 외국어 경험 간 연관성을 탐색하였다. 두 번째 연구는 CANAL-FT의 예측력을 살펴본 첫 번째 연구를 넘어서서, 외국어 학습강좌상의 수행을 활용하여 공인타당도를 분석하였다.

·· 4 ··
연구 1: CANAL-FT 검사의 구인타당도와 내용타당도 연구

1) 참여자

연구 1에는 총 158명이 참여하였다. 모든 참여자들은 Yale 대학교 캠퍼스와 지역 신문광고를 통해 모집된 사람들인데, 이들에게는 시간급으로 수당을 지급하였다.

참여자 중 여학생은 92명(58.2%), 남학생은 57명(36.1%)이었고, 나머지 9명(5.7%)은 성별을 기재하지 않았다. 또한 참여자의 연령 범위는 18~59세였고, 평균연령은 23.9세였다. 모든 참여자는 최소한 1년은 대학을 다닌 사람들이었다.

이 연구의 참여자들은 네 가지 적성검사[2]와 한 가지 배경질문지에 응답하

---

2) 이 중 두 가지 지능검사가 선정되었다. 그 이유는 이들 검사가 (1) 두 가지 유형의 능력(결정적 능력과 유동적 능력)을 측정하고, (2) 약간 어렵기 때문에 본 연구의 참여자인 고능력 집단에 적합하며, (3) 집단검사로 시행이 가능했기 때문이다.

였다. 다음에서는 이들 검사에 관한 세부사항을 기술할 것이다.

2) 검사 및 질문지

(1) CANAL-FT

이 검사는 9개의 부분으로 구성된 역동적 검사다. 이 중 5개는 직후회상 검사이고, 4개는 직후회상 후에 제시된 지연회상검사라는 점을 제외하고는 전자의 검사와 동일하다.

이 검사는 CANAL-F 이론의 제 측면을 통합하여 5가지 과정을 측정하고 있다. 그 이유는 실제 외국어 학습에서 정신적 처리과정이 통합된 방식으로 이루어지기 때문이다. 5가지 과정은 아래와 같다.

❶ 맥락을 통한 신조어의 의미 학습(직후회상 및 지연회상)
❷ 절의 의미 이해(직후회상 및 지연회상)
❸ 연속적인 쌍연합 학습(직후회상 및 지연회상)
❹ 문장상의 추론(직후회상 및 지연회상)
❺ 언어규칙 학습(맨 마지막에 제시된 이 부분은 직후회상 문제만 들어 있다.)

이 연구에서는 먼저 직후회상 부분을 제시하고, 그 다음에 지연회상 부분을 제시하는 순서를 따랐다. 예를 들면, 맥락을 통한 신조어의 의미 학습(직후회상), 절의 의미 이해(직후회상), 맥락을 통한 신조어의 의미 학습(지연회상), 연속적인 쌍연합 학습(직후회상), 절의 의미 이해(지연회상) 등의 순서로 검사가 시행되었다. 또한 1~4부에서는 문항의 절반은 구술로, 나머지 절반은 시각적으로 제시되었고, 5부에서는 시각적으로 모든 문항이 제시되었다.

- 제1부(맥락을 통한 신조어의 의미 학습)

제1부에서는 5가지 인지적 과정(선택적 부호화, 부수적 부호화, 선택적 비교, 선택적 전이, 선택적 조합) 모두를 평가하되, 주로 어휘, 형태, 의미수준의 조작에 초점을 맞춘다. 그러나 몇 문항에서는 구문요소도 포함되어 있다.

참여자에게는 2(제시유형: 구술과 시각)×3(미지어의 비중: 저, 중, 고) 요인설계상의 간단한 문단 24개가 제시되었다. 이를 구체적으로 살펴보면, 먼저 문단의 절반은 글의 형식으로, 나머지 절반은 표준화된(사전 녹음된) 구술형식으로 제시되었다. 작업기억 내에 더 많은 문단내용이 유지될 수 있도록, 구술로 제시된 문단은 글로 제시된 문단보다 더 짧게 하였다. 또한 이들 문단은 학습자가 질문을 받기 전과 후에 각각 한 번씩 제시되었다.

문단 중 1/3은 미지어의 비중을 비교적 낮게 제시하여(약 5%의 미지어) 심화학습이나 새로운 주제의 외국어 학습을 유도하고, 또 다른 1/3은 미지어의 비중을 중간 정도로 맞추어(약 10%의 미지어) 중급 언어학습 상황을 모의화하였다. 마지막으로 나머지 1/3은 미지어 비중을 높여(약 20%의 미지어) 언어학습 초기 상황을 연출하였다.

종속변수는 예시된 신조어의 의미 이해다. 이해도는 다섯 개의 답지 중 신조어의 의미에 가장 가까운 답을 선택하도록 한 5지 선다형으로 평가되었다. 제1부에서는 각 문단의 바로 다음에 두 개의 선다형 문항을 제시하였고, 이를 통해 정보가 작업기억에 부호화되었는지를 측정하였다. 또한 장기기억 내의 지식을 측정하기 위해, 모든 문단을 받은 후 최소한 30분이 경과한 다음에 각 문단과 관련된 하나의 문항을 제시하였다.

- 제2부(절의 의미 이해)

제2부의 문항은 (1) 시각 및 구술로 제시된 자료를, (2) 의미론적 정보양식으로, (3) 작업기억에 부호화하고 장기기억에 저장할 때, (4) 선택적·부수적 부호화, 비교, 조합을 어느 정도 활용하는지를 측정한다. 또한 의미론적 처리

의 몇 가지 요소도 도입되었다. 제2부에 있는 6개의 검사문항은 제1부의 형식과 동일하지만, 종속변수가 단순한 어휘 문항보다는 전체 문단의 이해를 평가한다는 점에서 다르다. 제1부에서처럼 시각과 구술형식으로 문항을 제시하면서, 미지어의 비중을 달리하여 제시하였다(저 10%, 중 15%, 고 20%). 그러나 제2부에서는 직후에 4문항 그리고 최소 30분이 경과한 후에 1문항을 활용하되, 문단을 제시한 다음에 문단이해력을 평가하는 질문을 제시하였다. 따라서 어휘수준이 아닌, 문장과 문단수준의 이해가 참여자에게 요구되었다. 이 검사는 문단 내에 미지어를 포함시켰다는 점에서 기존의 일반적인 읽기 및 구술 이해력 검사와는 다르다. 이 같은 단어를 사용함으로써, 외국어 학습과정에서 접하는 경우와 유사한 문단이 제공된 것이다.

언어이해력 측정에서는 네 가지 수준의 이해, 즉 요지의 이해(질문 1), 주요 아이디어의 이해(질문 2), 세부사항의 이해(질문 3), 추론과 적용(질문 4)을 평가하였다(Wagner & Sternberg, 1987 참조). 또한 지연검사에서도 위의 수준에 대한 이해를 평가하였다.

• 제3부(연속적인 쌍연합 학습)

제3부에서는 시각 및 구술 형식으로 제시된 어휘와 형태자료를 작업기억에 부호화하고 장기기억에 저장할 때 활용하는 선택적 비교와 조합을 측정한다. 이 검사에서는 60개의 쌍연합(단어쌍)을 제시하였는데, 이 쌍연합에는 영어단어-신조어 순의 쌍으로 구성된 문항과 신조어-영어단어 순의 쌍으로 구성된 문항이 각각 절반씩 포함되어 있다. 참여자들은 연속적인 쌍을 학습하되, 이전에 학습한 단어와 최근에 학습한 단어가 불규칙적인 간격으로 배치된 검사를 받았다. 이 검사는 학습을 촉진할 수 있는 규칙이 내재되어 있다는 점에서 단순한 쌍연합 기억검사와는 다르다. 이 규칙이란 특정 용어들을 다른 용어와 관련시키는 것이다. 예를 들면, 색깔을 지칭하는 형용사는 '-oi'로 끝나게 되어 있다. 따라서 유능한 언어학습자는 단어형식 내에 있는 단서를

활용하여 쌍연합 학습을 촉진시킬 수 있다. 또한 검사가 전반적으로 학습 모의화가 되도록 설계되어 있어서, 이전 부분의 과제로부터 모종의 추론을 할 수도 있다. 그러나 어휘의 기본 구조를 추론하는 것은 순전히 참여자의 몫이다.

단어는 세 가지 다른 방식으로 제시되었다. 첫째, 단어의 절반은 시각적으로, 나머지 절반은 구술로 제시되었다. 둘째, 절반의 단어는 분리되어 제시된 반면(단어를 연계하는 단서가 없음), 나머지 절반의 단어는 어떤 방식으로든 구조적으로 연계되어 제시되었다(상호 유도가 가능함). 셋째, 영어–Ursulu어와 Ursulu어–영어 순서가 무선적으로 제시되었다. 한편, 참여자에게 학습한 쌍연합 단어를 제시하도록 하여 이를 평가하였는데, 이때 절반은 영어 쌍연합, 나머지 절반은 Ursulu어 쌍연합을 제시하게 하였다. 또 일부 문항은 쌍연합 과정 중에 즉시적 회상을 하게 했고, 여타의 문항은 최소한 30분이 경과한 다음 제시하도록 했다.

• 제4부(문장상의 추론)

제4부에서는 일차적으로 구문과 형태수준에서 그리고 부차적으로 어휘와 의미수준에서 선택적 · 부수적 부호화, 선택적 비교, 선택적 전이, 선택적 조합을 측정한다. 먼저 참여자들에게는 3~5개의 Ursulu어 문장과 함께 시각 혹은 구술로 제시된 번역본을 제공하였다. 문장과 번역본 제공 후, 각 참여자에게 영어 혹은 Ursulu어 문장 하나를 제시했고, 5지 선다형 문제 중 가장 잘 번역된 문장을 선택하게 했다.

문장 중 절반은 시각적으로($N = 10$), 나머지 절반은 구술($N = 10$)로 제시되었다. 또한 문항군의 절반은 단문의 구조인 반면($N = 10$), 나머지 절반은 중문이나 복문의 구조($N = 10$)를 갖고 있었다.

제4부에서는 두 국면의 종속변수를 사용하였다. 첫째, 일부 문항에서 수험자는 영어로 된 문장 중 옳은 문장을 선택하면 되지만, 여타의 문항의 경우

Ursulu어 문장 중에서 정답을 선택하도록 했다. 둘째 국면은 즉시적 회상과 지연적 회상이다. 전자의 즉시적 회상검사는 각 검사문항 다음에 곧바로 하나의 질문을 제시하지만, 지연적 회상검사의 경우 제4부 종료 후 최소한 30분이 경과한 다음에 네 문제(구술 및 필기 문제가 각각 2문제임)를 제시하였다.

• 제5부(언어규칙 학습)

제5부에서는 시각 및 구술형식으로 제시된 자료를 어휘·의미·형태·구문수준에서 작업기억에 부호화하고 장기기억에 저장할 때 활용되는 선택적·부수적 부호화, 선택적 비교와 조합을 측정한다. 먼저 참여자에게 몇 가지 어휘 및 문법과 Ursulu어의 기능에 관한 예를 제시하였다. 검사의 전 과정에서 제시된 위의 정보를 통해 참여자는 Ursulu어의 몇 가지 분명한 규칙을 학습할 수 있었다. 그런 다음, 12개의 문항(어휘·의미·형태·구문)을 통해 Ursulu어의 이해도를 평가하였다.

CANAL-FT 데이터의 채점은 문항반응이론(item response theory: IRT; 이하 IRT로 표기)의 척도화 방식을 통해 수행되었다(Hambleton, 1983). 이 척도화는 총 245명의 표본을 대상으로 이루어졌다.[3] IRT 척도화를 통해 참여자의 능력 및 시행된 과제에 관한 정보가 산출되었다. 통상 IRT 척도화를 위해서는 난이도가 다르지만 동일한 차원을 측정하는 일단의 과제가 필요하다. 이 연구에서 설정한 차원은 외국어 습득 시 중요한 인지적 능력에 해당되는 신기성과 애매성에 대한 대처능력이다.[4]

---

3) 검사개발 과정의 세부사항, 참여자 정보, IRT 모형 적합화, 문항특성에 관한 정보가 필요한 사람은 저자들에게 요청하기 바란다.

4) CANAL-FT 검사상의 응답은 문항난이도와 문항변별도를 고려하여 신기성에 대처하는 참여자의 능력을 추정하기 위해 이모수 IRT 모형으로 척도화되었다(Birnbaum, 1968). 여기에서는 아래와 같은 네 가지 서로 다른 척도화 모형을 활용하였다. 즉, (1) 신기성에 대한 대처능력의 단일지표(전체 문항군상에서 추정함), (2) 구술 및 시각영역에서 신기성에 대한 대처능력(구술 및 시각 제시 문항을 별도로 구분하여 추정함), (3) 직후 및 지연검사상에 나타난 신기성에 대한 대처능력(학습 중에 제시된 문항과 지연 제시된 문항을 별도로 구분

(2) 일반능력검사: 문화공평검사

이 검사[Test of g^5): Culture-Fair, Level III (CFT; Cattell, 1940; Cattell & Cattell, 1973); 이하 CFT로 표기]는 언어이해력, 문화, 교육수준의 영향력을 최대한 배제하기 위해 개발된 유동적 능력검사다. 사실 '문화공평'이라는 명칭을 달고 있지만, 이 검사나 다른 어떤 검사도 진정한 의미의 문화공평검사라고 볼 수 없다(Sternberg, 1985). 이 검사는 네 가지 하위검사로 구성되어 있다. 첫 번째 하위검사는 계열검사로, 불완전한 그림을 점진적으로 제시하고 있는데, 참여자는 다음에 이어질 최상의 답을 주어진 선택지 중에서 고르면 된다. 두 번째 하위검사는 분류검사로, 주어진 5개의 그림 중 어떤 면에서든지 세 가지와 다른 두 개의 그림을 선택하도록 하는 검사다. 세 번째는 행렬검사로, 각 행의 왼쪽에 제시된 행렬을 채우도록 하는 과제가 들어 있다. 마지막 하위검사는 조건(혹은 기하)검사로, 도형 내 점의 위치가 표적 조건과 동일한 것을 다섯 가지 선택지 중에서 고르는 과제다(예: 표적조건의 그림이 네모 밖의 원 안에 점을 갖고 있다면, 이 조건에 맞는 그림을 선택하면 됨).

(3) 개념숙달검사

개념숙달검사(Concept Mastery Test: CMT; Terman, 1970; 이하 CMT로 표기)는

하여 추정함), (4) 검사의 각 부분별로 추정된 신기성에 대한 대처능력 지표가 그것이다. 척도화 방식을 달리하여 산출된 신뢰도 계수는 (1) 전체 검사 a = .97, (2) 구술 및 시각 제시양식의 경우 각각 a = .86과 a = .96, (3) 즉시 및 지연회상 척도의 경우 각각 a = .96과 a = .88, (4) 제1부(맥락을 통한 신조어의 의미 학습) a = .89, 제2부(절의 의미 이해) a = .84, 제3부(연속적인 쌍연합 학습) a = .85, 제4부(문장상의 추론) a = .83, 제5부(언어규칙 학습) a = .92였다. 모든 척도점수는 정규분포를 보였다. 한편, 두 개 이상의 점수가 포함된 척도화 모형(예: 모형 2~4)에서 나타난 척도점수 간 상관은 다음과 같다. 먼저 구술척도와 시각 척도 간 상관(위의 2)은 r_{245} = .85(p < .001)였고, 직후 및 지연회상 척도 간 상관(위의 3)은 r_{245} = .77(p <.001)이었다. 또한 각 부분별 평균상관(위의 4)은 .59인 것으로 나타났다(상관계수의 범위는 .46~.70이었고, 모든 상관이 p < .001이었음).

5) g(G)란 일반능력의 약어로, 모든 지력과제에 공통적인 능력인데, 모든 지능검사가 상당부분 이 능력을 측정하고 있다.

미국 문화권 내에서 획득한 지식 혹은 결정적 능력을 다루는 검사다. 이 검사는, 다른 모든 조건이 같다면, 지능이 높은 사람이 낮은 사람보다 풍부한 개념과 아이디어를 가질 가능성이 높다는 점을 전제로 하여 개발된 검사다. Terman(1970)은 어휘력, 일반지식수준, 언어유추능력을 통해 개념숙달 수준의 차이를 밝히는 것이 가능하다고 주장한 바 있다. 실제로 CMT는 능력이 출중한 성인, 대학원생, 여러 부류의 학부 재학생, 비재학생(nonstudents) 등을 성공적으로 변별하는 것으로 나타났다(Terman, 1970). 이 검사는 2부, 즉 (1) 동의어와 반의어, (2) 유추검사로 구성되어 있다. 이 중 제1부는 20개의 단어쌍을 제시하여 각 쌍의 단어들이 동의어인지 반의어인지를 식별하게 되어 있다. 또한 제2부는 70개의 언어유추 문항으로 구성되어 있는데, 참여자는 각 문항별로 예시된 유추의 구조에 맞는 단어를 세 답지 중에서 선택하면 된다. 유추문제 해결 능력은 어휘나 일반 정보와 밀접한 관련성이 있다.

(4) 현대 언어적성검사(MLAT)

현대 언어적성검사(Modern Language Aptitude Test: MLAT; Carroll & Sapon, 1958)는 아마 외국어 적성검사를 벤치마킹한 것 같다. 이 검사는 아래와 같이 5부 146문항으로 구성되어 있다. 즉, (1) 숫자학습(기억과 청각 예민성 측정), (2) 음성 속기(구술로 제시된 소리와 기호 간 연합능력 측정), (3) 단서 철자하기(필기로 제시된 소리와 기호 간 연합능력 측정), (4) 문장 내의 단어(문법구조에 대한 민감도 측정), (5) 쌍연합(단어쌍의 기억력 측정)이 그것이다. 이 검사는 오래되었지만, 여전히 변별력과 예측력을 유지하고 있다(Ehrman, 1994; Ehrman & Oxford, 1995; Sparks, Ganschow, & Patton, 1995).

(5) 사전 언어경험 질문지

참여자의 사전 언어경험에 대한 정보를 알아보기 위해 간단한 8문항의 질문지를 작성하였다. 이 질문지는 (1) 전공분야, (2) 알고 있는 외국어, (3) 외국어 숙달수준, (4) 외국어 학습방법, (5) 외국어 학습의 어려움 정도 등을 묻고 있다.

3) 연구결과

(1) 외적 구인타당도

CANAL-FT의 외적 구인타당도를 평가하기 위해 일련의 상관분석을 시도하였다. 여기에서 CANAL-FT 점수는 외국어 적성검사를 벤치마킹한 MLAT, 결정적 지능을 측정하는 개념숙달검사(CMT), 유동적 지능을 측정하는 Cattell의 문화공평검사(CFT, Scale 3, Form B)상의 점수에 비추어 타당화되었다. 위의 검사 점수를 통해 변별타당도와 수렴타당도(Campbell & Fiske, 1959)를 평가하였다. 이 중 CANAL-FT의 수렴타당도는 MLAT와의 상관을 통해 그리고 변별타당도는 두 가지 지능검사와의 상관을 통해 평가되었다.

CANAL-FT, MLAT, 지능검사 간 상관 그리고 CANAL-FT와 MLAT의 하위척도 간 상관에서 두 가지 중요한 결과가 산출되었다. 첫째, CANAL-FT와 MLAT상의 모든 점수 간 상관이 CANAL-FT 점수와 지능지수(결정적·유동적 능력 지표) 간 상관보다 유의하게 높아, CANAL-FT가 수렴타당도와 변별타당도를 갖는 것으로 나타났다. 위의 증거를 명확하게 살펴보기 위해, 이 연구에서는 CANAL-FT와 MLAT 하위점수 간의 상관을 짝지어 비교해 보았다. 먼저 CANAL-FT의 제3부(연속적인 쌍연합 학습)와 MLAT의 제5부(쌍연합) 간 상관은 CANAL-FT의 제3부와 CMT 간 상관보다 유의하게 높았다. 이에 반해, CANAL-FT의 제4부와 MLAT 제4부 간 상관 그리고 CANAL-FT와 CFT 간 상관은 유의하지 못했다. 또한 CANAL-FT 총점과 MLAT 총점 간 상관이 CANAL-FT 총점과 CFT 점수 또는 CANAL-FT 총점과 CMT 점수 간 상관보다 유의하게 높았다.

다음으로 CANAL-FT의 5가지 하위검사, MLAT의 5가지 하위검사, CMT

및 CFT 점수 간 상관행렬을 통해 요인분석을 시도하였다. 초기 요인추출은 주성분분석[6]을 통해 이루어졌고, 이후 사각회전을 시도했다(δ = 0). 초기 요인추출 결과, 두 가지 성분의 고유값이 1보다 컸고(5.18과 1.29), 회전 후 두 요인의 설명분산은 53.9%였다(고유값은 각각 4.71과 2.73임). 분석결과, 첫 번째 요인에는 CANAL-FT의 제1부(요인부하량 .78), 제2부(요인부하량 .68), 제4부(요인부하량 .65), 제5부(요인부하량 .67), MLAT의 제1부(요인부하량 .71), 제2부(요인부하량 .70), 제4부(요인부하량 .61), CMT(요인부하량 .61), CFT(요인부하량 .68)가 포함되었다. 또 두 번째 요인에는 CANAL-FT의 제1부(요인부하량 .51), 제3부(요인부하량 .73), 제4부(요인부하량 .59), 제5부(요인부하량 .69), MLAT의 제5부(요인부하량 .76)가 포함되었다. 위의 요인형태에 비추어 볼 때, 첫 번째 요인은 일반요인과 관련된 수행을 설명하는 데 비해, 두 번째 요인은 일반요인과 무관한 수행을 설명하는 것 같다. 두 번째 요인의 경우 MLAT보다 CANAL-FT 하위검사가 더 많이 적재되었다는 점에 주목할 필요가 있다.

위의 구인타당도 분석결과에 비추어 볼 때, CANAL-FT는 외국어 적성을 측정하는 타당한 검사로 볼 수 있다. 또한 예견한 바와 같이, CANAL-FT는 결정적 지능이나 유동적 지능과 관련성은 있지만 동등한 검사는 아닌 것으로 보인다.

(2) 사전 언어경험

사전 언어경험 질문지 중 특히 세 가지 질문에 주목할 필요가 있다. 이 연구에서는 먼저 말하기, 읽기, 쓰기가 가능한 언어를 쓰도록 하였다. 분석결과, 영어 이외에 다른 언어를 말하지 못한 사람은 단지 5명(3.2%)이었고, 쓰지 못한다고 보고한 사람은 35명(22.2%)이었다. 이에 반해, 34명(21.5%)의 참

---

6) 요인분석 대신에 주성분분석을 사용한 이유는, 요인분석에 해당되는 주축분해 후 사각회전을 했을 때 유사한 결과를 보였지만 설명분산의 손실이 발생했기 때문이다. 요인분석에서 나타난 전체 설명분산은 44.8%였고, 회전 후 두 요인의 고유값은 각각 4.3과 2.4였다.

여자가 한 가지 외국어의 말하기, 읽기, 쓰기를 할 수 있고, 두 가지 외국어의 경우 67명(42.4%)이 말하기 그리고 44명(27.8%)이 읽기와 쓰기가 가능하다고 응답했다. 더 나아가, 세 가지 외국어에서는 의사소통 경우 52명(32.9%), 읽기와 쓰기의 경우 45명(28.5%)이 가능하다고 답했다. 위의 비율은 미국 국무성 소속 어학연수원에서 보고한 결과(Ehrman & Oxford, 1995)와 유사하다.

이 연구에서는 말하기, 읽기, 쓰기가 가능한 외국어 수와 CANAL-FT의 총점 간 관련성 여부를 파악하기 위해 일련의 분석을 시도하였다. 일변량 분산분석결과, 유의한 F값이 산출되었다. 즉, 참여자가 의사소통할 수 있는 외국어의 수에 따른 CANAL-FT 수행의 평균에 안정적인 선형추세가 있었다. 그러나 MLAT 총점과 숙달한 언어의 수 간에는 유의한 관련성이 없는 것으로 나타났다.

위의 결과에 비추어 볼 때 말하기, 읽기, 쓰기가 가능한 언어 수가 많을수록 CANAL-FT상의 수행이 쉽고 더 높은 수행을 보인다는 점을 알 수 있다. 또 CANAL-FT상의 높은 수행은 언어학습 경험으로부터 비롯되며, 따라서 다중언어를 학습한 사람들이 CANAL-FT가 측정하는 유형의 능력도 높을 것으로 보인다. 물론 위의 영향력은 상보적으로 작용할 것이다.

사전 언어경험 질문지 중 다른 두 가지 질문에 대한 응답도 검토해 볼 만하다. 이 연구에서는 참여자가 성장하면서 외국어를 접해 본 경험("그동안 다른 언어를 접해 본 경험이 있습니까?")과 외국어 학습에 대한 태도("외국어 배우기가 쉽다고 보십니까?") 및 이에 따른 CANAL-FT 수행의 차이를 분석해 보았다. 분석결과, 51.2% 참여자가 외국어를 접해 본 경험이 없다고 답한 반면, 48.8%가 접해 본 경험이 있다고 응답했다. 또한 55%의 참여자는 외국어 학습이 쉬운 과제라고 답한 반면, 45%는 쉽지 않다고 응답하였다. 한편, CANAL-FT 및 MLAT 총점을 종속변수로 설정하여 분산분석을 시도한 결과, 초기 언어경험이나 외국어 학습태도에 따른 주효과는 유의하지 못한 것으로 나타났다.

.. 5 ..
연구 2: CANAL-FT 검사의 준거관련 타당도 연구

1) 참여자와 측정도구

연구 2의 참여자는 Yale 대학교 학생 63명으로, 이 중 여학생이 34명, 남학생이 25명이었고, 4명(6.3%)은 성별을 기재하지 않았다. 참여자의 연령범위는 18~22세였고, 평균연령은 19.6세였다. 이들은 모두 대학 캠퍼스의 모집공고를 보고 참여하게 되었는데, 참여조건은 Yale 대학교에서 외국어를 최소한 한 강좌 수강한 경험이 있고, 연구자가 외국어 강좌의 교수를 접촉해도 된다고 허락한 경우다. 참여자들을 분석한 결과, 이들은 다양한 외국어를 공부한 것으로 드러났다. 참여자에게는 시간급으로 보수를 지불하였다. 모든 참여자는 연구 1과 마찬가지로 CANAL-FT와 MLAT 검사를 받는데, MLAT 검사의 경우 세 가지 하위검사(제3부, 제4부, 제5부)만을 시행하였다. 또한 참여자에게 외국어를 가르친 교수들을 대상으로 연구 참여자의 기량에 대한 사항을 기재해 줄 것을 요청하였다.

교수용 질문지는 학생의 의사소통, 어휘, 쓰기능력과 교수가 가르친 언어에 관한 지식 그리고 언어숙달능력에 관한 질문이 들어 있다. 이들 질문에 대해 교수는 부족함, 평균 이하, 평균, 평균 이상, 탁월함이라는 5점 척도로 학생을 평정하였다.

2) 연구결과

CANAL-FT 척도의 준거타당도를 확인하기 위해 CANAL-FT와 MLAT 지표 및 언어강좌 교수의 조사 데이터 간 등위상관을 산출하였다.

먼저 결과해석을 용이하게 하기 위해 교수의 평정 데이터에 대해 주성분 분석을 시도했다. 분석결과, 하나의 주성분이 추출되었는데, 이 요인의 고유값은 3.9였고, 설명분산은 78%였다. 여타의 모든 요인의 경우 고유값이 1보다 작아 고려대상에서 제외하였다.

CANAL-FT와 교수의 평정 간 상관은 두 가지 경우를 제외하고 모두 통계적으로 유의하였고, 상관의 강도 또한 전반적으로 높았다. 즉, 교수의 평정과 CANAL-FT 총점 간 평균상관은 .40이었고, CANAL-FT의 하위검사와 교수의 평정 간 평균상관($r = .27, p < .05$)의 크기는 MLAT 하위검사와 교수의 평정 간 평균상관($r = .23, p < .10$)의 크기와 유사한 것으로 나타났다. 그러나 CANAL-FT의 두 가지 하위검사(맥락을 통한 신조어의 의미 학습, 절의 의미 이해)는 교수의 평정과 유의한 상관을 보이지 못했다. 이 결과는 Yale 대학교의 외국어 수업양식이 주로 회화와 의사소통 기능을 우선시한다는 점을 반영한 것으로 보인다. 즉, 읽기능력과 쓰기능력보다는 말하기능력의 발달을 목표로 진행되었다는 것이다. 한편, 교수의 평정과 CANAL-FT의 다른 세 가지 하위검사 간 평균상관은 .37($p < .01$)이었는데, 이 결과는 CANAL-FT를 통해 학생들의 외국어 수행에 대한 교수의 평정을 예측할 수 있다는 점을 보여 준다.

··6··
결 론

이 연구에서는 외국어 적성에 관한 새로운 이론인 CANAL-F 이론과 검사의 이론적 근거 및 세부사항을 제시하고, 부분적인 구인타당화를 시도하였다. 즉, 이론을 통해 검사를 구성하였고, 검사에서 나타난 결과의 지지를 통해 이론의 지속가능성을 확인할 수 있었다. 물론 지지된 결과가 이 이론의 정확성을 '입증'한 것은 아니다.

CANAL-FT는 (1) 이론에 기반을 두고(최근 인지심리학 이론을 반영함), (2) 생태학적 타당도가 높으며(외국어 학습에 포함된 활동과 과정을 반영함), (3) 정태적 평가보다는 역동적 평가 형식을 표방하고(획득된 지식보다는 학습능력을 측정함), (4) 제한적인 지능지수집단에 적합하며(지능지수 분포상의 상위집단에 위치한 교육수준이 높은 사람들을 변별함), (5) 융통성이 있는(서로 다른 요구가 일반 검사의 여러 문항에 반영됨) 검사다. 또 이 검사는 연방정부의 집중언어 프로그램의 세부목표에 부합하며, 동시에 (1) 외국어 학습의 성공 예측, (2) 학습자의 선호양식에 대한 개인별 프로파일 구성, (3) 프로그램 내에서 학습자의 최적 배치 등의 정보 제공이 가능한 이론기반 측정도구의 기능을 갖추고 있다. 따라서 이 검사는 위의 모든 요구조건을 충족한 셈이다.

이 연구는 CANAL-F 외국어 이론의 타당화를 시도하여 그 결과를 제시했다는 점 이외에도 외국어 습득 관련 연구에 세 가지 면에서 기여하였다. 첫째, CANAL-FT 하위검사에 대한 요인분석 결과, 두 가지 요인, 즉 지능관련 요인과 언어특유의 요인이 추출되었다. 물론 위의 요인에는 CANAL-FT의 모든 하위검사가 포함된 반면, MLAT의 경우 단지 두 개의 하위검사(쌍연합과 단서 철자하기)만이 포함된 것으로 나타났다. 위의 결과는 지능과 외국어 적성이 중첩되어 있다고 본 Sawyer와 Ranta(1999)나 Skehan(1998)의 주장을 양변수 간 일차 상관을 통해 설명해 준다. 또한 두 번째 요인구조는 향후 CANAL-FT 연구에서 다양한 작업기억 측정도구를 포함시키는 것이 바람직하다는 점을 시사한다(Harrington & Sawyer, 1992; Osaka & Osaka, 1992; Osaka, Osaka, & Groner, 1993; Skehan, 1998).

둘째, 이 연구에서는 사전 외국어 학습경험과 외국어 적성 간 관계를 알아보기 위해 데이터를 수집하였다. 분석결과, 사람들의 말하기/읽기/쓰기가 가능한 언어의 수가 많을수록 언어적성 수준이 높은 것으로 나타났다. 이 결과는 Eisenstein(1980) 및 Sparks 등(1995)과는 일치하지만, Harley와 Hart(1997) 및 Sawyer(1992)와는 상반된 것이다. 그러나 위의 결과는 단순한 연관성만으로 인과관계를 규명할 수 없기 때문에 잠정적인 것으로 해석되어야 한다. 특히, 외국어 적성은 단순한 경험의 문제를 넘어선다는 강력한 증거(예: Sawyer

& Ranta, 1999; Skehan, 1989, 1990)가 있고, 적성의 수정 가능성 측면을 밝히기 위해서는 더 많은 연구가 필요하기 때문에 더욱더 그러하다. 다만 외국어 적성 자체가 발달중인 전문성의 형식이라는 점을 감안한다면, 집중적인 언어학습과 언어의 기저에 있는 규칙체계를 통해 상당한 정도의 증진이 가능할 것으로 보인다.

셋째, 이 연구는 외국어 적성 지표가 다양한 실제 언어학습과 연관되어 있다는 여러 연구(Sawyer & Ranta, 1999 참조)와 일치된 결과를 보여 주었다.

요약하자면, 이 연구는 한 가지 주요인(신기성에 대한 대처능력)을 중심으로 총체적인 검사 구성을 시도했다는 점에서 활용도가 높을 것으로 전망된다. 즉, 언어학습자가 접할 수 있는 여러 과제(어휘획득, 문장/구절 이해, 구문과 문법의 숙달, 의미추론)를 명시하고, 외국어 학습 시 여러 처리과정(선택적·부수적 부호화, 선택적 조합, 선택적 비교, 선택적 전이)의 상호협력이 필요하다는 점을 부각시켰다. 그러나 이 연구가 노력의 끝은 아니기 때문에, 후속 연구를 위한 하나의 초석으로 보아야 할 것이다.

다른 새로운 검사도 마찬가지겠지만, 앞으로 CANAL-FT 검사에 대한 타당화 및 정교화 연구가 후속되어야 한다. 특히, 대단위 표본, 광범위한 외국어 학습자, 다양한 외국어를 대상으로 한 외적 타당화가 크게 요구된다. 물론 앞에서 살펴본 바와 같이, CANAL-FT의 내용타당도, 구인타당도, 준거타당도 결과에 비추어 볼 때, 이 검사의 심리측정학적 속성은 만족할 만한 수준이다. 또한 이 검사는 학습자의 강약점 프로파일을 제공하기 때문에, 진단적 목적 뿐만 아니라 교육적·치료적 목적 등 다양한 목적으로 활용하기에 적합하다.

만일 CANAL-FT의 기초가 되는 이론에 하자가 없다면, 이 이론은 언어적 성을 고정적인 것으로 본 전통적인 관점(예: Skehan, 1990)과 상당히 다른 입장을 제시한 셈이다. 언어적성은, 다른 유형의 전문성과 마찬가지로, 발달 가능한 어떤 정보처리 유형의 전문성에 어느 정도 기반을 두고 있다(Sternberg, 1998). 따라서 언어적성은 출생 시부터 고정된 것이라기보다는 발달중인 전문성의 형식을 갖는다. 이 주장의 사실여부는 언어적성 훈련이 실제로 언어 수행과 CANAL-FT상의 수행을 향상시킬 수 있는가를 알아보는 연구를 통해 규명될 필요가 있다고 본다.

제 6부에서는 한 장을 할애하여 변화의 측정에 대한 여러 쟁점과 문제를 논의하고자 한다.

제6부

변화의 측정

DYNAMIC Testing

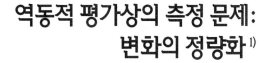

역동적 평가상의 측정 문제: 변화의 정량화[1]

이 장에서는 제1장에서 간단하게 언급한 사항을 다시 논의한다. 사실 역동적 평가가 발달중인 전문성을 평가하는 방법이라고 본다면, 전문성의 획득을 어떻게 측정할 것인가가 중요한 물음 중의 하나로 부각된다. 이 쟁점을 앞에서 매우 간략하게 다룬 바 있지만, 변화를 정량화하고 분석하는 문제를 구체적으로 살펴보지는 못했다.

최근 측정분야에서는 역동적 평가와 관련하여 변화의 정량화 문제를 직·간접적으로 다루고 있다. 이 장에서는 최근에 개발된 방법 몇 가지를 요약하여 제시할 것이다.

그동안 변화의 여러 유형이 확인되었고, 변화를 정량화하는 다양한 방법도 개발되었다(예: Collins & Horn, 1991; Harris, 1963). 이 장에서는 변화의 측정에 대한 과거의 접근법과 새로운 접근법을 관련 자료의 제시를 통해 조명할 것이다.

---

1) 이 장은 이전의 장보다는 상당히 전문적인 내용을 다루고 있다. 그러나 전체 내용을 읽어 볼 만한 가치가 있다고 생각한다. 이 장을 통해, 역동적 평가 과정에서 일어나는 변화를 심리학적·통계학적으로 설명하는 발달모형의 일면을 이해할 수 있을 것이다.

·· 1 ··
변화의 유형

지금까지 이 책에서는 학습, 발달, 획득된 전문성이라는 용어를 명확하게 구분하지 않았다. 앞에서 거론한 이론가들(제4~6장)은 위의 용어 정의와 용어 간 관련성에 대해 서로 다른 입장을 취하고 있다. 더욱이 이들 이론가들은 역동적 평가의 틀 내에서 일어나는 학습의 형식 및 유형도 서로 다르게 정의한다. 그러나 이 장에서는 위의 세 가지 과정(학습, 발달, 획득된 전문성)이 특유의 상이성을 갖고 있지만, 동시에 다양한 속성이 상당부분 중첩되어 있다고 본다(예: Pascual-Leone, 1995; van Geert, 1995; Vygotsky, 1934/1962). 구체적으로 살펴보면, 위의 세 과정 모두가 (1) 새로운 기량, 기능이나 수준의 발현을 중시하고, (2) 절차적 연속성 및 불연속성과, (3) 방향성을 가정한다.

학습과 발달을 설명하는 특유의 모형이 많기 때문에, 이 책에서 모든 모형을 포괄적으로 논의하기는 어렵다. 따라서 여기에서는 여러 가지 발달모형 중 하나를 설명하고자 한다. 즉, 역동적 평가에서 변화 측정의 문제와 관련성이 높은 한 가지 모형을 집중적으로 살펴볼 것이다.

일반성장모형(general growth model, van Geert, 1995)에서는 직선 삼단논법 추리와 같은 발달중인 기능(학습중인 혹은 획득되고 있는 기능)의 변화가 다음과 같은 세 가지 요인에 따라 달라진다고 본다. 즉, (1) 성장모수(예: 아동의 연역적 추리능력 지표), (2) 성장과정의 현 상태(예: 직선 삼단논법 문제에 대한 친숙도), (3) 아동이 즉시 활용할 수 있는 일단의 비계(scaffolding) 요인(동기적 비계로부터 도구적 비계에 이르는 요인들)이 그것이다.

위와 같은 성장 '동력(contributors)'은 여러 형태로 조합되어, 다양한 성장유형을 설명할 수 있다. 이들 성장유형에는 고전적 학습곡선, S자형 학습곡선, 비약적 성장, 단계적 성장이 있다.

고전적 학습곡선(classical learning curve)은 기능획득의 연속성을 가정한다. 따라서 아동의 능력수준이 높을수록, 더 많이 알고 새로운 지식의 획득과 부가적인 지식의 출처 찾기가 그만큼 용이하다고 본다. 앞의 세 가지 특성은 모두 학습과정에 연속적인 방식(선형적 혹은 비선형적 지수)으로 작용한다. 이 모형을 역동적 평가의 용어로 해석하자면, 사후검사상에 나타난 기능의 향상은 아동의 능력, 사전검사에서 드러난 아동의 기능 친숙도, 개입 중에 아동이 받은 도움의 양으로 설명될 수 있다. 이 모형은 능력수준이 높고, 기능에 대한 친숙도가 높으며, 비계가 많을수록 더 좋은 성과가 산출된다고 가정한다.

S자형 학습곡선(S-shaped learning curves)은 많은 학습 및 발달과정의 특징으로 거론되고 있다(Fischer & Rose, 1994). 학습곡선을 S자형 곡선으로 수정한 이유는 학습되고 있는 기능에 명시적인 최고수준이 존재하기 때문이다. S자형 곡선상에서 학습속도는 과정의 시작이나 끝부분보다는 중간부분에서 훨씬 더 빠르다. 역동적 평가와 관련하여 이 모형은 훈련 초기에 반응이 별로 없던 것이 중간단계에서 급격한 기능의 향상을 보이고, 훈련 종료 시점에 이를수록 개입에 대한 반응이 감속된다고 가정한다. 또한 기능을 가르치는 데에도 최대 수행수준인 준거가 존재한다고 가정한다.

비약적 학습곡선(saltatory learning curves)은 초기에 장기간 동안 실제적인 향상이 전혀 없다가 갑자기 가속화가 일어나, 기능이 극적으로 향상되고 수행이 최대 가능수준에 도달하는 상황을 보여 준다(van der Maas & Molenaar, 1992). S자형 학습곡선과 유사하게 이 모형도 기능획득 시 최대 수행수준(준거)의 존재를 가정한다. 역동적 평가 패러다임하에서 개입에 대한 반응의 향상이 초기에는 전혀 없다가 갑자기 최대 가능수준에 이를 때 이 곡선이 나타날 수 있다.

마지막으로 단계적 곡선(stepwise curves)은 기능획득 과정에서 등락이 존재한다고 가정한다(예: 정확한 문제해결에 이르기까지 실패가 혼재함). 학습곡선의 '불규칙성(unevenness)'은 오답을 하다가도 정답을 하는 경우가 있기 때문에 나타난다. 이 학습곡선은 다른 기능획득의 조건하에서 특정 기능획득을 연구하는 역동적 평가 분야의 연구자들에게 관심의 대상이 될 수 있다. 예를 들면, 직선 삼단논법 과제상의 문제해결은 작업기억 용량의 영향을 받는다. 따라서 작업기억의 용량이 적고 아동이 활용할 수 있는 정신적 도구가 없다면, 삼단논법 과제상의 수행 등락은 이 과제의 해결능력 부족보다는 오히려 작업기억의 불안정적인 기능 때문일지도 모른다.

위의 학습곡선들은 두 가지 일반적 범주로 확연히 구분된다. 첫 번째와 두 번째 유형의 학습곡선은 연속적인 변화를 기술하는 데 반해, 세 번째와 네 번째 유형은 불연속적인 변화를 기술하고 있다. 그러나 위의 네 가지 유형이 모두 사전검사와 사후검사 간 변화에 초점을 맞추고 있는 역동적 평가의 틀 내에서 나타날 수 있다. 그렇다면 위의 변화를 정량화하는 방법은 무엇인가?

·· *2* ··
과거의 변화 측정방법

전통적인 변화 측정방법은 주로 사전검사와 사후검사상의 원점수 차이로 정량화한 단순 변화점수를 활용하였다. 그러나 단순 증가점수를 사용할 경우 많은 문제가 생긴다(예: Bereiter, 1963). 이들 문제점은 (1) 증가점수의 낮은 신뢰도, (2) 표본의 하위집단에서 나타는 천장효과(ceiling effects), (3) 향상도의 정량화 시 능력분포상의 양극단에서 나타나는 동간성 가정의 위배 현상 때문에 발생한다. 위의 세 번째 문제와 관련된 일례로, 능력분포상의 양극단에 위치한 차이(증가)의 원점수가 동등하더라도 잠재능력의 향상도는 동등하게 않게 산출되는 경우를 들 수 있다.

첫째 그리고 가장 분명한 증가점수의 문제는 신뢰도가 낮다는 점이다. 구체적으로 살펴보면, 특정 표본을 대상으로 시행한 검사상의 표준편차 크기,

검사가 시행된 집단의 능력분포, 검사의 문항난이도 분포, 기타 다양한 요인이 증가점수의 신뢰도에 실제적으로 영향을 미친다. 흥미로운 사실은 사전검사와 사후검사 측정값 간의 상관이 낮아져도 변화점수의 신뢰도는 증가한다는 점이다. 이 같은 관계는 동일한 특성에 대한 두 측정값 간 상관의 감소가 두 측정도구 중 최소한 하나의 신뢰도가 낮다는 점을 의미한다는 점에서 역설적이다. 더욱이 단순한 변화 측정값은 사전검사지표와 부적(의사!) 상관을 보이는 경향이 있고, 따라서 부적 편파가 개입될 수 있다.

둘째, 동일한 검사를 사전검사(검사가 생소하기 때문에 어려울 수 있음) 및 사후검사(검사가 친숙하기 때문에 쉬울 수 있음)로 두 번 시행할 경우에 천장효과가 자주 발생한다. 여기에서 문제는 능력수준이 높은 학습자가 사전검사와 사후검사에서 천장효과에 해당될 정도로 '충분히 높은' 수행을 보일 때가 많고, 따라서 향상도가 0이 되거나 0에 근접하게 된다는 점이다. 특히, 연구자가 집단에 대한 자료분석 시 천장효과를 감안하지 않고 단순히 0의(0에 근접한) 향상이라는 산술적인 데이터만을 고려하여 해석한다면, 이는 심각한 문제다. 가장 자주 나타나는 해석방식은 (1) 능력수준이 높은 아동집단의 향상도가 없어서 특정 개입이 실패했다거나, (2) 능력수준이 낮은 집단이 높은 집단보다 빠른 증가율을 보였다고 해석하는 경우다. '향상도가 전혀 없거나(no-gain)' 혹은 '매우 적은(slow-gain)' 연구결과가 나타날 때는 최소한 아래의 두 가지 설명을 심각하게 고려해 볼 필요가 있다. 첫 번째 설명은 훈련대상 표본에 훈련될 기능을 이미 갖고 있는 아동집단(능력수준이 높은 아동집단)이 포함되어 있고, 따라서 이들 아동에게 훈련이 보탬을 주지 못했다는 것이다. 두 번째 설명은 훈련이 높은 능력수준을 가진 아동의 점수 향상보다는 문제해결 전략을 개선하는 데 기여했다는 점이다. 요약하자면, 개입 데이터의 경우에 천장효과가 나타날 때가 많기 때문에, 능력수준이 높으면서 향상도가 없는 집단의 데이터 분석 시 각별한 주의가 요망된다.

마지막으로 지적할 문제는 변화를 측정하는 척도의 특성이 잘못 이해되고 있다는 점이다. 척도단위의 의미는 단순한 변화점수의 연속선상에서 항상 일정하지 않다. 특정 변화수준의 의미가 능력수준에 따라 다를 수 있다는 것이다. 구체적으로 이야기하자면, 높은 수준에서 더 높은 수준으로 약간 향상된 수행은 낮거나 중간 수준에서 동일한 소량의 변화와는 다른 심리적 의미를 가지며, 심리적 기제 또한 다를 수 있다. 동일한 검사를 두 번 시행한 데이터상에서 천장효과가 있을 경우, 사전·사후에 시행한 검사가 너무 쉬워 낮은 능력수준의 학습자를 변별할 수는 있지만, 높은 능력수준의 학습자를 변별하기가 어려운지를 반드시 확인해야 한다. 위의 두 가지 조건을 충족시키는 유일한 방법은 사전·사후검사 문항을 신중하게 구성하는 것이다. 그렇지 못했을 때, 능력수준이 높은 집단과 낮은 집단의 향상도를 정량화하여 비교하기는 매우 어렵다.

일례로, 사전검사에서 서로 다른 두 검사(쉬운 검사와 어려운 검사) 그리고 사후검사에서 서로 다른 두 검사(쉬운 검사와 어려운 검사)를 사용했다고 가정해 보자. 이때 능력수준이 높은 집단은 당연히 쉬운 검사에서 매우 적은 향상도를 보이는 반면(단순히 사전검사의 점수가 높기 때문에), 어려운 검사에서는 매우 높은 향상도를 보일 것이다. 능력수준이 낮은 집단에서는 정반대의 결과가 나타날 수 있다. 즉, 쉬운 검사의 향상도는 매우 높은 데 비해 어려운 검사의 향상도는 매우 낮게 된다(어려운 검사를 사용할 경우 사전검사 점수뿐만 아니라 사후검사의 점수도 낮게 산출됨). 따라서 능력수준이 높거나 낮은 집단의 향상도 해석 시에는 사전·사후검사 문항의 심리측정학적 특성, 특히 문항난이도와 문항변별도를 고려해야 한다.

그동안 변화점수의 약점을 보완하기 위해 여러 가지 전문적인 방법이 제안되어 왔지만(예: Cohen & Cohen, 1975), 보편적으로 받아들여질 수 있는 방법이 개발되지는 못했다(예: Campbell & Kenny, 1999; Ragosa, Grant, & Zimowski, 1982). 단순 변화점수의 약점에서 벗어나기 위해, 연구자들은 변화점수의 활용을 피하는 편을 택했다. 이들은 개인수준에서 변화점수를 정량화하는 것을 포기하고, 집단수준에서 변화를 정량화하는 문제를 검토하기 시작했다(Cronbach & Furby, 1970). 그러나 이 전략은 성공적이지 못했다. 고전검사 점수에 대한 단순 t검정(Maxwell, Delaney, & Manheimer, 1985), 상호작용효과 검정(Embretson, 1994, 1996), 복합적 성장곡선 분석(Embretson, 1994)이 편파적인 결과를 산출할 수 있는 것으로 지적되었기 때문이다. 당연히 대다수의 역동적 평가방법도 고전검사이론의 접근법에 토대를 두고 있다.

위에서 논의한 세 가지 문제 중 세 번째가 가장 근본적인 문제인 것 같다. 이 문제는 분명히 고전검사이론의 접근법으로 보완될 성질의 것이라기보다는 현대 심리측정이론을 통해 검토될 수 있는 사안이다(Embretson & Reise, 2000).

..3..
최근의 변화 측정방법

문항반응이론(IRT)과 이 이론의 적용(예: Embretson & Reise, 2000; Hambleton, Swaminathan, & Rogers, 1991)은 빠르게 발전하고 있는 연구분야다. IRT는 1950년대 초 측정분야에 도입된 이론으로(Lord, 1952) 1960년대, 1970년대, 1980년대에 인기를 얻었고(예: Lord, 1980; Wright & Stone, 1979), 이제 검사개발의 주요 도구로 활용되기에 이르렀다(예: Embretson & Reise, 2000; Hambleton, Swaminathan, & Rogers, 1991). IRT는 많은 이론적 · 실제적 장점을 갖고 있는데(Hambleton & Slater, 1997), IRT의 특징을 살펴보면 다음과 같다. (1) 문항 및 피험자 모수가 불변성을 갖는다. 즉, 문항개발 및 적용 시 해당 집단에서 산출된 문항 모수가 안정적이며, 피험자의 능력수준이 다양한 난이도를 가진 여러 문항을 통해 정확하게 추정될 수 있다. (2) 공통척도상에서 문항과 피험자를 측정한다. 즉, 피험자가 문항과 상호작용하는 맥락에서 측정되기 때문에, 능력 추정값이 피험자의 반응뿐만 아니라 문항의 속성에 따라 다르게 산출된다. (3) 각 능력점수를 정확하게 측정할 수 있고, 따라서 서로 다른 문항을 사용할 경우에도 능력수준을 동등하고 정확하게 판정하는 것이 가능하다. (4) 문항정보함수를 제시해 주기 때문에, 능력 연속선상에서 각 문항이 측정의 정확성에 기여하는 정도를 알 수 있다.

다양한 IRT 모형이 있지만(Hambleton 등, 1991), 모든 모형은 대략 두 가지 범주, 즉 일차원 IRT 모형과 다차원 IRT 모형으로 대별된다. 일차원 모형 중에서 Rasch(1960/1980) 모형이 가장 널리 알려져 있고, 많은 연구가 이루어졌다. 이 모형은 모수가 지수인 로지스틱 분포상에서 문항난이도와 피험자의 능력 간 차이를 통해 문항의 정오를 예측한다. 즉, 문항난이도와 특정 능력수준을 가진 피험자가 해당 문항에서 정답을 할 확률을 연계하게 된다. 따라서 Rasch 모형의 일반적인 목표는 어떤 전문성 척도상에서 기능획득에 관한 확률적인 해석을 제공하는 것이다. 모형에 문항변별도나 문항추측도와 같은 문항의 속성을 추가한 더 복잡한 일차원 모형도 있다.

다차원 IRT 모형은 검사문항이 다중능력(동시적이거나 순차적인)의 동원을 요하는 복합 과제라고 가정한다. 따라서 하나가 아닌 여러 능력에 비추어 문항을 풀 확률이 결정된다.

1) 연속성 가정하의 변화 측정

연속성 가정이란 발달중인 전문성의 어떤 후속 단계든지 이전 단계의 연속선상에 있다는 점을 의미한다. 즉, 사전·사후검사 간 증감은 점진적 과정을 거친다는 것이다. 연속성 가정하에서 점진적 변화는 선형적이거나 비선형적일 수 있다. 여기에서 '선형성(linearity)' 개념은 단순한 비례의 속성을 지칭한다. 바꾸어 말하면, 특성의 변화가 훈련의 양과 비례할 경우에 변화는 훈련과 선형관계를 갖게 된다. 이에 반해 '비선형성(non-linearity)' 개념은 훈련의 양에 따라 비례하지 않는 변화를 의미한다. IRT 모형을 활용할 경우

연속적인 선형적·비선형적 성장곡선상에서 변화를 정량화할 수 있다.

그동안 역동적 평가용으로 활용 가능한 여러 IRT 모형이 개발되었다. 일례로, 학습 및 변화를 위한 다차원 Rasch 모형(multidimensional Rasch-family model for learning and change: MRMLS; Embertson, 1991)이 있다. 이 모형을 통해 능력 초기수준, 수정가능성 지수(연속적인 능력평가 간 변화지표), 문항난이도 지수 등 여러 가지 모수의 추정이 가능하다.

실례로, Schmidt-McCollam(1998)의 연구를 살펴보자. 이 연구에서는 공간 시각화 능력을 측정하는 역동적 검사를 두 성인집단, 즉 노년과 장년집단을 대상으로 세 번 시행하였다. 여기에서 능력지표란 (1) 기초선 능력수준, (2) 물리적인 유사 훈련 후의 능력지표, (3) 언어적·분석적 훈련 후의 능력지표다. 이 연구의 목적은 장년과 노년집단의 초기 능력수준 및 수정가능성 지표를 비교하는 것이었다. 연구결과, 장년집단의 기초선(사전검사) 능력수준이 높았지만, 수정가능성 지표상에서는 연령집단 간 차이가 없는 것으로 나타났다.

2) 역동적 변화모형

다음에서 논의할 개념은 신피아제 학파의 정신역량(mental capacity)으로, 이는 개인이 동시에 주의를 기울일 수 있는 사물이나 상황의 최대 수로 정의된다(Case, 1992; Pascual-Leone & Ijaz, 1989). 정신역량은 인지적 단계에 기반을 둔 발달과 밀접하게 관련되어 있고, 이 같은 발달의 속도와 질을 나타내는 지표(즉, 학습잠재력의 지표)로 활용 가능하다. 정신역량의 획득은 서로 다른 유형의 스키마(예: 소묘적-선언적, 작동적-절차적, 집행적)를 숙달하는 형식을 통해 이루어진다. Pascual-Leone과 동료들은 정신역량을 측정하기 위해 일단의 과제(M-역량 과제)를 개발한 바 있다. 이들 과제 중 하나가 도형교차 과제(Figural Intersections Task: FIT; 이하 FIT로 표기)인데, 이 과제에서는 일단의 단순그림과 이 단순그림이 교차되어 들어간 하나의 복합그림을 아동에게 제시한다. 아동은 복합그림 내에 있는 모든 단순그림을 식별한 다음, 복합그림 내의 한 점이 동시에 모든 단순그림의 안쪽에 들어가도록 점을 찍으면 된다. Cattell의 일반능력(g)을 재는 문화공평검사에도 위와 유사한 과제가 들어있다.

FIT나 다른 정신역량 과제의 적용과 관련하여 흥미로운 논의거리는 시행 프로토콜이다. 평가에 앞서, 피험자들은 성공적인 과제수행에 필요한 모든 정신적 스키마에 대해 배운다(예: 복합그림 내에 있는 단순그림을 찾는 방법과 점을 찍을 위치를 정하는 방법을 배움). 따라서 참여자가 평가 이전에 관련 기능을 획득했으므로, 이들 학습된 기능의 조작능력이 곧 학습잠재력의 지표라고 가정한다. Pascual-Leone에 따르면, M-능력은 공식 e + k로 나타낼 수 있다. 여기에서 e는 2세 때까지 충분히 표출되는 아동의 '주어진(given)' 잠재력이고, k는 3세부터 청년기에 이르기까지 매년 한 단위씩 성장하는 획득된 정신역량을 의미한다. 이러한 M-능력 정의를 통해, 하나의 평가회기 내의 연습성과가 k-성장률에 근접할 수 있다는 가정이 성립된다.

Pascual-Leone과 동료들은 M-능력이 다양한 영역(예: 언어, 기억)에서 평가될 수 있고, 평가된 M-능력이 어떤 내용영역에서든지 동일하게 활용 가능하다고 본다(Pascual-Leone & Ijaz, 1989). 또한 M-능력 과제의 지지자들은 이 과제가 역동적 평가의 장점을 최대화하고(예: 참여자의 사전지식에 상대적으로 둔감함) 단점을 최소화한다(예: 변화지표 대신에 기지(旣知)의 속성으로 측정척도를 제공함)고 주장한다.

여기에서 Pascual-Leone과 동료들이 IRT 분석을 활용하여 M-능력 획득의 선형성과 연속성 가정을 탐구했다는 점에 주목할 필요가 있다. 구체적으로 살펴보면, Pennings와 Hessels(1996)는 자극 속성이 부과하는 정신적 부하량을 통해 도형 M-능력 문항을 채점하였다. 이 과정에서 (1) 문항난이도와 정신역량 간 관계, (2) 연령과 정신역량 간 관계를 고려하였다. 위의 문항에 대한 Rasch 모형 척도화 결과는 일반적으로 M-능력이 연령에 따라 선형적으로 증가한다는 Pascual-Leone의 가정을 지지하였다. 그러나 연속성 가정을 분석한 결과에 따르면, M-능력이 비연속적인 방식으로 발달하는 것으로 나타났다(Pascual-Leone & Baillargeon, 1994). 위의 결과를 설명하면서 개진한 주장은 M-능력이 개인별로 숙달한 정신적 스키마의 수를 나타내는 지표이고, 이 숙달은 비연속적으로 일어난다는 것이다. 따라서 기능획득 과정에서 일어나는 인지변화에 대한 포괄적인 M-능력이론의 구성이 가능하고, 결과적으로 모든 관측된 변화를 숙달된 스키마의 유형과 양으로 예측할 수 있다고 주장한다(Pascual-Leone & Johnson, 인쇄중).

기능의 획득이 비연속적으로 일어날 수 있다고 본 Pascual-Leone과 동료들의 연구결과는 이 분야에서 전혀 새로운 것은 아니다. 사실 그동안 다양한 문헌에서 발달의 비연속적 특성을 논의해 왔다. 다음에서는 주로 변화의 정량화 문제와 관련하여 비연속적 특성에 관한 논의를 요약하되, 몇 가지 주요 가정도 간략하게 개관할 것이다.

3) 비연속성 가정하의 변화 측정

많은 연구자들은 발달과정을 역동적 과정으로 보고, 다른 학문영역의 비선형 체제에 관한 지식을 발달심리학에 적용하고 있다(예: van Geert, 1998). 비선형 체제는 관심의 대상이 되는 특성이 갑작스럽게 질적으로 변화하는 특성을 갖는다. 이 같은 맥락에서, 기능획득의 과정은 비연속적인 것으로 볼수 있다. 즉, 어떤 시간계열 내에서 기능요소를 구축하는 상당히 느린 연속적 과정이 갑작스런 기능숙달 사태에 의해 차단된다. 이 같은 갑작스러운 변화 후에, 비선형 체제는 일시적으로 안정화되어 소위 끌개상태(attractor state)로 수렴되고, 또 다시 느린 연속적 과정을 전개할 수 있다(예: Wimmers 등, 1998). 안정화된 체제는 시간이 흐름에 따라 자율성을 갖춘다. 그러나 구조적 안정기는 또 다시 갑작스러운 조직 내 변화로 인해 차단되고, 질적으로 다른 안정성 양식이 출연하게 된다.

앞의 모형의 일반적인 가정은 매우 안정적인 독립변수(예: 유전적 기질과 같은 생물학적 특성)나 환경적 맥락(예: 교육이나 사회경제적 지위)의 압력하에서도 종속변수(인지적, 행동적, 사회·정서적 특성)가 어떤 안정적인 상태(끌개상태)에 도달하는 경향이 있다는 것이다. 그러나 독립변수상의 변화 때문에 끌개상태가 갑자기 바뀔 수도 있다. 즉, 끌개상태에 동요가 일어나면(적합한 개입이 인지적 기능의 안정성에 가해질 경우), 안정적인 기능이 붕괴되거나 다른 고차원적 기능으로 변환될 수 있는데, 이 과정은 비연속적인 방식으로 이루어진다. 위와 같이 비선형적인 역동적 체제이론에 기초한 방법론을 따르는 입장에서는 독립변수의 변화와 끌개상태의 변화를 연계할 수 있는 정의방식이 존재한다고 주장한다.

삼단논법 추리의 예를 들어 보자. 일단, 추리발달의 사전 산출(예: '그리고'라는 논리적 연산자에 관한 아동의 수행능력)을 알아보는 삼단논법 구성 검사와 투입요소가 되는 외적 개입(예: 직선 삼단논법 과제의 해결방법에 관한 수업)이 있다고 가정해 보자. 여기에서 적절한 개입의 역할은 기존의 추리발달단계를 새로운 단계(직선 삼단논법 과제의 해결방법을 앎)로 전이시키는 것이다. 역동적 체제 접근법에 따르면, 위의 변형은 비연속적인 특성을 가질 수 있다. 그러나 기능의 원리가 숙달되고 나면, 후속적인 개입은 삼단논법 과제의 해법원리를 변화시키기보다는 추리를 강화하여 안정적으로 유지시킨다. 현재 역동적 체제 접근법의 적용범위가 확대되고 있지만, 발달심리학 내에서 이는 소수입장에 속한다. 대표적인 적용의 예가 운동기능 발달에 대한 역동적 모형일 것이다(Thelen, 1992; Thelen & Smith, 1994, 1998).

그동안 앞의 발달모형은 역동적 평가에 관심을 갖고 있는 연구자들에게 관심의 대상이 되어 왔다. 그 이유는 간단하다. 역동적 체제의 원리가 조작이나 기제의 반복적인 특성과 다양한 끌개의 존재를 가정하고 있고, 이 원리는 역동적 평가 접근법이 안고 있는 문제를 재정립하는 데 도움을 줄 수 있기 때문이다. 또한 이 같은 발달모형을 통해 발달의 추이나 발달의 시간척도를 더 정확하게 모형화하는 것이 가능하다. 구체적으로 이야기하자면, 역동적 평가의 아이디어는 교사와 협력하여 아동에게 새로운 인지적 단계를 경험하도록 하고, 이 같은 '학습 인카운터'(van Geert, 1997의 용어)를 통해 새로운 단계로 끌어올리자는 것이다. 여기에서 문제는 아동이 선형적인 방식으로 새로운 인지적 '숙달' 수준(전문성 수준)에 도달하지 않으며, 또 숙달의 진행이 아동이 받은 수업의 양에 비례하지 않는다는 점이다. 결과적으로, 정확한 시간 추정값이란 학습 인카운터에 소요된 시간의 양(예: 아동이 어떤 기능을 얼마나 빨리 숙달할 수 있는가) 그리고 학습 인카운터 간 시간의 양(발달의 성과를 최대화하기 위해 학습 인카운터 사이에 어느 정도의 간격을 두어야 하는가)과 관련이 있다. 위의 학습 인카운터 간 및 학습 인카운터 내 시간은 모두 아동이나 과제에 따라 다를 수 있기 때문에, 이를 적용할 때에는 고도의 전문적인 통계적 평가방법이 필요하다.

심리적 처리과정의 발달에서 나타나는 비연속적 변화를 밝히기 위해 사용된 여러 모형 중 하나가 바로 파국이론(catastrophe theory)의 변환모형이다(Thom, 1975). 파국이론이란 역동적 체제(즉, 본래적으로 시간에 따라 변화하는 체계) 내의 국면 변환을 밝힐 수 있는 수학이론이다. 역동적 체제의 파국(변형) 단계는 8개의 필수적이며, 수학적으로 정의된 지표로 정의된다(Gilmore, 1981; van der Maas & Molenaar, 1992). 위의 지표들 중 특히 발달연구의 맥락에서 연구된 지표로는 특성분포의 양봉성, 기능의 접근불가성, 도약, 변칙적 분산, 임계저속 등이 있다(예: 유추발달 연구; Hosenfeld, van der Maas, & van den Boom, 1997b).

비선형 성장모형의 또 다른 예는 소위 Verhulst 모형의 형식으로 표현된 경우다(van Geert, 1991, 1993, 1994). 여기에서는 적시에 관측되는 변화변수를 '성장자(grower)'라고 부른다. 이 성장자는 임의수준(출발점)에서 출발한 다음, 성장하여(정적인 증가나 부적인 감소) 어느 정도의 평형상태에 도달하게 된다(혼돈에 의해 평형상태가 변할 수 있음). 그동안 언어발달 영역에서 이 모형이 연구되어 왔다(Ruthland & van Geert, 1998).

심리학 문헌에서 앞의 모형을 적용한 경우가 제한적이지만, 발달자료로부터 보존, 분류, 수평적·수직적 이해, 유추 등의 과제수행에 대한 양봉성(기능의 숙달자와 비숙달자를 구분함) 지표는 쉽게 찾아볼 수 있다(Hosenfeld, van der Maas, & van den Boom, 1997a; Thomas, 1989; Thomas & Lohaus, 1993; Thomas & Turner, 1991). 역동적 평가의 주 목표가 아동이 숙달해야 할 인지적 도구를 제공한 다음, 아동이 이 도구를 숙달할 수 있는가의 여부를 알아보는 것이기 때문에, 역동적 평가 패러다임하에서 수집된 데이터 중에는 양봉적인 특성을 갖는 경우가 많다. 두 가지 분포, 즉 도구를 숙달한 아동과 숙달하지 못한 아동의 분포가 산출된다는 것이다. 위와 같은 양봉성의 분명한 예를 Budoff의 연구에서 찾아볼 수 있다. 이 연구에서는 향상 유형과 비향상 유형을 구분하였는데, 바로 이것이 기능숙달의 양봉성에 해당된다.

위의 아이디어를 역동적 평가 분야와 관련짓기 위해 간단한 가상적 사례를 생각해 보자. 어떤 이론에서 두 가지 유형의 학습자, 즉 수업을 통해 효과를 본 학습자와 그렇지 못한 학습자를 가정해 보자. 또 학습자가 특정 수업을 통해 효과를 보았는지 그리고 사전검사 대비 사후검사 수행이 향상되었는지를 알아보기 위해 4문항의 역동적 검사를 개발했다고 가정해 보자. 수업을 통해 효과를 본 학습자는 각 문항의 수행이 향상되었을 것이다. 이 상황은 1111로 표시될 수 있다(여기에서 1이란 '향상'을 의미함). 한편, 수업의 효과가 없었던 학습자는 문항에서 오답을 했을 것이고, 이 상황은 0000으로 표시될 수 있다(여기에서 0이란 '향상되지 않음'을 의미함). 그러나 불행하게도 이들 문항은 거의 확실하게 완벽하지 않다. 예를 들어, 어떤 사후검사 문항이 여러 개의 사전검사 문항보다 수험자에게 더 어려울지도 모른다. 더욱이 각 문항에 대한 학습자의 응답이 능력수준의 진점수가 아닐 수도 있다. 일례로, 규칙을 숙달했고 수업을 통해 효과를 본 어떤 학습자가 특정 문항에서 수행의 향상을 보여 주지 못한 경우도 있다. 부주의, 피로, 오해, 흥미 부족 등 때문에 좋은 수행을 하지 못한 학습자들이 있는가 하면, 역으로 수업에서 다룬 규칙을 숙달하지 못했지만 추측이나 순전히 운 덕분에 수행의 향상을 보인 학습자도 있을 것이다. 결과적으로, 문항의 불완전성과 학습자 수행의 변동 때문에 앞에서 기술한 두 가지 '완벽한' 패턴과는 다른 패턴이 산출된다. 만일 측정의 오차와 개인 수행의 변동을 가정한다면, 모두 16가지 패턴(1110, 1100, 1000 등)이 나올 수 있다.

　전체 프로파일이 산출된 다음에는, 두 가지 절차상의 선택이 가능하다. 먼저 정량화하고자 하는 학습특성이 연속적인 특성이라고 가정하고, 학습자의 점수를 위치지수로 해석하여 척도상에 위치시키는 경우다(향상도를 보인 문항 수에 기초하여 0, 1, 2, 3, 4로 표시함). 이와는 달리, 두 가지 주요 유목, 즉 수업을 통해 효과를 본 학습자와 그렇지 못한 유목이 있다고 가정하여 앞서 제시한 이론적 모형을 활용할 수도 있다. 그러나 이 모형은 앞에서 언급한 오차요인 때문에 어떤 유목을 다른 유목으로 오분류할지도 모른다. 즉, 오차요인 때문에 학습자의 진짜 유목은 직접 관찰 불가능하고 쉽게 탐지될 수 없다. 따라서 정오답의 패턴 분석을 통해 추론될 필요가 있다. 이러한 진 유목을 잠재적(관찰 불가능한) 유목(latent class)이라고 하는데, 컴퓨터 프로그램을 활용하여 이 잠재적 유목의 탐지가 가능하다.

　역동적 평가 분야에 역동적 체제 모형을 적용하면, 개입장면에서 나타난 비선형적 효과를 이해하고 공식화하는 데 도움이 된다. 그럼에도 불구하고, 대다수의 역동적 평가 모형(과 데이터 분석 방법)은 선형성 가정, 즉 어떤 변수의 투입정도에 따라 효과가 비례한다(개입이 좋으면, 성과도 좋을 것으로 봄)는 가정에 기초하고 있다. 그러나 개입의 비례 효과가 어느 지점까지는 가능하지만, 식역(threshold)에 도달하게 되면(혹은 도달하기 전에) 개입의 영향력이 질적·양적으로 변하는 경우가 많다. 요는 역동적 평가 데이터에 대한 전통적인 집단차 접근방법에서 개입의 비선형적 효과나 모수의 비선형적 특성을 무시할 때가 많다는 것이다. 예를 들어, 표준화 훈련의 영향력이 기능획득에 근접한 아동에게는 매우 크지만, 기능의 숙달과 동떨어져 있는 아동들의 경우 매우 적을 수도 있다(van der Maas & Molenaar, 1992). 구체적으로 이야기하자면, '숙달지점(mastery point)'까지의 거리가 짧을 때, 훈련을 통해 숙달로의 변환이 일어날 수 있도록 체제에 충분한 역동성(van der Maas & Molenaar, 1992가 수행 변산도 증가라고 표현한 불안정성)을 도입하는 일이 가능하게 된다.

더욱이 역동적 평가 패러다임 내에서 개입의 영향력은 복잡한 역동적 형식을 비교적 단순한 방정식을 통해 구현하는 비선형적 역동적 체제로 모형화될지도 모른다(Glass & Mackay, 1988; May, 1976; Newell & Molenaar, 1998). 위의 분석에서 우선적인 목표는 시간에 따라 발달하는 체제역동성을 조형하는 데 주요한 역할을 하거나, 혹은 할 수 있는 발달상의 관련 변수를 식별하는 데 있다. 이 분석은 다음과 같은 세 가지 가정에 기초하여 수행된다. (1) 기능의 숙달이란 주요 변수가 부과하는 많은 행위의 제약을 제휴하여 나온 산출물이다(예: Newell, 1986). (2) 주요 변수상의 적은 질적 변화가 기능면에서 대규모의 양적 변화를 초래할 수 있다. (3) 기능의 생성과 변형 시 안정성-변형의 역동성은 동조적이거나 경쟁적인 주요 변수 간 상호작용과 연계되어 있다.

그렇다면 역동적 평가에서 나타나는 비연속적 변화를 정량화하고자 할 때, 연구자들은 어떤 방법을 활용할 수 있는가?

4) 잠재유목분석

역동적 평가의 궁극적 목적은 검사를 받은 개인이 수업을 통해 효과를 보는가의 여부를 알아보는 것이라고 주장하는 이론가들이 있다. 이 관점에 따르면, 향상 지표 자체보다는 과연 개인이 향상도를 보이는가의 여부가 중요하다. 즉, 특정 아동이 사후검사상의 과제를 얼마나 잘 푸는가보다는, 그 아동이 사전검사에 비해 사후검사에서 과제를 더 잘 푸는가가 중요하다는 것이다. 역량의 발달과 기능의 획득을 연구하는 발달이론가들은 주로 이 입장을 받아들이고 있다.

잠재유목분석(latent class analysis: LCA; 이하 LCA로 표기)은 문제가 될 만한 가정이 별로 없고, 다봉성(multimodality)을 검증하는 데 효과적인 통계적 방법이다. LCA는 기저에 있는 집단이나 유형을 탐색한다는 점에서 군집분석과 유사하다. 그러나 LCA는 최대우도추정, 간편성, 모형 융통성 등 여러 가지 장점을 갖고 있다.

LCA는 로그선형모형, 요인분석, 잠재특성모형, 군집분석 등과 같은 다변량 분석방법의 하나로(Rindskopf, 1987), 명명척도나 서열척도로 측정된 비연속 변수에 대한 모형화가 가능한 방법이다. 더욱이 이 방법은 선형성 가정을 하지 않기 때문에 비선형적 관계모형을 설정할 수 있다(예: 인지적 수행 및 행동의 발달에서 나타난 변형과정의 비선형적 모형화). 이 방법은 두 가지 유형의 변수, 즉 잠재변수(관찰 불가능한 능력이나 행동유형)와 명시적 변수(측정된 일단의 문항에 대한 반응이나 발달 패턴)를 구분한다. LCA는 관측된 일단의 측정변수 간 관계가 측정되지 않은 어떤 설명변수에서 기인하는가를 판정하는 방법이다. 즉, 잠재변수의 수준으로 명시적 변수에 대한 반응패턴을 설명한다(McCutcheon, 1987). LCA를 통해 두 가지 유형의 모수, 즉 잠재적 유목(예: 향상 유형 대 비향상 유형)에 속할 무조건부 확률과 어떤 잠재유목에 속할 경우 특정 반응이나 행동(예: 숙달의 획득)을 보일 조건부 확률의 추정이 가능하다.

5) Guttman의 스캘로그램 모형과 Saltus 모형

Guttman(1944, 1950)의 스캘로그램(scalogram) 분석은 초기에 태도 질문지 분석에 적용된 방법이다. 이 기법은 특성수준별로 하나의 문항이 있다고 가정한다. 응답자에게 특성수준을 부여하는 방식은 다음과 같다. (1) 참여자가 n수준 이하의 모든 문항에 정답을 하고 n+1수준 이상의 모든 문항에 오답을 했다면, n수준으로 척도화가 가능하다. (2) 참여자의 응답이 위의 (1)과 다르면, 참여자는 n수준으로 척도화될 수 없다. Guttman 모형의 주요 가정(약점)은 척도화가 가능한 응답만이 아동의 기능획득 수준을 보여 주는 척도상에서 활용될 수 있다는 것이다. 그동안 앞과 같은 기능획득의 선형성을 발달 데이터에 널리 적용해 왔지만(예: Siegel, 1971; Wohtwill, 1960), 여러 연구자들(예: Kofsky, 1966)은 기능 요소의 숙달에 비연속성을 가정할 경우, 기능획득의 과정도 확률적이라고(측정의 오차와 발달의 비연속적 특성에서 기인함) 주장한다.

Saltus(라틴어의 saltus는 '비약(leap)'을 의미함) 발달모형은 Guttman의 스캘로그램 모형(1944)과 Rasch 모형(1966)의 연장선상에 있다. Rasch 모형과 유사하게, Saltus 모형은 문항난이도를 응답자의 전문성 수준에 의한 문항 정답 확률과 연계시키지만, 특정 문항수준의 확률을 조건부로 한다. 이 방정식에서 수준을 설정하기 위해서는 어떤 수행수준상에 위치한 특정 집단의 모든 구성원이 이 수준의 전형적인 전략을 모든 문항에 일관되게 적용한다고 가정해야 한다. Saltus 모형은 다양한 발달수준별로 여러 과제를 활용하여 상태 변화를 측정하기 때문에, 소위 일차 변화(단일 능력 내의 비연속적 비약)와 이차 변화(최소한 두 가지 능력 내의 비연속적 비약)를 알 수 있다. 이 모형은 혁신적으로 스캘로그램 모형과 중다과제 모형에 확률적인 체제를 추가하였다(피험자, 과제, 수준의 모수를 통합한 IRT 모형을 도입함). 이 때문에, 그동안 Saltus 모형에서 산출된 모수 추정값은 특수한 제약이 가해진 Rasch 모형의 해로 간주되어 왔다(Wilson, 1989). 구체적으로 말하자면, 어떤 문항 유형상에서 어떤 집단(전문성 수준이 서로 다른 집단) 내의 수행을 일단의 제약요소와 연계시킨 다음, 여기에서 나온 데이터를 통해 특정 개인의 집단분류(즉 전문성 수준)를 판정하고 있다(Fischer, 1983a, 1983b, 1987).

6) 혼합형 Rasch 모형

Rost(1990)는 IRT와 잠재유목분석을 결합하여 혼합형 Rasch 모형(mixed population Rasch model: MIRA; 이하 MIRA로 표기)을 개발하였다. 이 모형에서 개인은 하나의 특성수준을 갖지만(IRT 부분), 이 특성수준의 의미는 개인이 속한 유목에 따라 달라진다(잠재유목분석 부분). 결과적으로 문항난이도도 어떤 잠재유목에 속하는가에 따라 다르게 평가된다.

MIRA 모형을 역동적 평가에 적용한 예를 살펴보자. 먼저 두 가지 유형의 수업, 즉 설명식 수업과 자료 제시형 수업 후에 문항을 제시했다고 가정해 보자. 이때 문항난이도는 수업형식(예: 문항잠재유목)에 따라 달라질 수 있다. 또한 두 가지 수업형식하에서 학습자의 상대적 정오답 가능도가 곧 학습자의 수업양식 선호 확률을 결정한다. 따라서 어떤 학습자는 설명식 수업에서, 또 어떤 학습자는 자료제시형 수업에서 더 높은 정답률을 보이기 때문에, 역동적 평가자는 수험자가 선호하는 수업방법을 발견할 수 있다.

7) 일반성분 잠재특성모형

연구자가 일반성분 잠재특성모형(general component latent−trait model)을 활용할 경우, 능력과제에 과정−분해방법을 적용할 수 있다. 예를 들면, 어떤 인지적 과제가 방정식상에서 난이도 수준에 기여하는 성분으로 분할될 수 있다(예: Raven의 문항난이도 수준이 작업기억에서 기인한 난이도와 계열적 처리에서 기인한 난이도로 분해됨). 이와 같이 분해된 문항을 두 시점(사전검사와 사후검사)의 역동적 검사를 통해 시행함으로써, 잠재유목별로 서로 다른 능력수준의 성분향상도를 제시할 수 있다는 것이다.

결 론

이 장에서는 역동적 평가의 적용에 관심을 가진 연구자들에게 변화의 정량화에 관한 여러 가지 방법론적 쟁점을 제시하였다. 사실 변화의 정량화 문제는 발달적 변화에 관심을 둔 연구자들 사이에서 오랫동안 논의되어 왔다. 그러나 이 문제가 역동적 평가 방법의 연구에서 중심적인 위치를 차지하지는 못했다. 앞으로 역동적 평가의 분야를 발전시키기 위해서는 현대 심리측정이론과 발달심리학에서 많은 점을 배우고 활용해야 할 것 같다. 위에서 제시한 다양한 연구는 단지 가능한 방향을 제시하고 있지만, 그럼에도 역동적 평가 분야의 다양한 방법론적 경로를 지적한 셈이다. 더욱이 다양한 소프트웨어들이 출시됨에 따라 이 장에서 간략하게 기술한 여러 적용방법을 손쉽게 활용할 수 있게 되었다(예: Embretson & Reise, 2000).

저자 후기

이 책의 서두에서는 여러 가지 역사적·이데올로기적 정황 때문에, 역동적 평가 분야가 학문공동체의 충분한 주의를 끌지 못했다는 점을 지적하였다. 또 역동적 평가 연구의 개관과 비교를 위한 여러 차원을 제안한 다음, 실제 비교를 시도하였다. 이를 통해 다음과 같은 세 가지 결론에 도달하게 되었다.

첫째, 역동적 평가에 소요되는 자원에 비추어 볼 때, 현재까지 이 접근법의 유용성이 입증되었거나, 전통적인 정태적 평가에 비해 특유의 장점을 갖는다고 주장하기는 어렵다. 둘째, 앞으로 어떤 요구조건을 충족시킨다면, 역동적 평가 연구가 더 설득력을 갖게 되고, 결과적으로 역동적 평가 분야 또한 더 견실해지며, 데이터의 신뢰성도 제고될 것이다. 위의 요구조건에는 두 가지 유형(거시적·미시적)이 있다. 거시적인 요구조건은 이론적 쟁점과 관련된 조건으로, 역동적 평가가 자체 목표, 방법, 적용기법을 갖춘 하나의 중요하고 가치 있는 심리검사로 자리매김되어야 한다는 것이다. 한편, 미시적 요구조건은 경험적 쟁점 특유의 조건으로, 대규모 참여자집단을 대상으로 연구를 수행하고, 교육적·전문적 준거에 비추어 역동적 평가 결과를 타당화하며, 개발된 방법론을 독자적으로 활용한 여러 연구에서 유사한 결과가 산출될 필요가 있다는 점을 강조한다. 셋째, 역동적 평가에 관한 연구에서 능력을 발달중인 전문성으로 보는 관점을 채택할 때, 이론적·방법론적으로 이득이 클 수 있다고 본다. 또한 서로 다른 사고양식이나 학습양식을 고려하는 것도 필요할 것이다(Sternberg, 1997b).

역동적 평가는 전통적인 정태적 평가에 대한 불만족에 대한 반응으로 시작해서 성장해 온 분야다. 그러나 정태적 평가와 역동적 평가가 전혀 다른 두 관점이라기보다는 연속선상의 어느 지점에 위치한다고 볼 필요가 있다. 우선 많은 역동적 검사가 원래 정태적 형식으로 활용된 검사를 수정한 것이고, 다른 한편으로 정태적 검사 자체에도 학습기제가 내재되어 있기 때문이다. 어떤 정태적 검사를 받거나, 또 두 번째 시점에서 동일한 검사(혹은 동형검사)를 받을 때에 학습이 일어나기 마련이다. 심지어 Jan-Eric Gustafsson(2000)은 위와 같은 학습을 시사하는 데이터를 수집하고 있다. 학습은 타인의 지도보다는 자기 주도적일 수 있고, 이 또한 학습임이 분명하다. 그렇다면 역동적 평가가 정태적 검사에 내재되어 있음이 어느 정도까지 드러난 셈이다. 따라서 정태적 평가와 역동적 평가를 경합적으로 보기보다는 두 전통의 강점을 살려 종합할 때 더 큰 진전이 있을 것으로 본다.

요약하자면, 역동적 평가 분야의 연구는 흥미로운 패러다임과 아이디어는 물론이고, 유망한 연구결과를 제시해 왔다. 문제는 심리검사 분야에서 위의 잠재력이 실현될 수 있는지의 여부다. 이를 위해서는 일관성이 있는 수렴적 연구결과와 기법을 통해 전통적인 검사상의 데이터를 능가하는 정보를 제공해야 한다. 역동적 평가가 궁극적으로 위의 도전과제를 충족시키고, 학문분야와 세상에 소중한 자원임을 보여 줄 것이라고 믿어 의심치 않는다.

참고문헌

Altman, D. G., & Andersen, P. K. (1989). Bootstrap investigation of the stability of a Cox regression model. *Statistics in Medicine, 8*, 771—783.

Amabile, T. M. (1996). *Creativity in context.* Boulder, CO: Westview.

Anastasi, A., & Urbina, S. (1997). *Psychological testing* (7th ed.). Upper Saddle River, NJ: Prentice—Hall.

Ashman, A. F. (1985). Process—based interventions for retarded students. *Mental Retardation and Learning Disability Bulletin, 13*, 62—74.

Ashman, A. F. (1992). Process—based instruction: Integrating testing and instruction. In H. C. Haywood, & D. Tzuriel (Eds.), *Interactive testing* (pp. 375—396). New York: Springer—Verlag.

Baltes, M. M., Kühl, K. P., & Sowarka, D. (1992). Testing for limits of cognitive reserve capacity: A promising strategy for early diagnosis of dementia? *Journal of Gerontology, 47*, 165—167.

Bandura, A. (1977). Self—efficacy: Toward a unifying theory of behavioral change. *Psychological Review, 84*, 181—215.

Bandura, A. (1996). *Self—efficacy: The exercise of control.* New York: Freeman.

Barr, P. M., & Samuels, M. T. (1988). Dynamic testing of cognitive and affective factors contributing to learning difficulties in adults: A case study approach. *Professional Psychology: Research and Practice, 19*, 6—13.

Beckman, J. F., & Guthke, J. (1995). Complex problem solving, intelligence status and learning ability. In J. Funke, & P. Frensch (Eds.), *Complex problem solving: The European perspective* (pp. 177—200). Hillsdale, NJ: Erlbaum.

Beckman, J. R., & Guthke, J. (1999). *Psychodiagnostik des schlussfolgernden Denkens*

[Assessing reasoning ability]. Göttingen: Hogrefe.

Bereiter, C. (1963). Some persisting dilemmas in the measurement of change. In C. W. Harris (Ed.), *Problems in measuring change* (pp. 3−20). Madison: University of Wisconsin Press.

Berry, J. W. (1974). Radical cultural relativism and the concept of intelligence. In J. W. Berry, & P. R. Dasen (Eds.), *Culture and cognition: Readings in cross−cultural psychology* (pp. 225−229). London: Methuen.

Berry, J. W., Poortinga, Y. H., Segall, M. H., & Dasen, P. R. (1992). *Cross−cultural psychology: Research and applications.* New York: Cambridge University Press.

Bethge, H., Carlson, J. S., & Wiedl, K. H. (1982). The effects of dynamic testing procedures on Raven Matrices performance, visual search behavior, test anxiety and test orientation. *Intelligence, 6,* 89−97.

Binet, A (1909). *Les idées modernes sur les enfants* [Modern concepts concerning children]. Paris: Flammarion.

Binet, A., & Simon, T. (1905). Méthodes nouvelles pour le diagnostic du niveau intellectuel des anormaux. *L'Année Psychologique, 11,* 191−336.

Birnbaum, A. (1968). Some latent trait models and their use in inferring an examinee's ability. In F. M. Lord, & M. R. Novick, *Statistical theories of mental test scores* (pp. 397−479). Reading, MA: Addison−Wesley.

Blagg, N. (1991). *Can we teach intelligence?* Hillsdale, NJ: Lawrence Erlbaum.

Bodrova, E., & Leong, D. J. (1996). *Tools of the mind: The Vygotskian approach to early childhood education.* Englewood Cliffs, NJ: Prentice Hall.

Bolig, E. E., & Day, J. D. (1993). Dynamic testing and giftedness: The promise of assessing training responsiveness. *Roeper Review, 16,* 110−113.

Bollen, K. A. (1989). *Structural equations with latent variables.* New York: Wiley.

Borland, J. H., & Wright, L. (1994). Identifying young, potentially gifted, economically disadvantaged students. *Gifted Child Quarterly, 38,* 164−171.

Bradley, T. B. (1983). Remediation of cognitive deficits: A critical appraisal of the Feuerstein model. *Journal of Mental Deficiency Research, 27,* 79−92.

Bransford, J. D., Stein, B. S., Arbitman−Smith, R., & Vye, N. J. (1985). Improving thinking and learning skills: An analysis of three approaches. In J. Segal, S. F. Chipman, & R. Glaser (Eds.), *Thinking and learning skills: Relating instruction to research* (Vol. 1, pp. 133−208). Hillsdale, NJ: Erlbaum.

Bronfenbrenner, U. (1977). Toward an experimental ecology of human development. *American Psychologist, 32,* 513−551.

Brown, A. L., Bransford, J. D., Ferrara, R. A., & Campione, J. C. (1983). Learning, remembering, and understanding. In J. H. Flavell, & E. M. Markman (Eds.), *Handbook of child psychology (Vol. III).* New York: Wiley.

Brown, A. L., & Campione, J. C. (1981). Inducing flexible thinking: A problem of access. In M. Friedman, J. P. Das, & N. O' Connor (Eds.), *Intelligence and learning.* New York: Plenum Press.

Brown, A. L., Campione, J. C., Webber, L. S., & McGilly, K. (1992). Interactive learning environments: A new look at assessment and instruction. In B. R. Gifford, & M. C. O' Connor (Eds.), *Changing assessments.* Boston: Kluwer.

Brown, A. L., & Ferrara, R. A. (1985). Diagnosing zones of proximal development. In J. V. Wertsch (Ed.), *Culture, communication, and cognition: Vygotskian perspectives* (pp. 273−305). New York: Cambridge University Press.

Brown, A. L., & French, L. (1979). The zone of potential development: Implications for intelligence testing in the year 2000. *Intelligence, 3,* 255−273.

Brownell, M. T., Mellard, D. F., & Deshler, D. D. (1993). Differences in the learning and transfer performance between students with learning disabilities and other low−achieving students on problem−solving tasks. *Learning Disability Quarterly, 16,* 138−156.

Büchel, F. P., Scharnhorst, U. (1993). The Learning Potential Testing Device (LPAD): Discussion of theoretical and methodological problems. In J. H. M. Hamers, K. Sijtsma, & A. J. J. M. Ruijssenaars (Eds.), *Learning potential testing* (pp. 83−111). Amsterdam: Swets & Zeitlinger.

Büchel, F. P., Schlatter, C., & Scharnhorst, U. (1997). Training and assessment of analogical reasoning in students with severe learning difficulties. *Educational and Child Psychology, 14,* 83−94.

Buckingham, B. R. (1921). Intelligence and its measurement: A symposium. *Journal of Educational Psychology, 12,* 271−275.

Budoff, M. (1967). Learning potential among institutionalized young adult retardates. *American Journal of Mental Deficiency, 72,* 404−411.

Budoff, M. (1968). Learning potential as a supplementary testing procedure. In J. Hellmuth (Ed.), *Learning disorders* (Vol. 3, pp. 295–343). Seattle, WA: Special Child.

Budoff, M. (1969). Learning potential: A supplementary procedure for assessing the ability to reason. *Seminar in Psychiatry, 1,* 278–290.

Budoff, M. (1970). Learning Potential: A supplementary procedure for assessing the ability to reason. *Acta Paedopsychiatrics, 37,* 293–309. (ERIC Document Reproduction Service No. ED 048 703)

Budoff, M. (1975). *Learning potential among educable retarded pupils.* Final report, Research Institute for Educational Problems, 29 Ware Street, Cambridge, MA.

Budoff, M. (1987a). The validity of learning potential assessment. In C. S. Lidz (Ed.), *Dynamic assessment: An interactional approach to evaluating learning potential* (pp. 52–81). New York: The Guilford Press.

Budoff, M. (1987b). Measures for assessing learning potential. In C. S. Lidz (Ed.), *Dynamic assessment: An interactional approach to evaluating learning potential* (pp. 173–195). New York: The Guilford Press.

Budoff, M., & Corman, L. (1974). Demographic and psychometric factors related to improved performance on the Kohs learning–potential procedure. *American Journal of Mental Deficiency, 78,* 578–585.

Budoff, M., & Corman, L. (1976). Effectiveness of a learning potential procedure in improving problem–solving skills to retarded and nonretarded children. *American Journal of Mental Deficiency, 81,* 260–264.

Budoff, M., Corman, L., & Gimon, A. (1976). An educational test of learning potential testing with Spanish–speaking youth. *Interamerican Journal of Psychology, 10,* 13–24.

Budoff, M., & Friedman, M. (1964). "Learning potential" as a testing approach to the adolescent mentally retarded. *Journal of Consulting Psychology, 28,* 434–439.

Budoff, M., & Hamilton, J. (1976). Optimizing test performance of the moderately and severely mentally retarded. *American Journal of Mental Deficiency, 81,* 49–57.

Budoff, M., Meskin, J., & Harrison, R. G. (1971). An educational test of the learning potential hypothesis. *American Journal of Mental Deficiency, 76,* 159–169.

Budoff, M., & Pagell, W. (1968). Learning potential and rigidity in the adolescent mentally retarded. *Journal of Abnormal Psychology, 73,* 479–486.

Burns, M. S. (1991). Comparison of two types of dynamic testing and static testing with young children. *The International Journal of Dynamic Testing and Instruction, 2,* 29−42.

Burns, M. S. (1996). Dynamic assessment: Easier said than done. In M. Luther, E. Cole, & P. Gamlin (Eds.), *Dynamic assessment for instruction: From theory to application* (pp. 182−187). North York, Canada: Captus Press, Inc.

Burns, M. S., Delclos, V. R., Vye, N. J., & Sloan, K. (1992). Changes in cognitive strategies in dynamic testing. *International Journal of Dynamic Testing and Instruction, 2,* 45−54.

Burns, M. S., Vye, N., Bransford, J., Delclos, V., & Ogan, T. (1987). Static and dynamic measures of learning in young handicapped children. *Diagnostique, 12*(2), 59−73.

Campbell, D. T., & Fiske, D. W. (1959). Convergent and discriminant validation by the multitrait−multimethod matrix. *Psychological Bulletin, 56,* 81−105.

Campbell, D. T., & Kenny, D. A. (1999). *A primer on regression artifacts.* New York: Guilford Press.

Campione, J. C. (1989). Assisted testing: A taxonomy of approaches and an outline of strengths and weaknesses. *Journal of Learning Disabilities, 22,* 151−165.

Campione, J. C., & Brown, A. L. (1979). *Human intelligence.* Norwood, NJ: Albex.

Campione, J. C., & Brown, A. L. (1987). Linking dynamic testing with school achievement. In C. S. Lidz (Ed.), *Dynamic assessment: An interactional approach to evaluating learning potential* (pp. 82−115). New York: The Guilford Press.

Campione, J. C., & Brown, A. L., & Bryant, N. (1985). Individual differences in learning and memory. In R. J. Sternberg (Ed.), *Human abilities: An information−processing approach* (pp. 103−126). New York: Freeman.

Campione, J. C., & Brown, A. L., Ferrara, R. A., Jones, R. S., & Steinberg, E. (1985). Differences between retarded and non−retarded children in transfer following equivalent learning performance: Breakdowns in flexible use of information. *Intelligence, 9,* 297−315.

Carlson, J. S. (1989). Advances in research on intelligence: The dynamic assessment approach. *Mental Retardation and Learning Disability Bulletin, 17,* 1−20.

Carlson, J. S. (Ed.) (1992). *Cognition and educational practice: An international perspective.* Greenwich, CT: JAI Press, Inc.

Carlson, J. S. (September 10, 1997). *Personal communication.* Stellenbosch, South Africa.

Carlson, J. S., & Wiedl, K. H. (1976). The factorial analysis of perceptual and abstract reasoning abilities in tests of concrete operational thought. *Educational and Psychological Measurement, 36,* 1015−1019.

Carlson, J. S., & Wiedl, K. H. (1978). Use of testing–the–limits procedures in the testing of intellectual capabilities in children with learning difficulties. *American Journal of Mental Deficiency, 11*, 559–564.

Carlson, J. S., & Wiedl, K. H. (1979). Toward a differential testing approach: Testing–the–limits employing the Raven matrices. *Intelligence, 3*, 323–344.

Carlson, J. S., & Wiedl, K. H. (1980). Applications of a dynamic testing approach: Empirical results and theoretical formulations. *Zeitschrift für Differentielle und Diagnostische Psychologie, 4*, 303–318.

Carlson, J. S., & Wiedl, K. H. (1992a). Principles of dynamic testing: The application of a specific model. *Learning and Individual Differences, 4*, 153–166.

Carlson, J. S., & Wiedl, K. H. (1992b). The dynamic testing of intelligence. In H. C. Haywood, & D. Tzuriel (Eds.), *Interactive testing* (pp. 167–186). New York: Springer–Verlag.

Carlson, J. S., & Wiedl, K. H. (2000). The validity of dynamic assessment. In C. S. Lidz, & J. G. Elliott (Eds.), *Dynamic assessment: Prevailing models and applications* (pp. 681–712). Greenwich, CT: Elsevier.

Carroll, J. B. (1981). Twenty–five years of research on foreign language aptitude. In K. C. Diller (Ed.), *Individual differences and universals in language learning aptitude* (pp. 83–118). Rowley, MA: Newbury House.

Carroll, J. B. (1993). *Human cognitive abilities: A survey of factor–analytic studies.* New York: Cambridge University Press.

Carroll, J., & Sapon, S. M. (1958). *Modern Language Aptitude Test.* New York: Psychological Corporation.

Carver, R. (1974). Two dimensions of tests: Psychometric and edumetric. *American Psychologist, 29*, 512–518.

Case, R. (1992). Neo–Piagetian theories of child development. In R. J. Sternberg, & C. A. Berg (Eds.), *Intellectual development* (pp. 161–196). New York: Cambridge University Press.

Cattell, R. B. (1940). A culture free intelligence test I. *Journal of Educational Psychology, 31*, 161–180.

Cattell, R. B. (1971). *Abilities: Their structure, growth, and action.* Boston: Houghton–Mifflin.

Cattell, R. B., & Cattell, H. E. P. (1973). *Measuring intelligence with the Culture Fair Tests.* Champaign, IL: Institute for Personality and Ability Testing.

Cazden, C. B. (1981). Performance before competence: Assistance to child discourse in the zone of proximal development. *Quarterly Newsletter of the Laboratory of Comparative Human Cognition, 3,* 5–8.

Ceci, S. J., & Liker, J. (1986). Academic and nonacademic intelligence: An experimental separation. In R. J. Sternberg, & R. K. Wagner (Eds.), *Practical intelligence: Nature and origins of competence in the everyday world* (pp. 119–142). New York: Cambridge University Press.

Ceci, S. J., & Roazzi, A. (1994). The effects of context on cognition: Postcards from Brazil. In R. J. Sternberg, & R. K. Wagner (Eds.), *Mind in context: Interactionist perspectives on human intelligence* (pp. 74–101). New York: Cambridge University Press.

Ceci, S. J., & Williams, W. M. (1997). Schooling, intelligence, and income. *American Psychologist, 52*(10), 1051–1058.

Chi, M. T. H., Glaser, R., & Farr, M. J. (Eds.) (1988). *The nature of expertise.* Hillsdale, NJ: Erlbaum.

Cohen, J., & Cohen, P. (1975). *Applied multiple regression/correlation analysis for the behavioral sciences.* Hillsdale, NJ: Lawrence Erlbaum Press.

Coker, C. C. (1990). Dynamic testing, learning curve analysis and the training quotient. *Vocational Evaluation and Work Adjustment Bulletin, 23,* 139–147.

Cole, M. (1985). The zone of proximal development: Where culture and cognition create each other. In J. V. Wertsch (Ed.), *Culture, communication, and cognition: Vygotskian perspectives* (pp. 146–161). New York: Cambridge University Press.

Cole, M. (1996). *Cultural psychology: A once and future discipline.* Cambridge, MA: Harvard University Press.

Cole, M., Gay, J., Glick, J., & Sharp, D. W. (1971). *The cultural context of learning and thinking.* New York: Basic Books.

Collins, L. M., & Horn, J. L. (Eds.) (1991). *Best methods for the analysis of change: Recent advances, unanswered questions, future directions.* Washington, DC: American Psychological Association.

Corman, L., & Budoff, M. (1973). *A comparison of group and individual training procedures on the Raven Learning Potential Measure.* RIEPrint #56. Cambridge, MA: Research Institute for Educational Problems. (ERIC Document Reproduction Service No. ED 086 924)

Cormier, P., Carlson, J. S., & Das, J. P. (1990). Planning ability and cognitive performance: The compensatory effects of a dynamic testing approach. *Learning and Individual Differences, 2*, 437−449.

Coxhead, P., & Gupta, R. M. (1988). Construction of a test battery to measure learning potential. In R. M. Gupta, & P. Coxhead (Eds.), *Cultural diversity and learning efficiency: Recent developments in testing.* London: Macmillan Press.

Cronbach, L. J., & Furby, L. (1970). How we should measure "change"−Or should we? *Psychological Bulletin, 74*, 68−80.

Das, J. P. (1984). Simultaneous and successive processing in children with learning disability. *Topics in Language Disorders, 4*, 34−47.

Das, J. P., & Conway, R. N. F. (1992). Reflections on remediation and transfer: A Vygotskian perspective. In H. C. Haywood, & D. Tzuriel (Eds.), *Interactive testing* (pp. 94−115). New York: Springer−Verlag.

Das, J. P., Kirby, J. R., & Jarman, R. F. (1979). *Simultaneous and successive cognitive processes.* New York: Academic Press.

Davydov, V. V. (1986). *Problemy razvivaiushchego obuchenia* [Issues in developing learning]. Moskva: Pedagogika.

Davydov, V. V., Pushkin, V. N., & Pushkina, A. G. (1972). Zavisimost' razvitia myshlenia mladshikh shkol'nikov ot kharaktera oluchenia [Relationships between the development of thinking of elementary schools students and instruction]. *Voprosy Psikhologii, 6*, 124−132.

Day, J. D., & Cordon, L. A. (1993). Static and dynamic measures of ability: An experimental comparison. *Journal of Educational Psychology, 85*, 75−82.

Day, J. D., Engelhardt, J. L., Maxwell, S. E., & Bolig, E. E. (1997). Comparison of static and dynamic assessment procedures and their relation to independent performance. *Journal of Educational Psychology, 89*(2), 358−368.

Day, J. D., & Hall, L. K. (1987). Cognitive testing, intelligence, and instruction. In J. D. Day, & J. G. Borkowski (Eds.), *Intelligence and exceptionality: New directions for theory, testing, and instructional practice* (pp. 57−80). Norwood, NJ: Ablex Publishing Corporation.

Day, J. D., & Zajakowski, A. (1991). Comparisons of learning ease and transfer propensity in poor and average readers. *Journal of Learning Disabilities, 24*, 421−428.

Dearborn, W. F. (1921). Intelligence and its measurement. *Journal of Educational Psychology,*

12, 210-212.

Delclos, V. R., Burns, M. S., & Kulewitz, S. J. (1987). Effects of dynamic assessment on teachers' expectations of handicapped children. *American Educational Research Journal, 24*, 325-336.

Delclos, V. R., Burns, M. S., & Vye, N. J. (1993). A comparison of teachers' responses to dynamic and traditional assessment reports. *Journal of Psychoeducational Assessment, 11*, 46-55.

Delclos, V. R., Vye, N. J., Burns, M. S., Bransford, J. D., & Hasselbring, T. S. (1992). Improving the quality of instruction: Roles for dynamic testing. In H. C. Haywood, & D. Tzuriel (Eds.), *Interactive testing* (pp. 317-332). New York: Springer-Verlag.

DeWeerdt, E. H. (1927). A study of the improvability of fifth grade school children in certain mental functions. *Journal of Educational Psychology, 18*, 547-557.

Dillon, R. F., & Carlson, J. S. (1978). Testing for competence in three ethnic groups. *Educational and Psychological Measurement, 38*, 436-443.

Dmitriev, D. (1997). Pedagogical psychology and the development of education in Russia. In E. L. Grigorenko, P. Ruzgis, & R. J. Sternberg (Eds.), *Russian psychology: Past, present, and future* (pp. 225-265). Commack, NY: Nova.

Downs, S. (1985). *Testing trainability*. Oxford: NFER Nelson.

Dunn, L., & Dunn, L. (1981). *Peabody Picture Vocabulary Test-Revised*. Circle Pines, MN: American Guidance Service.

Ehrman, M. E. (1993). Ego boundaries revisited: Toward a model of personality and learning. In J. A. Alaties (Ed.), *Georgetown University roundtable on languages and linguistics* (pp. 331-362). Washington, DC: Georgetown University Press.

Ehrman, M. E. (1994). Weakest and strongest learners in intensive language training: A study of extremes. In C. Klee (Ed.), *Faces in a crowd: Individual learners in multisection programs* (pp. 81-118). Boston, MA: Heinle & Heinle.

Ehrman, M. E. (1996). *Understanding second language learning difficulties*. Thousand Oaks, CA: Sage.

Ehrman, M. E., & Oxford, R. L. (1995). Cognition plus: Correlates of language learning success. *Modern Language Journal, 79*, 67-89.

Eisenstein, M. (1980). Childhood bilingualism and adult language learning aptitude. *International Review of Applied Psychology, 29*, 159-174.

El'konin, D. B. (1960). Opyt psikhologicheskogo issledovaniia v eksperimen−tal'nom klasse [A sample of psychological research in an intervention class]. *Voprosy Psikhologii, 5*, 30−40.

Elliott, J. (1993). Assisted testing: If it is "dynamic" why is it so rarely employed? *Educational and Child Psychology, 10*, 48−58.

Embretson, S. E. (1987a). Improving the measurement of spatial aptitude by dynamic testing. *Intelligence, 11*, 333−358.

Embretson, S. E. (1987b). Toward development of a psychometric approach. In C. S. Lidz (Ed.), *Dynamic assessment: An interactional approach to evaluating learning potential* (pp. 141−172). New York: The Guilford Press.

Embretson, S. E. (1991). A multidimensional latent trait model for measuring learning and change. *Psychometrika, 56*, 495−516.

Embretson, S. E. (1994). Comparing changes between groups: Some perplexities arising from psychometrics. In D. Laveault, B. D. Zumbo, M. E. Gessaroli, & M. W. Boss (Eds.), *Modern theories of measurement: Problems and issues*. Ottawa: Edumetric Research Group, University of Ottawa.

Embretson, S. E. (1996). Item response theory models and inferential bias in multiple group comparisons. *Applied Psychological Measurement, 20*, 201−212.

Embretson, S. E., & Reise, S. R. (2000). *Item response theory for psychologists*. Mahwah, NJ: Erlbaum Publishers.

Ericsson, K. A. (Ed.) (1996). *The road to excellence: The acquisition of expert performance in the arts and sciences, sports and games*. Hillsdale, NJ: Erlbaum.

Ericsson, K. A., & Smith, J. (Eds.) (1991). *Toward a general theory of expertise: Prospects and limits*. New York: Cambridge University Press.

Fernández−Ballesteros, R. (1996). Cuestiones de fiabilidad y la validez en la evaluación del potencial de aprendizaje [Questions of reliability and validity in the evaluation of learning potential]. In S. Molina, & M. Fandos (Comp.), *Educación cognitive* (Vol. 1). Zaragoza, Spain: Mira.

Fernández−Ballesteros, R., & Calero, M. D. (1993). Measuring learning potential. *International Journal of Cognitive Education and Mediated Learning, 3*, 9−20.

Fernández−Ballesteros, R., & Calero, M. D. (2000). The assessment of learning potential: The EPA instrument. In C. S. Lidz, & J. G. Elliott (Eds.), *Dynamic assessment: Prevailing models and applications* (pp. 293−323). Greenwich, CT: Elsevier−JAI.

Fernández−Ballesteros, R., Juan−Espinosa, M. Colom, R., & Calero, M. D. (1997). Contextual and personal sources of individual differences in intelligence: Empirical results. In J. Kingma, & W. Tomic (Eds.), *Advances in Cognition and Educational Practice* (Vol. 4, pp. 221−274). Greenwich, CT: JAI Press Inc.

Ferrara, R. A., Brown, A. L., & Campione, J. C. (1986). Children's learning and transfer of inductive reasoning rules: Studies in proximal development. *Child Development, 57,* 1087−1099.

Feuerstein, R., Feuerstein, R., & Gross, S. (in press). The Learning Potential Assessment Device: History, theory, application, and results. In D. P. Flanagan, J. L. Genshaft, & P. L. Harrison (Eds.), *Beyond traditional intellectual assessment: Contemporary and emerging theories, tests, and issues.* New York: Guilford.

Feuerstein, R., Feuerstein, R., & Schur, Y. (in press). Process as content in regular education and in particular in education of the low functioning retarded performer. In A. L. Costa, & R. M. Liebmann (Eds.), *If process were content: Sustaining the spirit of learning.* Thousand Oaks, CA: Corwin Press.

Feuerstein, R., & Krasilowsky, D. (1972). Interventional strategies for the significant modification of cognitive functioning in the disadvantaged adolescent. *Journal of the American Academy of Child Psychiatry, 11,* 572−582.

Feuerstein, R., & Rand, Y. (1974). Mediated learning experiences: An outline of proximal etiology for differential development of cognitive functions. *International Understanding, 9−10,* 7−37.

Feuerstein, R., Rand, Y., Haywood, H. C., Hoffman, M., & Jensen, M. (1985). *The learning potential testing device (LPAD): Examiners' Manual.* Hadassah−Wizo−Canada Research Institute, Jerusalem, Israel.

Feuerstein, R., Rand, Y., & Hoffman, M. B. (1979). *The dynamic assessment of retarded performers: The Learning Potential Assessment Device Theory, Instruments, and Techniques.* Baltimore, MD: University Park Press.

Feuerstein, R., Rand, Y., Hoffman, M. B., & Miller, R. (1980). *Instrumental enrichment.* Baltimore: University Park Press.

Feuerstein, R., Rand, Y., Jensen, M. R., Kaniel, S., & Tzuriel, D. (1987). Prerequisites for testing of learning potential: The LPAD model. In C. S. Lidz (Ed.), *Dynamic assessment: An interactional approach to evaluating learning potential* (pp. 35–51). New York: The Guilford Press.

Feuerstein, R., Rand, J., & Rynders, J. E. (1988). *Don't accept me as I am: Helping "retarded" people to excel.* New York: Plenum Press.

Fischer, G. H. (1983a). Some latent trait models for measuring change in qualitative observations. In D. J. Weis (Ed.), *New horizons in testing.* New York: Academic Press.

Fischer, G. H. (1983b). Logistic latent trait models with linear constraints. *Psychometrika, 48,* 3–26.

Fischer, G. H. (1987). Applying the principles of specific objectivity and of generalizability to the measurement of change. *Psychometrika, 52,* 565–587.

Fischer, K. W., & Rose, S. P. (1994). Development of coordination of components in brain and behavior: A framework for theory and research. In G. Dawson, & K. W. Fischer (Eds.), *Human behavior and the developing brain* (pp. 3–66). New York: Guilford.

Flynn, J. R. (1987). Massive IQ gains in 14 nations: What IQ tests really measure. *Psychological Bulletin, 101,* 171–191.

Frawley, W., & Lantolf, J. P. (1985). Second language discourse: A Vygotskian perspective. *Applied Linguistics, 6*(1), 21–43.

Frisby, C. L., & Braden, J. P. (1992). Feuerstein's dynamic testing approach: A semantic, logical, and empirical critique. *Journal of Special Education, 26,* 281–301.

Gal'perin, P. Ya. (1966). Kucheniui ob interiorizatsii [Toward the theory of interiorization]. *Voprosy Psikhologii, 6,* 20–29.

Gardner, H. (1983). *Frames of Mind: The theory of multiple intelligences.* New York: Basic Books.

Gardner, H. (1999). *Reframing intelligence.* New York: Basic Books.

Gardner, R. C., & Lambert, W. E. (1965). Language aptitude, intelligence and second–language achievement. *Journal of Educational Psychology, 56,* 191–199.

Gardner, R. C., & Lambert, W. E. (1972). *Attitudes and motivation in second–language learning.* Rowley, MA: Newbury House.

Gerber, M. M. (2000). Dynamic assessment for students with learning disabilities: Lessons in theory and design. In C. A. Lidz, & J. G. Elliott (Eds.), *Dynamic assessment: Prevailing models and applications* (pp. 263–292). Greenwich, CT: Elsevier–JAI.

Gerber, M. M., Semmel, D. S., & Semmel, M. I. (1994). Computer–based dynamic assessment of multidigit multiplication. *Exceptional Children, 61*, 114–125.

Gick, M. L., & Holyoak, K. J. (1980). Analogical problem solving. *Cognitive Psychology, 12*, 306–355.

Gilmore, R. (1981). *Catastrophe theory for scientists and engineers.* New York: Wiley.

Ginzburg, M. P. (1981). O vozmozhnoi interpretatsii poniatia zony blizhaishego razvitia [On a possible interpretation of the concept of the zone of proximal development]. In D. B. El´konin, & A. L. Venger (Eds.), *Diagnostika uchebnoi diatel´nosti i intellectual´nogo razvitia detei* (pp. 145–155). Moskva: APN.

Glass, L., & Mackey, M. (1988). *From clocks to chaos: The rhythms of life.* Princeton, NJ: Princeton University Press.

Goncharova, E. L. (1990). Nekotorye voprosy vyshego obrazovania vzroslykh slepoglukhikh [On higher education for the deaf–blind]. In V. N. Chulkov, V. I. Lubovsky, & E. N. Martsinovskaia (Eds.), *Differentsirovannyi podkhod pri obuchenii i vospitanii slepoglukhikh detei* (pp. 56–70). Moscow: Academia Pedagogicheskikh Nauk SSSR.

Goncharova, E. L., Akshonina, A. Ia., & Zarechnova, E. A. (1990). Formirovanie motivatsionnoi osnovy chtenia u detei s glubokimi narusheniiami zreniia i slukha [The formation of motivation for reading in children with severe visual and auditorial handicaps]. In V. N. Chulkov, V. I. Lubovsky, & E. N. Martsinovskaia (Eds.), *Differentsirovannyi podkhod pri obuchenii i vospitanii slepoglukhikh detei* (pp. 105–121). Moscow: Academia Pedagogicheskikh Nauk SSSR.

Greenfield, P. M. (1997). You can´t take it with you: Why ability assessments don´t cross cultures. *American Psychologist, 52*, 1115–1124.

Grigorenko, E. L. (1998). Russian defectology: Anticipating perestroika in the field. *Journal of Learning Disabilities, 31*, 193–207.

Grigorenko, E. L., & Sternberg, R. J. (1998). Dynamic testing. *Psychological Bulletin, 124*, 75–111.

Grigorenko, E. L., Sternberg, R. J., & Ehrman, M. E. (2000). A theory–based approach to the measurement of foreign language learning ability: The CANAL–FT theory and test. *The Modern Language Journal, 84*, 390–405.

Groot–Zwaaftink, T., Ruijssenaars, A. J. J. M., & Schelbergen, I. (1987). Computer controlled learning test. Learning test research with cerebral paresis. In F. J. Maarse, L. J. M. Mulder, W. P. B. Sjouw, & A. E. Akkerman (Eds.), *Compters in psychology: Methods, instrumentation and psychodiagnostics.* Lisse: Swets & Zeitlinger.

Gustafsson, J.−E. (2000). *Personal communication, Nicosia, Cyprus,* November 26.

Guthke, J. (1977). *Zur Diagnostik der intellekturllen Lernähigkeit.* Berlin: VEB Deutscher Verlag der Wissenschafen.

Guthke, J. (1992). Learning tests: The concept, main research findings, problems and trends. *Learning and Individual Differences, 4,* 137−151.

Guthke, J. (1993). Current trends in theories and testing of intelligence. In J. H. M. Hamers, K. Sijtsma, & A. J. J. M. Ruijssenaars (Eds.), *Learning potential testing* (pp. 13−20). Amsterdam: Swets & Zeitlinger.

Guthke, J., & Beckman, J. (2000). The learning test concept and its application in practice. In C. S. Lidz, & J. G. Elliott (Eds.), *Dynamic assessment: Prevailing models and applications* (pp. 17−69). Greenwich, CT: Elsevier−JAI.

Guthke, J., Beckman, J. F., & Dobat, H. (1997). Dynamic testing−problems, uses, trends and evidence of validity. *Educational and Child Psychology, 14,* 17−32.

Guthke, J., Beckman, J. F., Stein, H., Vahle, H., & Rittner, S. (1995). *Adative Computergestützte Intelligenz Lerntestbatterie (ACIL) [The adaptive, computer−assisted intelligence learning test battery].* Mödlingen: Schuhfried GmbH.

Guthke, J., & Gitter, K. (1991). Prognose der Schulleistungsentwicklung mittels Status− und Lerntests in der Vorschulzeit [Predicting school achievement by means of static and learning tests applied to preschoolers]. In H. Teichmann, B. Meyer−Probst, & D. Roether (Eds.), *Risikobewältigung in der lebenslangen psychischen Entwicklung* (pp. 141−147). Berling: Vergla Gesundheit.

Guthke, J., & Stein, H. (1996). Are learning tests the better version of intelligence tests? *European Journal of Psychological Assessment, 12,* 1−13.

Guthke, J., & Wiedl, K. H. (1996). *Dynamisches testen* [Dynamic assessment]. Göttingen, Germany: Hogrefe.

Guthke, J., & Wingenfeld, S. (1992). The Learning Test concept: Origins, state of art, and trends. In H. C. Haywood, & D. Tzuriel (Eds.), *Interactive testing* (pp. 64−93). New York: Springer−Verlag.

Gutierrez−Clellen, V. F., Pena, E., & Quinn, R. (1995). Accommodating cultural differences in narrative styles: Multicultural perspective. *Topics in Language Disorders, 15,* 54−67.

Guttman, L. A. (1944). A basis for scaling qualitative data. *American Sociological Review, 9,*

139–150.

Guttman, L. A. (1950). The basis for scalogram analysis. In S. A. Stouffer, F. A. Suchman, P. E. Lazarfeld, S. A. Star, & J. A. Clausen (Eds.), *Studies in social psychology in World War II: Vol. 4. Measurement and prediction.* Princeton, NJ: Princeton University Press.

Guttman, L. A. (1965). A faceted definition of intelligence. In R. R. Eiferman (Ed.), *Scripta Hierosolymitana (Vol. 14).* Jerusalem: Magnes Press.

Haenen, J. (1996). *Piotr Gal'perin: Psychologist in Vygotsky's footsteps.* Commack, NY: Nova Science Publishers.

Hambleton, R. K. (1983). *Applications of item response theory.* Vancouver, BC: Educational Research Institute of British Columbia.

Hambleton, R. K., & Slater, S. C. (1997). Item response theory models and testing practices: Current international status and future directions. *European Journal of Psychological Assessment, 13,* 21–28.

Hambleton, R. K., & Swaminathan, H. (1985). *Item response theory.* Boston, MA: Kluwer Nijhoff.

Hambleton, R. K., Swaminathan, H., & Rogers, H. J. (1991). *Fundamentals of item response theory.* Newbury Park, CA: Sage.

Hamers, J. H. M., Hessels, M. G. P., & Pennings, A. H. (1996). Learning potential in ethnic minority children. *European Journal of Psychological Assessment, 12,* 183–192.

Hamers, J. H. M., Hessels, M. G. P., & Van Luit, J. E. H. (1991). *Learning potential test for ethnic minorities (LEM). Manual and test.* Lisse: Swets & Zeitlinger.

Hamers, J. H. M., Pennings, A., & Guthke, J. (1994). Training–based assessment of school achievement. *Learning and Instruction, 4,* 347–360.

Harley, B., & Hart, D. (1997). Language aptitude and second language proficiency in classroom learners of different starting ages. *Studies in Second Language Acquisition, 19,* 379–400.

Harrington, M., & Sawyer, M. (1992). L2 working memory capacity and L2 reading skill. *Studies in Second Language Acquisition, 14,* 25–38.

Harris, C. W. (Ed.) (1963). *Problems in Measuring Change.* Madison: University of Wisconsin Press.

Haywood, H. C. (1997). Interactive assessment. In R. Taylor (Ed.), *Assessment of individuals with mental retardation.* San Diego: Singular Publishing Group.

Haywood, H. C., & Arbitman–Smith, R. (1981). Modification of cognitive functions in slow–

learning adolescents. In P. Mittler (Ed.), *Frontiers of knowledge in mental retardation* (Vol. 1). Baltimore, MD: University Park Press.

Haywood, H. C., & Menal, C. (1992). Cognitive developmental psychotherapy: A case study. *International Journal of Cognitive Education and Mediated Learning, 2*, 43–54.

Haywood, H. C., & Tzuriel, D. (Eds.) (1992). *Interactive assessment*. New York: Springer-Verlag.

Haywood, H. C., & Wingenfeld, S. A. (1992). Interactive testing as a research tool. *The Journal of Special Education, 26*, 253–268.

Heaton, R. K., Chelune, G. J., Talley, J. L., Kay, G. G., & Curtiss, G. (1993). *Wisconsin Card Sorting Test Manual* (revised and expanded). Odessa, FL: Psychological Assessment Resources.

Hedegaard, M. (1990). The zone of proximal development as the basis for instruction. In L. Moll (Ed.), *Vygotsky and education: Instructions and applications of sociohistorical psychology* (pp. 349–372). Cambridge: Cambridge University Press.

Hedlund, J., Sternberg, R. J., Horvath, J. A., & Dennis, M. (1998, April). The acquisition of tacit knowledge for military leadership: Implications for training. Paper presented at the Society for Industrial and Organizational Psychology Conference, Dallas, Texas.

Henmon, V. A. C. (Ed.) (1929). *Prognosis tests in the modern foreign languages*. New York: Macmillan.

Herrnstein, R. J., & Murray, C. (1994). *The bell curve*. New York: Free Press.

Hessels, M. G. P. (1996). Ethnic differences in learning potential test scores: Research into item and test bias in the Learning Potential Test for ethnic minorities. *Journal of Cognitive Education, 5*, 133–153.

Hessels, M. G. P. (1997). Low IQ but high learning potential: Why Zeyneb and Moussa do not belong in special education. *Educational and Child Psychology, 14*, 121–136.

Hessels, M. G. P. (2000). The Learning Potential Test for ethnic minorities (LEM): A tool for standardized assessment of children in kindergarten and the first years of primary school. In C. S. Lidz, & J. G. Elliott (Eds.), *Dynamic assessment: Prevailing models and applications* (pp. 109–131). Greenwich, CT: Elsevier-JAI.

Hessels, M. G. P., & Hamers, J. H. M. (1993). The learning potential test for ethnic minorities. In J. H. M. Hamers, K. Sijtsma, & A. J. J. M. Ruijssenaars (Eds.), *Learning potential testing* (pp. 285–311). Amsterdam: Swets & Zeitlinger.

Hickson, J., & Skuy, M. (1990). Creativity and cognitive modifiability in gifted disadvantaged pupils: A promising alliance. *School Psychology International, 11,* 295–301.

Hoffman, R. R. (Ed.) (1992). *The psychology of expertise: Cognitive research and emprical AI.* New York: Springer–Verlag.

Horn, J. L. (1994). Fluid and crystallized intelligence, theory of. In R. J. Sternberg (Ed.), *Encyclopedia of human intelligence* (Vol. 1, pp. 443–451). New York: Macmillan.

Horne, K. M. (1971). *Differential prediction of foreign language testing.* Paper presented before the Bureau of International Language Coordination, London.

Hosenfeld, B., van der Maas, H. L. J., & van den Boom, D. C. (1997a). Detecting bimodality in the analogical reasoning performance of elementary schoolchildren. *International Journal of Behavioral Development, 20,* 529–547.

Hosenfeld, B., van der Maas, H. L. J., & van den Boom, D. C. (1997b). Indicators of discontinuous change in the development of analogical reasoning. *Journal of Experimental Child Psychology, 64,* 367–395.

Hoy, M. P., & Retish, P. M. (1984). A comparison of two types of assessment reports. *Exceptional Children, 51,* 225–229.

Jastak, J. F., & Jastak, S. R. (1978). *The Wide Range Achievement Test* (rev. ed.). Washington, DC: Jastak Associates.

Jastak, S., & Wilkinson, G. S. (1984). *The Wide Range Achievement Test–Revised: Administration manual.* Washington, DC: Jastak Associates.

Jensen, M. R. (1992). Principles of change models in school psychology and education. In J. Carlson (Ed.), *Cognition and educational practice* (Vol. 1B, pp. 47–72). Greenwich, CT: JAI.

Jensen, M. R. (1998). *MindLadder projects: Student, school, family and community learning in the information age.* Unpublished manuscript, International Center for Mediated Learning, American InterContinental University.

Jensen, M. R. (2000). The mindladder model: Using dynamic assessment to help students learn to assemble and use knowledge. In C. S. Lidz, & J. G. Elliott (Eds.), *Dynamic assessment: Prevailing models and applications* (pp. 187–227). Greenwich, CT: Elsevier–JAI.

Jensen, M. R., Robinson–Zañarty, C., & Jensen, M. L. (1992). *Dynamic testing and mediated learning: Testing and intervention for developing cognitive and knowledge structures.*

Sacramento, CA: The California Department of Education. The Advisory Committee on the Reform of California's Testing Procedures in Special Education.

Jepsen, R. H. (2000). Dynamic assessment of learners with severe developmental disabilities. In C. S. Lidz, & J. G. Elliott (Eds.), *Dynamic assessment: Prevailing models and applications* (pp. 577–605). Greenwich, CT: Elsevier–JAI.

Jitendra, A. K., & Kameenui, E. J. (1993). Dynamic testing as a compensatory testing approach: A description and analysis. *RASE: Remedial and Special Education, 14,* 6–18.

Kahn, R. J. (2000). Dynamic assessment of infants and toddlers. In C. S. Lidz, & J. G. Elliott (Eds.), *Dynamic assessment: Prevailing models and applications* (pp. 325–373). Greenwich, CT: Elsevier–JAI.

Kalmykova, S. J. (1975). *Problemy diagnostiki psikhicheskogo razvitiia shkol'nikov* [Testing of schoolchildren's mental development]. Moskva: Pedagogika.

Kaniel, S., & Tzuriel, D. (1992). Mediated learning experience approach in the assessment and treatment of borderline psychotic adolescents. In H. C. Haywood, & D. Tzuriel (Eds.), *Interactive assessment* (pp. 399–418). New York: Springer–Verlag.

Kaniel, S., Tzuriel, D., Feuerstein, R., Ben–Shachar, N., & Eitan, T. (1991). Dynamic assessment, learning and transfer abilities of Jewish Ethiopian immigrants to Israel. In R. Feuerstein, P. S. Klein, & A. Tannenbaum (Eds.), *Mediated learning experience* (pp. 179–209). London: Freund.

Kar, B. C., Dash, U. N., Das, J. P., & Carlson, J. (1993). Two experiments on the dynamic testing of planning. *Learning and Individual Differences, 5,* 13–29.

Karpov, Y. V., & Gindis, B. (2000). Dynamic assessment of the level of internalization of elementary school children's problem–solving activity. In C. S. Lidz, & J. G. Elliott (Eds.), *Dynamic assessment: Prevailing models and applications* (pp. 133–154). Greenwich, CT: Elsevier–JAI.

Katz, M., & Bucholz, E. (1984). Use of the LPAD for cognitive enrichment of a deaf child. *School Psychology Review, 13,* 99–106.

Keane, K. J., & Kretschmer, R. (1987). The effect of mediated learning intervention on cognitive task performance with a deaf population. *Journal of Educational Psychology, 79,* 49–53.

Keane, K. J., Tannenbaum, A. J., & Krapf, G. F. (1992). Cognitive competence: Reality and potential in the deaf. In H. C. Haywood, & D. Tzuriel (Eds.), *Interactive assessment* (pp. 300−316). New York: Springer−Verlag.

Kern, B. (1930). *Winkungsformen der Üburg* [Effects in training]. Munster, Germany: Helios.

Kirschenbaum, R. J. (1998). Dynamic assessment and its use with underserved gifted and talented populations. *Gifted Child Quarterly, 42,* 140−147.

Klauer, K. J. (1993). Evaluation einer Evaluation. Stellungsnahme zum Beitrag von Hager und Hasselhorn [Evaluation of an evaluation: A critique of the study by Hager and Hasselhorn]. *Zeitschrift fur Entwicklungspsychologie und Pedagogische Psychologie, 25,* 322−327.

Klein, S. (1987). *The effects of modern mathematics.* Budapest: Akademia.

Kliegl, R., & Baltes, P. B. (1987). Theory−guided analysis of development and aging mechanisms through testing−the−limits and research on expertise. In C. Schooler, & K. W. Schaie (Eds.), *Cognitive functioning and social structures over the life course.* Norwood: Ablex.

Kliegl, R., Smith, J., & Baltes, P. B. (1989). Testing−the−limits and the study of adult age differences in cognitive plasticity of a mnemonic skill. *Developmental Psychology, 25,* 247−256.

Kofsky, E. (1966). A scalogram study of classificatory development. *Child Development, 37,* 191−204.

Kozulin, A. (1984). *Psychology in Utopia.* Cambridge: MIT Press.

Kozulin, A. (1990). *Vygotsky's psychology (A biography of ideas).* New York: Harvester Wheatsheaf.

Kozulin, A. (1998). Profiles of immigrant students' cognitive performance on Raven's Progressive Matrices. *Perceptual and Motor Skills, 87,* 1311−1314.

Kozulin, A., & Falik, L. (1995). Dynamic cognitive assessment of the child. *Current Directions in Psychological Science, 4*(6), 192−196.

Krashen, S. (1981). *Second language acquisition and second language learning.* Oxford: Oxford University Press.

Laboratory of Comparative Human Cognition (1982). Culture and intelligence. In R. J. Sternberg (Ed.), *Handbook of human intelligence* (pp. 642−719). New York: Cambridge University Press.

Laughon, P. (1990). The dynamic testing of intelligence: A review of three approaches. *School Psychology Review, 19,* 459−470.

Lave, J. (1989). *Cognition in practice*. New York: Cambridge University Press.

LeGagnoux, G., Michael, W. B., Hocevar, D., & Maxwell, V. (1990). Retest effects on standardized structure-of-intellect ability measures for a sample of elementary school children. *Educational and Psychological Measurement, 50,* 475–492.

Lett, J. A., & O'Mara, F. E. (1990). Predictors of success in an intensive foreign language learning context: Correlates of language learning at the Defense Language Institute Foreign Language Center. In T. Parry, & C. W. Stansfield (Eds.), *Language aptitude reconsidered* (pp. 222–260). Englewood Cliffs, NJ: Prentice Hall Regents.

Levina, R. E. (Ed.) (1968). *Osnovy teorii i praktiki logopedii* [Fundamentals of logopaedic theory and practice]. Moskva: Pedagogika.

Lidz, C. S. (Ed.) (1987). *Dynamic assessment: An interactional approach to evaluating learning potential*. New York: Guilford Press.

Lidz, C. S. (1991). *Practitioner's guide to dynamic testing*. New York: Guilford Press.

Lidz, C. S. (1995). Dynamic assessment and the legacy of L. S. Vygotsky. *School Psychology International, 16,* 143–153.

Lidz, C. S. (1997). Dynamic assessment approaches. In D. P. Flanagan, J. L. Genshaft, & P. L. Harrison (Eds.), *Contemporary approaches to assessment of intelligence* (pp. 281–296). New York: Guilford.

Lidz, C. S. (2000). The Application of Cognitive Functions Scale (ACFS): An example of curriculum-based dynamic assessment. In C. S. Lidz, & J. G. Elliott (Eds.), *Dynamic assessment: Prevailing models and applications* (pp. 407–439). Greenwich, CT: Elsevier-JAI.

Lidz, C. S., & Elliott, J. G. (Eds.) (2000). *Dynamic assessment: Prevailing models and applications*. Greenwich, CT: Elsevier-JAI.

Lidz, C. S., & Thomas, C. (1987). The Preschool Learning Testing Device: Extension of a static approach. In C. S. Lidz (Ed.), *Dynamic assessment: An interactional approach to evaluating learning potential* (pp. 288–326). New York: Guilford.

Lord, F. M. (1952). A theory of mental test scores. *Psychometric Monograph, No. 7.*

Lord, F. M. (1980). *Applications of item response theory to practical testing problems*. Hillsdale, NJ: Erlbaum.

Luria, A. R. (1973). *The working brain*. New York: Basic Books.

Luther, M., Cole, E., & Gamlin, P. (Eds.) (1996). *Dynamic testing for instruction: From theory to application*. North York: Captus University Publications.

Maxwell, S. E., Delaney, H. D., & Manheimer, J. M. (1985). ANOVA of residuals and ANCOVA: Correcting an illusion by using model comparisons and graphs. *Journal of Educational Statistics, 10*, 197–209.

May, R. M. (1976). Simple mathematical models with very complicated dynamics. *Nature, 261*, 459–467.

McClelland, D. C. (1985). *Human motivation*. New York: Scott Foresman.

McClelland, D. C., Atkinson, J. W., Clark, R. A., & Lowell, E. L. (1976). *The achievement motive*. New York: Irvington.

McCutcheon, A. L. (1987). *Latent class analysis*. Beverly Hills: Sage.

McLane, J. B. (1990). Writing as a social process. In L. Moll (Ed.), *Vygotsky and Education* (pp. 304–318). Cambridge, MA: Cambridge University Press.

McNamee, G. D. (1990). Learning to read and write in an inner–city setting: A longitudinal study of community change. In L. Moll (Ed.), *Vygotsky and Education* (pp. 287–303). Cambridge, MA: Cambridge University Press.

McNamee, G. D., McLane, J. B., Cooper, P. M., & Kerwin, S. M. (1985). Cognition and affect in early literacy development. *Early Childhood Development and Cure, 20*, 229–244.

Mercer, J. R. (1979). *Technical manual: SOMPA*. New York: Psychological Corporation.

Minick, N. (1987). Implications of Vygotsky's theories of dynamic assessment. In C. S. Lidz (Ed.), *Dynamic assessment: An interactional approach to evaluating learning potential* (pp. 116–140). New York: Guilford Press.

Missiuna, C., & Samuels, M. T. (1988). Dynamic testing: Review and critique. *Special Services in the Schools, 5*, 1–22.

Missiuna, C., & Samuels, M. T. (1989). Dynamic testing of preschool children with special needs: Comparison of mediation and instruction. *RASE: Remedial and Special Education, 10*, 53–62.

Molina, S., & Perez, A. A. (1993). Cognitive processes in the child with Down syndrome. *Developmental Disabilities Bulletin, 21*, 21–35.

Moll, L., & Greenberg, J. (1990). Creating zones of possibilities: Combining social contexts for instruction. In L. Moll (Ed.), *Vygotsky and education* (pp. 319–348). Cambridge, MA: Cambridge University Press.

Mundy–Castle, A. C. (1967). An experimental study of prediction among Ghanaian children.

Journal of Social Psychology, 73, 161−168.

Naglieri, J. A., & Das, J. P. (1988). Planning−attention−simultaneous−successive (PASS): A model for testing. *School Psychology Review, 19*, 423−458.

Neisser, U. (Ed.) (1998). *The rising curve*. Washington, DC: American Psychological Association.

Newell, K. M. (1986). Constraints on the development of coordination. In M. G. Wade, & H. T. A. Whiting (Eds.), *Motor development in children: Aspects of coordination and control* (pp. 341−360). Dordrecht, Netherlands: Martinus Nijhoff.

Newell, K. M., & Molenaar, P. C. M. (Eds.) (1998). *Applications of nonlinear dynamics to developmental process modeling*. Hillsdale, NJ: Erlbaum.

Newman, D., Griffin, P., & Cole, M. (Eds.) (1989). *The construction zone: Working for cognitive change in school*. New York: Cambridge University Press.

Newman, F., & Holzman, L. (1993). *Lev Vygotsky: Revolutionary scientist*. London: Routledge.

Nikolaeva, S. M. (1995). Vidy raboty po korrektsii narusheny pis´mennoi rechi u pervoklassnikov [Correcting written language problems in first−graders]. *Defectologiia, 3*, 76−81.

Nuñes, T. (1994). Street intelligence. In R. J. Sternberg (Ed.), *Encyclopedia of human intelligence* (Vol. 2, pp. 1045−1049). New York: Macmillan.

Obukhova, L. F. (1972). *Etapy razvitia detskogo myshlenia* [Stage of the development of children's thinking]. Moscow: Moscow University Press.

Okagaki, L., & Sternberg, R. J. (1993). Parental beliefs and children's school performance. *Child Development, 64*, 36−56.

Olswang, L. B., & Bain, B. A. (1996). Testing information for predicting upcoming change in language production. *Journal of Speech and Hearing Research, 39*, 414−423.

Ombrédane, A., Robayer, F., & Plumail, H. (1956). Résultats d'une application répétée du matrix−couleur à une population de Noirs Congolais. *Bulletin, Centre d'Etudes et Recherches Psychotechniques, 6*, 129−147.

Osaka, M., & Osaka, N. (1992). Language−independent working memory as measured by Japanese and English reading span tests. *Bulletin of the Psychonomic Society, 30*, 287−289.

Osaka, M., Osaka, N., & Groner, R. (1993). Language−independent working memory: Evidence from German and French span tests. *Bulletin of the Psychonomic Society, 31*,

117−118.

Palincsar, A. S., & Brown, A. L. (1984). Reciprocal teaching of comprehension− fostering and comprehension−monitoring activities. *Cognition and Instruction, 1*, 117−175.

Palincsar, A. S., & Brown, A. L. (1988). Teaching and practical thinking skills to promote comprehension in the context of group problem solving. *RASE, 9*, 53−59.

Palincsar, A. S., & Brown, A. L., & Campione, J. (1991). Dynamic assessment. In H. L. Swanson (Ed.), *Handbook on the assessment of learning disabilities: Theory, research, and practice* (pp. 75−95). Austin, TX: PRO−ED.

Paour, J.−L. (1992). Induction of logic structures in the mentally retarded: A testing and intervention instrument. In H. C. Haywood, & D. Tzuriel (Eds.), *Interactive testing* (pp. 119−166). New York: Springer−Verlag.

Parry, T. S., & Child, J. R. (1990). Preliminary investigation of the relationship between *VORD*, *MLAT*, and language proficiency. In T. Parry, & C. W. Stansfield (Eds.), *Language aptitude reconsidered* (pp. 30−66). Englewood Cliffs, NJ: Prentice Hall.

Pascual−Leone, J. (1995). Learning and development as dialectical factors in cognitive growth. *Human Development, 38*, 338−348.

Pascual−Leone, J., & Baillargeon, R. (1994). Developmental measurement of mental attention. *International Journal of Behavioral Development, 17*, 161−200.

Pascual−Leone, J., & Johnson, J. (in press). Culture−fair assessment and the processes of mental attention. In A. Kozulin, & Y. Rand (Eds.), *Experience of mediated learning: An impact of Feuerstein's theory in education and psychology*. Amsterdam: Elsevier.

Pascual−Leone, J., & Ijaz, H. (1989). Mental capacity testing as a form of intellectual− developmental assessment. In R. J. Samuda, S. L. Kong, J. Cummins, J. Pascual−Leone, & J. Lewis (Eds.), *Assessment and placement of minority students* (pp. 143−171). Toronto, Canada: C. J. Hogrefe.

Peña, E. (1996). Dynamic assessment: The model and language applications. In K. Cole, P. Dale, & D. Thal (Eds.), *Assessment of communication and language* (pp. 281−307). Baltimore: P. H. Brookes.

Peña, E. (in press). Measurement of modifiability in children from culturally and linguistically diverse backgrounds: An initial report. *Journal of Childhood Communicative Disorders*.

Peña, E., & Gillam, R. (2000). Dynamic assessment of children referred for speech and language evaluations. In C. S. Lidz, & J. G. Elliott (Eds.), *Dynamic assessment:*

Prevailing models and applications (pp. 543–575). Greenwich, CT: Elsevier–JAI.

Peña, E., Quinn, R., & Iglesias, A. (1992). The application of dynamic methods to language testing: A nonbiased procedure. *Journal of Special Education, 26*, 269–280.

Pennings, A. H., & Hessels, M. G. P. (1996). The measurement of mental attentional capacity: A neo–Piagetian developmental study. *Intelligence, 23*, 59–78.

Penrose, L. S. (1934). *Mental defect*. New York: Farrar and Rinehart.

Petersen, C. R., & Al–Haik, A. R. (1976). The development of the Defense Language Aptitude Battery (DLAB). *Educational and Psychological Measurement, 6*, 369–380.

Pimsleur, P. (1966). *The Pimsleur Language Aptitude Battery*. New York: Harcourt, Brace, Jovanovich.

Pozhilenko, E. A. (1995). Ispol′zovanie nagliadnukh posoby i igrovykh priemov v korrektsii rechi doshkol′nikov [Usage of visual materials and play in the speech correction of preschoolers]. *Defectologiia, 3*, 61–68.

Ragosa, D., Brandt, D., & Zimowskyk, M. (1982). A growth curve approach to the measurement of change. *Psychological Bulletin, 92*, 726–748.

Rand, Y., & Kaniel, S. (1987). Group administration of the LPAD. In C. S. Lidz (Ed.), *Dynamic assessment: An interactional approach to evaluating learning potential* (pp. 196–214). New York: Guilford.

Rasch, G. (1980). *Probabilistic models for some intelligence and attainment tests*. Chicago: University of Chicago Press. (Original work published in 1960: Rasch, G. *Probabilistic models for some intelligence and attainment tests*. Copenhagen: Danmarks Paedagogiske Institut)

Raven, J. C. (1956). *Guide to using the Coloured Progressive Matrices: Sets A, Ab, and B*. London: H. K. Lewis.

Razvities psikhiki shkol′nikov v protesse vehebnoi deiatel′nosti [Schoolchildren′s psychological development in learning activity]. Moscow: Pedagogika.

Reber, A. S. (1989). Implicit learning and tacit knowledge. *Journal of Experimental Psychology: General, 188*, 219–235.

Reber, A. S. (1993). *Implicit learning and tacit knowledge*. Oxford: Clarendon Press.

Resing, W. C. M. (1993). Measuring inductive reasoning skills: The construction of a learning potential test. In J. H. M. Hamers, K. Sijtsma, & A. J. J. M. Ruijssenaars (Eds.), *Learning potential testing* (pp. 219–242). Amsterdam: Swets & Zeitlinger.

Resing, W. C. M. (1997). Learning potential assessment: The alternative for measuring intelligence? *Educational and Child Psychology, 14,* 68–82.

Resing, W. C. M. (1998). Intelligence and learning potential: Theoretical and research issues. In W. Tomic, & J. Kingma (Eds.), *Advances in cognition and educational practice (Vol. 5): Conceptual issues in research on intelligence.* Greenwich, CT: JAI Press.

Resing, W. C. M. (2000). Assessing the learning potential for inductive reasoning (LIR) in young children. In C. S. Lidz, & J. G. Elliott (Eds.), *Dynamic assessment: Prevailing models and applications* (pp. 224–262). Greenwich, CT: Elsevier–JAI.

Rey, A. (1934), D'un procédé pour èaluer l'educabilité [A method for assessing educability]. *Archives de Psychologie, 24,* 297–337.

Rindskopf, D. (1987). Using latent class analysis to test developmental models. *Developmental Review, 7,* 66–85.

Robertson, I. T., & Mindel, R. M. (1980). A study of trainability testing. *Journal of Occupational Psychology, 53,* 131–138.

Robinson, P. (1996). Learning simple and complex second language rules under implicit, incidental, rule–search and instructed conditions. *Studies in Second Language Acquisition, 18,* 27–67.

Robinson, P. (1997). Individual differences and the fundamental similarity of implicit and explicit adult second language learning. *Language Learning, 47,* 45–99.

Robinson–Zañartu, C. A., & Sloan Aganza, J. (2000). Dynamic assessment and sociocultural context: Assessing the whole child. In C. S. Lidz, & J. G. Elliott (Eds.), *Dynamic assessment: Prevailing models and applications* (pp. 443–487). Greenwich, CT: Elsevier–JAI.

Rogoff, B. (1990). *Apprenticeship in thinking: Cognitive development in social context.* New York: Oxford University Press.

Rogoff, B., & J. V. Wertsch (Eds.) (1984). Children's learning in the "zone of proximal development." In *New Directions for Child Development, 23.* San Francisco: Jossey–Bass.

Rost, J. (1990). Rasch models in latent classes: An integration of two approaches to item analysis. *Applied Psychological Measurement, 14,* 271–282.

Royer, J. M., Carlo, M. S., Dufresne, R., & Mestre, J. (1996). The assessment of levels of domain expertise while reading. *Cognition and Instruction, 14,* 373–408.

Rubinstein, S. L. (1946). *Osnovy obshchei psikhologii* [Foundation of general psychology]. Moscow: Uchpedgiz.

Rubtsov, V. V. (1981). The role of cooperation in the development of intelligence. *Soviet Psychology, 19*(4), 41–62.

Ruijssenaars, A. J. J. M., Castelijns, J. H. M., & Hamers, J. H. M. (1993). The validity of learning potential tests. In J. H. M. Hamers, K. Sijtsma, & A. J. J. M. Ruijssenaars (Eds.), *Learning potential testing* (pp. 69–82). Amsterdam: Swets & Zeitlinger.

Ruthland, A. F., & Campbell, R. N. (1996). Relevance of Vygotsky's theory of the zone of proximal development to the testing of children with intellectual disabilities. *Journal of Intellectual Disability Research, 40*, 151–158.

Rutland, R., & van Geert, P. (1998). Jumping into syntax: Transitions in the development of closed class words. *British Journal of Developmental Psychology, 16*, 65–95.

Salmina, N., & Kolmogorova, L. S. (1980). Usvoenie nachal'nykh matematicheskikh poniatii pri raznykh vidakh materializatsii ob'ektov i orudii deistvia [The acquisition of elementary math concepts under different types of representation of objects and tools]. *Voprosy Psikhologii, 1*, 47–56.

Salvia, J., & Ysseldyke, J. E. (1981). *Assessment in special and remedial education.* Boston, MA: Houghton Mifflin Company.

Samuels, M. (2000). Assessment of post–secondary students with learning difficulties: Using dynamic assessment in a problem solving process. In C. S. Lidz, & J. G. Elliott (Eds.), *Dynamic assessment: Prevailing models and applications* (pp. 521–542). Greenwich, CT: Elsevier–JAI.

Samuels, M., & Scholten, T. (1993). A model for the assessment of adults encountering learning difficulties. *International Journal of Cognitive Education and Mediated Learning, 3*, 13–151.

Samuels, M., Tzuriel, D., & Malloy–Miller, T. (1989). Dynamic assessment of children with learning difficulties. In R. T. Brown, & M. Chazan (Eds.), *Learning difficulties and emotional problems* (pp. 145–166). Calgary, Alberta: Detselig Enterprises.

Sasaki, M. (1996). *Second language proficiency, foreign language aptitude, and intelligence.* Baltimore: Peter Lang.

Sawyer, M. (1992). Language aptitude and language experience: Are they related? *The language Programs of the International University of Japan Working Papers, 3*, 27–45.

Sawyer, M., & Ranta, L. (1999). Aptitude, individual differences, and instructional design. In P. Robinson (Ed.), *Cognition and second language instruction* (pp. 424–469). New York: Cambridge University Press.

Schlatter, C., & Bühel, F. P. (2000). Detecting reasoning abilities of persons with moderate mental retardation: The Analogical Reasoning Learning Test (ARLT). In C. S. Lidz, & J. G. Elliott (Eds.), *Dynamic assessment: Prevailing models and applications* (pp. 155–186). Greenwich, CT: Elsevier–JAI.

Schlee, J. (1985). Förderdiagnostik–Eine bessere Konzeption? [Treatment–oriented assessment–a better scheme?] In R. S. Jäer, R. Horn, & K. Ingenkamp (Eds.), *Tests and trends* (pp. 82–208). Weinheim: Beltz.

Schmidt, L. (1971). Testing–the–limits in Leistungsuerhalten: Moglichkeiten and Grenzen. In E. Duhm (Ed.), *Praxis der Klinischen Psychologie. Bond II*. Gottingen: Hogrefe.

Schmidt–McCollam, K. M. (1998). Latent trait and latent class models. In G. M. Marcoulides (Ed.), *Modern methods for business research* (pp. 23–46). Hillsdale, NJ: Erlbaum.

Schon, D. A. (1983). *The reflective practitioner*. New York: Basic Books.

Schöttke, H., Bartram, M., & Wiedl, K. H. (1993). Psychometric implications of learning potential testing: A typological approach. In J. H. M. Hamers, K. Sijtsma, & A. J. J. M. Ruijssenaars (Eds.), *Learning potential testing* (pp. 153–173). Amsterdam: Swets & Zeitlinger.

Serpell, R. (1993). *The significance of schooling: Life journeys in an African society*. New York: Cambridge University Press.

Serpell, R. (2000). Intelligence and culture. In R. J. Sternberg (Ed.), *Handbook of intelligence* (pp. 549–580). New York: Cambridge University Press.

Sewell, T. E. (1979). Intelligence and learning tasks as predictors of scholastic achievement in black and white first–grade children. *Journal of School Psychology, 17*, 325–332.

Sewell, T. E. (1987). Dynamic assessment as a nondiscriminatory procedure. In C. S. Lidz (Ed.), *Dynamic assessment: An interactional approach to evaluating learning potential* (pp. 426–443). New York: Guilford.

Shochet, I. M. (1992). A dynamic testing for undergraduate admission: The inverse relationship between modifiability and predictability. In H. C. Haywood, & D. Tzuriel (Eds.), *Interactive testing* (pp. 332–355). New York: Springer–Verlag.

Siegel, L. S. (1971). The sequence of development of certain number concepts in preschool children. *Development Psychology, 5,* 357−361.

Siegel, L. S. (1989). IQ is irrelevant to the definition of learning disabilities. *Journal of Learning Disabilities, 22,* 469−478.

Sijtsma, K. (1993). Classical and modern test theory with an eye toward learning potential testing. In J. H. M. Hamers, K. Sijtsma, & A. J. J. M. Ruijssenaars (Eds.), *Learning potential testing* (pp. 117−133). Amsterdam: Swets & Zeitlinger.

Silva, J. M., & White, L. A. (1993). Relation of cognitive aptitudes to success in foreign language training. *Military Psychology, 5,* 79−93.

Silverman, H., & Waksman, M. (1992). Assessing the learning potential of penitentiary inmates: An application of Feuerstein's Learning Potential Testing Device. In H. C. Haywood, & D. Tzuriel (Eds.), *Interactive testing* (pp. 356−374). New York: Springer−Verlag.

Skehan, P. (1989). *Individual differences in second−language learning.* London: Edward Arnold.

Skehan, P. (1990). The relationship between native and foreign language learning ability: Educational and linguistic factors. In H. Dechert (Ed.), *Current trends in European second language acquisition research* (pp. 83−106). Clevedon, UK: Multilingual Matters.

Skehan, P. (1998). *A cognitive approach to language learning.* Oxford: Oxford University Press.

Slosson, R. (1971). *Slosson Intelligence Test.* East Aurora, NY: Slosson Educational Publications.

Snow, R. E. (1990). Progress and propaganda in learning testing. *Contemporary Psychology, 35,* 1134−1136.

Sparks, R. L., Ganschow, L., Fluharty, K., & Little, S. (1995). An exploratory study on the effects of Latin on the native language skills and foreign language aptitude of students with and without disabilities. *The Classical Journal, 91,* 165−184.

Sparks, R. L., Ganschow, L., & Patton, J. (1995). Prediction of performance in first−year foreign language courses: Connections between native language and foreign language learning. *Journal of Educational Psychology, 87,* 638−655.

Spearman, C. A. (1927). *The abilities of man.* London: Macmillan.

Spector, J. E. (1992). Predicting progress in beginning reading: Dynamic testing of phonemic awareness. *Journal of Educational Psychology, 84,* 353−363.

Speece, D. L., Cooper, D. H., & Kilbler, J. M. (1990). Dynamic testing, individual differences, and academic achievement. *Learning and Individual Differences, 2,* 113−127.

Spirova, L. F., & Letvinova, A. V. (1988). Differentsirovannyi podkhod k proiavleniiam narushenia pis'ma i chtenia u uchachshikhsia obshcheobrazovatel′nykh shkol [Differentiative approaches to the manifestation of writing and reading problems in school—aged children]. *Defectologiia, 5,* 4–9.

Spolsky, B. (1995). *Measured words.* Oxford: Oxford University Press.

Sternberg, R. J. (1977). *Intelligence, information processing and analogical reasoning: The componential analysis of human abilities.* Hillsdale, NJ: Erlbaum.

Sternberg, R. J. (1985). *Beyond IQ: A triarchic theory of human intelligence.* New York: Cambridge University Press.

Sternberg, R. J. (1986). *Intelligence applied.* Orlando, FL: Harcourt Brace College Publishers.

Sternberg, R. J. (1987). Most vocabulary is learned in context. In M. Mckeown (Ed.), *The nature of vocabulary acquisition* (pp. 89–105). Hillsdale, NJ: Erlbaum.

Sternberg, R. J. (1988). *The triarchic mind: A new theory of human intelligence.* New York: Viking.

Sternberg, R. J. (1990). *Metaphors of mind.* New York: Cambridge University Press.

Sternberg, R. J. (1994a). Cognitive conceptions of expertise. *International Journal of Expert Systems: Research and Application, 7,* 1–12.

Sternberg, R. J. (Ed.) (1994b). *Encyclopedia of human intelligence.* New York: Macmillan.

Sternberg, R. J. (1996). Myths, countermyths, and truths about human intelligence. *Educational Researcher, 25,* 11–16.

Sternberg, R. J. (1997a). *Successful intelligence.* New York: Plume.

Sternberg, R. J. (1997b). *Thinking styles.* New York: Cambridge University Press.

Sternberg, R. J. (1998a). Abilities are forms of developing expertise. *Educational Researcher, 27,* 11–20.

Sternberg, R. J. (1998b). A balance theory of wisdom. *Review of General Psychology, 2,* 347–365.

Sternberg, R. J. (1999a). Human intelligence: A case study of how more and more research can lead us to know less and less about a psychological phenomenon, until finally we know much less than we did before we stated doing research. In E. Tulving (Ed.), *Memory, consciousness, and the brain: The Tallinn Conference* (pp. 363–373). Philadelphia, PA: Psychology Press.

Sternberg, R. J. (1999b). Intelligence as developing expertise. *Contemporary Educational*

Psychology, 24, 259−375.

Sternberg, R. J. (1999c). The theory of successful intelligence. *Review of General Psychology, 3,* 292−316.

Sternberg, R. J. (Ed.) (2000). *Handbook of intelligence.* New York: Cambridge University Press.

Sternberg, R. J., Castejón, J. L., Prieto, M. D., & Hautamäki, J., & Grigorenko, E. L. (2001). Confirmatory factor analysis of the Sternberg Triarchic Abilities Test (multiple−choice items) in three international samples: An empirical test of the triarchic theory of intelligence. *European Journal of Psychological Assessment.*

Sternberg, R. J., Ferrari, M., Clinkenbeard, P. R., & Grigorenko, E. L. (1996). Identification, instruction, and assessment of gifted children: A construct validation of a triarchic model. *Gifted Child Quarterly, 40,* 129−137.

Sternberg, R. J., Forsythe, G. B., Hedlund, J., Horvath, J., Snook, S. Williams, W. M., Wagner, R. K., & Grigorenko, E. L. (2000). *Practical intelligence in everyday life.* New York: Cambridge University Press.

Sternberg, R. J., & Grigorenko, E. L. (1997, Fall). The cognitive costs of physical and mental ill health: Applying the psychology of the developed world to the problems of the developing world. *Eye on Psi Chi, 2,* 20−27.

Sternberg, R. J., & Grigorenko, E. L. (1998). Measuring common sense for the work place. Unpublished manuscript.

Sternberg, R. J., & Grigorenko, E. L. (2000). *Teaching for successful intelligence.* Arlington Heights, IL: Skylight.

Sternberg, R. J., Grigorenko, E. L., Ferrari, M., & Clinkenbeard, P. (1999). A triarchic analysis of an aptitude−treatment interaction. *European Journal of Psychological Assessment, 15,* 1−11.

Sternberg, R. J., Grigorenko, E. L., & Nokes, C. (1997). Effects of children's ill health on cognitive development. In M. E. Young (Ed.), *Early child development programs: Investing in our children's future* (pp. 85−125). Amsterdam: Elsevier.

Sternberg, R. J., Grigorenko, E. L., Ngorosho, D., Tantufuye, E., Mbise, A., Nokes, C., Jukes, M., & Bundy, D. A. (in press). Assessing intelligence potential in rural Tanzania school children. *Intelligence.*

Sternberg, R. J., & Horrath, J. A. (Eds.) (1999). *Tacit knowledge in professional practice.* Mahwah, NJ: Erlbaum.

Sternberg, R. J., & Kaufman, J. C. (1998). Human abilities. *Annual Review of Psychology, 49*, 479–502.

Sternberg, R. J., & Lubart, T. I. (1995). *Defying the crowd: Cultivating creativity in a culture of conformity.* New York: Free Press.

Sternberg, R. J., & Lubart, T. I. (1996). Investing in creativity. *American Psychologist, 51*, 677–688.

Sternberg, R. J., Nokes, K., Geissler, P. W., Prince, R., Okatcha, F., Bundy, D. A., & Grigorenko, E. L. (2001). The relationship between academic and practical intelligence: A case study in Kenya. *Intelligence.*

Sternberg, R. J., Powell, C., McGrane, P. A., & McGregor, S. (1997). Effects of a parasitic infection on cognitive functioning. *Journal of Experimental Psychology: Applied, 3*, 67–76.

Sternberg, R. J., & Rifkin, B. (1979). The development of analogical reasoning processes. *Journal of Experimental Child Psychology, 27*, 195–232.

Sternberg, R. J., & Spear–Swerling, L. (1996). *Teaching for thinking.* Washington, DC: APA Books.

Sternberg, R. J., Torff, B., & Grigorenko, E. L. (1998a). Teaching for successful intelligence raises school achievement. *Phi Delta Kappan, 79*, 667–669.

Sternberg, R. J., Torff, B., & Grigorenko, E. L. (1998b). Teaching triarchically improves school achievement. *Journal of Educational Psychology, 90*, 1–11.

Sternberg, R. J., Wagner, R. K., & Okagaki, L. (1993). Practical intelligence: The nature and role of tacit knowledge in work and at school. In H. Reese, & J. Puckett (Eds.), *Advances in lifespan development* (pp. 205–227). Hillsdale, NJ: Lawrence Erlbaum Associates.

Sternberg, R. J., Wagner, R. K., Williams, W. M., & Horvath, J. A. (1995). Testing common sense. *American Psychologist, 50*, 912–927.

Swanson, H. L. (1984a). A multidirectional model for assessing learning disabled students' intelligence. *Learning Disability Quarterly, 5*, 316–326.

Swanson, H. L. (1984b). Process assessment of intelligence in learning disabled and mentally retarded children: A multidirectional model. *Educational Psychologist, 19*, 149–162.

Swanson, H. L. (1988). A multidirectional model for assessing learning disabled students' intelligence: An information–processing framework. *Learning Disability Quarterly, 11*, 233–247.

Swanson, H. L. (1992). Generality and modifiability of working memory among skilled and less skilled readers. *Journal of Educational Psychology, 84*, 473–488.

Swanson, H. L. (1993). Working memory in learning disability subtypes. *Journal of Experimental Child Psychology, 56*, 87–114.

Swanson, H. L. (1994). The role of working memory and dynamic assessment in the classification of children with learning disabilities. *Learning Disabilities Research and Practice, 9*, 190–202.

Swanson, H. L. (1995a). Effects of dynamic testing on the classification of learning disabilities: The predictive and discriminant validity of the Swanson Cognitive Processing Test. *Journal of Psychoeducational Testing, 1*, 204–229.

Swanson, H. L. (1995b). Using the cognitive processing test to assess ability: Development of a dynamic assessment measure. *School Psychology Review, 24*, 672–693.

Swanson, H. L. (2000). Swanson Cognitive Processing Test: Review and applications. In C. S. Lidz, & J. G. Elliott (Eds.), *Dynamic assessment: Prevailing models and applications* (pp. 71–107). Greenwich, CT: Elsevier–JAI.

Talyzina, N. F. (Ed.) (1995). *Formirovanie priemov matematicheskogo myshlenia* [The formation of mathematical thinking skills]. Moskva: Ventana–Graf.

Terman, L. M. (1970). *Concept Mastery Test*. New York: Psychological Corporation.

Tharp, R. G., & Gallimore, R. (1988). *Rousing minds to life: Teaching, learning and schooling in social context*. Cambridge: Cambridge University Press.

Thelen, E. (1992). Development as a dynamic system. *Current Directions in Psychological Science, 1*, 189–193.

Thelen, E., & Smith, L. B. (1994). *A dynamic systems approach to the development of cognitions and action*. Cambridge, MA: Bradford Books, MIT.

Thelen, E., & Smith, L. B. (1998). Dynamic systems theories. In W. Damon (Series Ed.), & R. M. Lerner (Vol. Ed.), *Handbook of child psychology: Vol. 1. Theoretical models of human development* (5th ed.). New York: Wiley.

Thom, R. (1975). *Structural stability and morphogenesis*. Reading, MA: Benjamin.

Thomas, H. (1989). A binomial mixture model for classification performance: A commentary on Waxman, Chambers, Yntema, and Gelman. *Journal of Experimental Child Psychology, 48*, 423–430.

Thomas, H., & Lohaus, A. (1993). Modeling growth and individual differences in spatial tasks.

Monographs of the Society for Research in Child Development, 58, (9, Serial No. 237).

Thomas, H., & Turner, G. F. W. (1991). Individual differences and development in water-level task performance. *Journal of Experimental Child Psychology, 51,* 171-194.

Thorndike, E. L. (1924). *An introduction to the theory of mental and social measurement.* New York: Wiley.

Throne, J. M., & Farb, J. (1978). Can mental retardation be reversed? *British Journal of Mental Subnormality, 24,* 63-73.

Tzuriel, D. (1992). The dynamic testing approach: A reply to Frisby and Braden. *The Journal of Special Education, 26,* 302-324.

Tzuriel, D. (1995). *Dynamic-interactive testing: The legacy of L. S. Vygotsky and current developments.* Unpublished manuscript.

Tzuriel, D. (1997a). The relation between parent-child MLE interactions and children's cognitive modifiability. In A. Kozulin (Ed.), *The ontogeny of cognitive modifiability* (pp. 157-180). Jerusalem: International Center for the Enhancement of Cognitive Modifiability.

Tzuriel, D. (1997b). A novel dynamic assessment approach for young children: Major dimensions and current research. *Educational and Child Psychology, 14,* 83-108.

Tzuriel, D. (1998). *Cognitive modifiability: Dynamic assessment of learning potential* (in Hebrew). Tel Aviv, Israel: Sifriat Poalim.

Tzuriel, D. (2000). The Cognitive Modifiability Battery (CBM): Assessment and intervention. In C. S. Lidz, & J. G. Elliott (Eds.), *Dynamic assessment: Prevailing models and applications* (pp. 375-406). Greenwich, CT: Elsevier- JAI.

Tzuriel, D. (in press). Parent-child mediated learning interactions as determinants of cognitive modifiability: Recent research and future directions. *Genetic, Social, and General Psychology Monographs.*

Tzuriel, D., & Caspi, N. (1992). Dynamic testing of cognitive modifiability in deaf and hearing preschool children. *Journal of Special Education, 26,* 235-252.

Tzuriel, D., & Feuerstein, R. (1992). Dynamic group testing for prescriptive teaching: Differential effects of treatment. In H. C. Haywood, & D. Tzuriel (Eds.), *Interactive testing* (pp. 187-206). New York: Springer-Verlag.

Tzuriel, D., & Haywood, H. C. (1992). The development of interactive-dynamic approaches for assessment of learning potential. In H. C. Haywood, & D. Tzuriel (Eds.), *Interactive assessment* (pp. 3−37). New York: Springer−Verlag.

Tzuriel, D., Kaniel, S., Kanner, E., & Haywood, H. C. (1999). Effects of the "Bright Start" Program in kindergarten on transfer and academic achievement. *Early Childhood Research Quarterly*, *14*, 111−141.

Tzuriel, D., Kaniel, S., Zeliger, M., Friedman, A., & Haywood, H. C. (1998). Effects of the "Bright Start" Program in kindergarten on teachers' use of mediation and children's cognitive modifiability. *Early Child Development and Care*, *143*, 1−20.

Tzuriel, D., & Kaufman, R. (in press). Mediated learning and cognitive modifiability: Dynamic assessment of young Ethiopian immigrants children to Israel. *Journal of Cross−Cultural Psychology*.

Tzuriel, D., & Klein, P. S. (1985). Analogical thinking modifiability in disadvantaged, regular, special education, and mentally retarded children. *Journal of Abnormal Child Psychology*, *13*, 539−552.

Tzuriel, D., & Klein, P. S. (1987). Assessing the young child: Children's analogical thinking modifiability. In C. S. Lidz (Ed.), *Dynamic assessment: An interactional approach to evaluating learning potential* (pp. 268−282). New York: Guilford.

Tzuriel, D., & Samuels, M. T. (2000). Dynamic assessment of learning potential: Inter−rater reliability of deficient cognitive functions, types of mediation, and non−intellective factors. *Journal of Cognitive Education and Psychology*, *1*, 2−23.

Tzuriel, D., & Weiss, S. (1998). Cognitive modifiability as a function of mother−child mediated learning strategies, mothers' acceptance−rejection, and children's personality. *Early Development and Parenting*, *7*, 79−99.

van der Maas, H. L. J., & Molenaar, P. M. C. (1992). Stagewise cognitive development: An application of catastrophe theory. *Psychological Review*, *99*, 395−417.

van Geert, P. (1987). The structure of Gal'perin's model of the formation of mental acts. *Human Development*, *30*, 355−381.

van Geert, P. (1991). A dynamic systems model of cognitive and language growth. *Psychological Review*, *98*, 3−53.

van Greet, P. (1993). A dynamic systems model of cognitive growth: Competition and support under limited resource conditions. In L. B. Smith, & E. Thelen (Eds.), *A dynamic systems approach to development: Applications* (pp. 265−331). Cambridge, MA: MIT Press.

van Greet, P. (1994). *Dynamic systems of development: Change between complexity and chaos.* New York: Prentice Hall/Harvester Wheatsheaf.

van Greet, P. (1995). Dimensions of change: A semantic and mathematical analysis of learning and development. *Human Development, 38,* 322–331.

van Greet, P. (1997). Nonlinear dynamics and the explanation of mental and behavior development. *Journal of Mind & Behavior, 18,* 269–290.

van Greet, P. (1998). A dynamic system model of basic developmental mechanisms: Piaget, Vygotsky, and beyond. *Psychological Review, 105,* 634–677.

van Greet, P. (2000). The dynamics of general developmental mechanisms: From Piaget and Vygotsky to dynamic systems models. *Current Directions in Psychological Science, 9,* 64–68.

Vaught, S., & Haywood, H. C. (1990). Interjudge reliability in dynamic assessment. *The Thinking Teacher, 5,* 2–6.

Verster, J. M. (1973). *Test administrators manual for deductive reasoning test.* Johannesburg, South Africa: National Institute for Personnel Research.

Vlasova, T. A. (1972). New advances in Soviet defectology. *Soviet Education, 14,* 20–39.

Vlasova, T. A., & Pevsner, M. S. (1971). *Deti s vremennoi otstalost´iu razvitia* [*Children with temporary retardation in development*]. Moskva: Pedagogika.

Vye, N. J., Burns, M. S., Delclos, V. R., & Bransford, J. D. (1987). A comprehensive approach to assessing intellectually handicapped children. In C. S. Lidz (Ed.), *Dynamic assessment: An interactional approach to evaluating learning potential* (pp. 327–359). New York: Guilford.

Vygotsky, L. S. (1962). *Thought and language.* Cambridge, MA: MIT Press. (Original work published in 1934).

Vygotsky, L. S. (1978). *Mind in society: The development of higher psychological processes.* Cambridge, MA: Harvard University Press.

Vygotsky, L. S. (1983). Istoriia ravitiia vyshikh psikhicheskikh funktsy [A history of the development of the higher mental functions] (Original work written in 1931.) In *The collected works of L. S. Vygotsky. Vol. 3.* Moskva: Pedagogika.

Vygotsky, L. S. (1987). *The collected works of L. S. Vygotsky. Vol. 1.* New York: Plenum.

Wagner, R. K., & Sternberg, R. J. (1987). Executive control in reading comprehension. In B. K. Britton, & S. M. Glynn (Eds.), *Executive control processes in reading* (pp. 1–21).

Hillsdale, NJ: Erlbaum.

Wechsler, D. (1974). *Manual for the Wechsler Intelligence Scale for Children—Revised*. New York: Psychological Corporation.

Wertsch, J. V. (1991). A sociocultural approach to socially shared cognition. In L. B. Resnick, J. M. Levine, & S. D. Teasley (Eds.), *Perspectives on socially shared cognition* (pp. 85–100). Washington, DC: American Psychological Association.

Wertsch, J. V., & Tulviste, P. (1992). L. S. Vygotsky and contemporary developmental psychology. *Developmental Psychology, 28*, 548–557.

Wesche, M., Edwards, H., & Wells, W. (1982). Foreign language aptitude and intelligence. *Applied Psycholinguistics, 3*, 127–140.

Wiedl, K. H., & Carlson, J. S. (1976). The factorial structure of the Raven Coloured Progressive Matrices Test. *Educational and Psychological Measurement, 36*, 1015–1019.

Wiedl, K. H., Guthke, J., & Wingenfeld, S. (1995). Dynamic assessment in Europe: Historical perspectives. In J. S. Carlson (Ed.), *Advances in cognition and educational practice* (Vol. 3, pp. 33–82). Greenwich, CT: JAI Press.

Wilson, M. (1989). Saltus: A psychometric model of discontinuity in cognitive development. *Psychological Bulletin, 105*, 276–289.

Wimmers, R. H., Beek, P. J., Savelsbergh, G. J. P., & Hopkins, B. (1998). Developmental changes in action: Theoretical and methodological issues. *British Journal of Developmental Psychology, 16*, 45–63.

Wober, M. (1974). Towards an understanding of the Kiganda concept of intelligence. In J. W. Berry, & P. R. Dasen (Eds.), *Culture and cognition: Readings in cross—cultural psychology* (pp. 261–280). London: Methuen.

Wohtwill, J. F. (1960). A study of the development of number concept by scalogram analysis. *Developmental Psychology, 97*, 345–377.

Wright, B. D., & Stone, M. H. (1979). *Best test design*. Chicago: MESA.

Wurtz, R. G., Sewell, T., & Manni, J. L. (1985). The relationship of estimated learning potential to performance on a learning task and achievement. *Psychology in the Schools, 22*, 293–302.

찾아보기

DYNAMIC Testing

저자 소개

Robert J. Sternberg

Robert J. Sternberg는 Yale 대학교 심리학과의 심리학 및 교육학 교수로, 능력 · 역량 · 전문성 심리학센터(PACE Center)의 소장을 맡고 있다. 그동안 그는 약 800여 편의 논문과 책을 저술하였고, 현재 Contemporary Psychology의 편집위원장직을 맡고 있다. 또한 그는 다수의 상을 수상했는데, 최근에는 미국 심리학협의회의 James McKeen Cattell 상, 미국 교육학회의 Palmer O. Johnson 상 그리고 Connecticut 심리학회의 특별공헌상을 수상한 바 있다.

Elena L. Grigorenko

Elena L. Grigorenko는 Moscow 주립대학교의 심리학 부교수로, Yale 대학교 PACE 센터의 연구과학자이자 부소장을 맡고 있으며, 그동안 100편이 넘는 책과 논문을 출간하였다. 현재 Contemporary Psychology 저널의 부편집장이기도 하다.

역자 소개

염시창

염시창은 전남대학교 교육학과를 졸업하고, 서울대학교 대학원 교육학과에서 석사학위를, University of Texas at Austin 교육심리학과에서 박사학위를 취득하였다.
2006년 현재 전남대학교 교육학과 부교수로 재직 중이며, 교육연구방법론, 교육측정 · 평가, 교육통계 등의 강의를 담당하고 있다.
저서 및 역서로는 『통합연구방법론-질적 · 양적 접근방법의 통합』(2001), 『통계자료분석』(공저, 2005), 『대학의 최신 교수-학습방법』(공역, 2006) 등이 있다.

역자와의
협약으로
인지생략

학습잠재력 측정을 위한

역동적 평가
Dynamic Testing

2006년 9월 25일 1판 1쇄 인쇄
2006년 9월 30일 1판 1쇄 발행

지은이 · Robert J. Sternberg, Elena L. Grigorenko
옮긴이 · 염시창
펴낸이 · 김진환
펴낸곳 · **학지사**

121-837 서울특별시 마포구 서교동 352-29 마인드월드빌딩 5층
대표전화 · 02)326-1500 / 팩스 02)324-2345
홈페이지 · http://www.hakjisa.co.kr
등   록 · 1992년 2월 19일 제2-1329호

ISBN 89-5891-385-1 93370

정가 13,000원

잘못된 책은 구입처에서 교환하여 드립니다.